Collection folio junior

Écrivain anglais, **Daniel Defoe** (1660-1731) a commencé par travailler dans le commerce et c'est pour ses affaires qu'il visite l'Espagne, la France, l'Italie et l'Allemagne. De retour en Angleterre en 1683, il ouvre une mercerie et se marie (il aura sept enfants). Dans le climat troublé de l'Angleterre (c'est l'époque de l'accession au trône de Guillaume d'Orange), il publie des écrits politiques qui lui valent d'être mis en prison, et même exposé au pilori. Il mène dès lors une vie de plus en plus aventureuse : il fonde un journal, puis le voici mercenaire, agent secret en Écosse... Ce n'est qu'à l'âge de soixante ans que Daniel Defoe entreprend de rédiger *Robinson Crusoé*, s'inspirant d'un fait divers qui avait fait grand bruit à l'époque. En effet, il avait besoin d'argent pour marier ses filles ! Publié en 1719 à Londres, le livre connaît un succès immédiat. L'auteur donnera de multiples suites à cet ouvrage afin de satisfaire la passion de ses lecteurs, et écrira de nombreux autres romans d'aventures.

Titouan Lamazou, qui a réalisé la couverture de ce livre, est né en 1955 à Casablanca. Navigateur – il a remporté le premier Vendée Globe, course autour du monde en solitaire, en 1990 – il est aussi peintre, photographe et écrivain. Il a notamment illustré des livres d'Éric Tabarly, dessiné et photographié les tribus berbères du Haut-Atlas et publié un roman, *Trésor de l'Atlas*, aux éditions Denoël en 1985. Pour Folio Junior, il a réalisé les dessins du *Vieil Homme et la mer* d'Ernest Hemingway.

Mr: ... and Mat Des: Perst

Daniel De Foe

Titre original :
The Life and Strange Surprising Adventures
of Robinson Crusoe, of York, Mariner

ISBN 2-07-051377-7
Loi n°49-956 du 16 juillet 1949
sur les publications destinées à la jeunesse

Dépôt légal : mai 1999
1er dépôt légal dans la même collection : avril 1991
N° d'édition : 91550 - N° d'impression : 46948
Imprimé en France sur les presses de l'imprimerie Hérissey

Daniel Defoe

Robinson Crusoé

Traduit de l'anglais
par Petrus Borel

Gallimard

Un certain Crusoé...

Le 31 janvier 1709 à sept heures du matin, le capitaine Woods Rogers aborda l'île Mas a Tierra, de l'Archipel Juan Fernandez, situé dans l'océan Pacifique à la hauteur de Santiago du Chili. Il eut la surprise de voir venir à lui un homme hirsute, habillé de peaux de chèvres et ne s'exprimant que par sons inarticulés. Il le recueillit et le ramena à son port natal, la petite ville de Largo en Écosse. Cependant Alexandre Selkirk – ainsi s'appelait l'inconnu – avait recouvré l'usage de l'anglais et raconté à ses compagnons l'extraordinaire aventure qui lui était advenue.

Quatre ans et quatre mois plus tôt, en 1704, il s'était embarqué comme maître d'équipage à bord du *Cinque Ports,* qui devait croiser dans le Pacifique. Selkirk n'était pas un homme facile. Il s'était bientôt querellé avec le commandant, sous prétexte notamment que le navire faisait eau. Il fut convenu finalement qu'il serait déposé dans la première île habitable qui se présenterait. Ce fut Mas a Tierra. Mais lorsqu'il se retrouva seul sur la plage avec les rares provisions qu'on lui laissait, il fut pris de panique. Il supplia le commandant de le reprendre à bord. « Soit, dit le commandant, mais dans les fers, à fond de cale, et je te livre comme mutin au prochain consulat anglais. » C'était la pendaison à coup sûr. Selkirk dut se résigner à rester. Et c'est là que se situe l'un des tours les plus étonnants de son étrange destin : ce *Cinque Ports* qui prenait l'eau et qui ne voulait plus de lui devait bientôt sombrer, ou brûler, ou finir sur quelque banc de sable. Plus personne ne devait le revoir, ni, son commandant ni son équipage – à l'exception de Selkirk, seul sur-vivant...

Bien entendu il ne devait apprendre sa chance que beaucoup plus tard. En attendant, il maudissait son sort. Certes, l'île était accueillante. Mais les seuls mammifères qu'elle nourrissait étaient des chèvres, animaux domestiques retournés à l'état sauvage. Elles avaient été acclimatées par des pirates qui voulaient s'assurer une source de viande fraîche et elles avaient prospéré dans les sites rocheux de l'île où on peut encore les rencontrer aujourd'hui. Le gouvernement de Santiago avait bien essayé de les faire disparaître afin de lutter contre les pirates. Après avoir tout essayé, on lâcha d'énormes chiens dans l'île. Pour se nourrir, il fau-drait bien qu'ils tuent les chèvres ! Ils moururent de faim, les chèvres groupées sur des sommets leur ayant opposé une barrière de cornes infran-chissable. Ces chèvres, ce fut le salut de Selkirk. Lorsqu'il eut épuisé ses munitions, il apprit à les piéger, à les forcer à la course. Un jour, il bascula dans un précipice avec l'une d'elles. Il fut sauvé par le corps de l'animal qui amortit sa chute.

Mais les mois passaient. Les navires qui de loin en loin abordaient, tantôt battaient pavillon noir – et il fallait fuir parce que les pirates détestent les témoins – tantôt pavillon espagnol – et Selkirk fuyait aussi parce que l'Espagne était alors en guerre contre l'Angleterre. Ce n'est qu'au bout de cinquante-deux mois que le navire du capitaine Woods Rogers se présenta dans le champ de la lorgnette du solitaire.

Le « fait divers » Selkirk eut un succès énorme. Toutes les gazettes d'Europe s'en firent l'écho. Selkirk sut mettre à profit cette célébrité passagère. Le dimanche, les badauds se rassemblaient autour de sa petite maison de Largo. Alors madame Selkirk faisait la quête. Puis le héros paraissait. Il avait remis ses peaux de biques et proférait des sons inarticulés, bien qu'il eût recouvré son anglais depuis longtemps. Enfin, il se lassa de ces exhibitions, il reprit la mer et mourut sur un navire, comme il convient à un brave matelot.

Daniel Defoe rencontra-t-il Selkirk ? C'est peu probable. Mais il est certain qu'il connut son histoire et s'en inspira lorsqu'il publia en 1719 *Vie et aventures de Robinson Crusoé.* Les lecteurs qui compareront les précisions que nous avons données sur Alexandre Selkirk avec le roman de Defoe trouveront beaucoup de divergences. Sur la durée de la vie du héros dans l'île déserte notamment, sur l'absence de Vendredi dans l'aventure de Selkirk, etc. Peut-être se demanderont-ils pourquoi Defoe a transporté dans l'océan Atlantique – à l'embouchure de l'Orénoque – une histoire qui avait pour cadre le Pacifique. On ne peut répondre avec certitude. Peut-être estimait-il que, les Caraïbes étant plus familières au public de l'époque, son roman y gagnerait en popularité ?

Toujours est-il que cette popularité fut immense et immédiate. Du « fait divers » Selkirk, Daniel Defoe avait fait – sans le vouloir peut-être – un héros mythique. Cela mérite explication.

Qu'est-ce qu'un héros mythique ? Qu'est-ce qui le

distingue d'un simple personnage de roman ? Deux traits essentiellement. D'abord un personnage de roman, quelle que soit sa popularité est toujours *moins connu* que son auteur. Le Vautrin de Balzac est moins connu que Balzac lui-même. Ensuite le personnage de roman reste prisonnier de l'œuvre dans laquelle il est apparu. Au contraire, un héros mythique éclipse son auteur dans l'esprit du public. Tout le monde connaît *Tristan et Yseult*. Personne ne sait qui a inventé ce couple exemplaire, véritable modèle de tous ceux qui s'aiment. Tout le monde a entendu parler de Don Juan. Qui se souvient de son auteur, l'Espagnol Tirso de Molina ? Un héros mythique s'échappe de l'œuvre où il est né et se retrouve de génération en génération dans des romans, des comédies, des opéras, etc.

C'est ce qui s'est passé pour Robinson Crusoé. A peine inventé par Daniel Defoe, il a fait des réapparitions dans d'autres œuvres anglaises, italiennes, françaises, allemandes. On a vu un Robinson suisse, un Robinson des glaces, un Robinson des demoiselles. Jules Verne a écrit *L'Ile mystérieuse*, Saint-John Perse *Images à Robinson*, Jean Giraudoux *Suzanne et le Pacifique* et moi-même j'ai publié *Vendredi ou les Limbes du Pacifique* et *Vendredi ou la Vie sauvage*

Pourquoi certains personnages de romans deviennent-ils des héros mythiques ? Il faut pour cela qu'ils incarnent des situations qui sont ou peuvent être celles de tout homme – ou dont tout homme rêve. La solitude sur une île déserte du Pacifique, ce n'est bien sûr pas le lot de chacun, mais c'est un rêve que tout le monde fait, a fait et fera, et cherchera parfois à réaliser dans des croi- ères ou simplement en vacances. On peut même jouer les Robinsons seul dans un appartement à Paris ou à Romorantin Quant à l'apparition de

Vendredi, c'est aussi notre expérience moderne, la confrontation avec le tiers monde, la présence à nos côtés des travailleurs immigrés.

L'édition originale du *Robinson* de Daniel Defoe est un volume très épais et d'une lecture parfois fastidieuse. Cela s'explique d'abord par la popularité de cette œuvre. Entraîné par le succès, l'auteur n'a cessé d'y ajouter des suites et des épisodes. La présente édition donne le texte intégral jusqu'à la fin des aventures dans l'île. Ceux des lecteurs qui voudront le connaître dans son intégralité pourront le trouver dans l'édition actuelle de la Bibliothèque de la Pléiade (Gallimard).

Michel Tournier
de l'Académie Goncourt

Préface de l'auteur

Si jamais la narration des aventures d'un simple particulier de par le monde vaut d'être publiée et de recevoir ensuite bon accueil, l'auteur du présent ouvrage pense que c'est bien le cas de celle-ci.

Les merveilles de la vie de cet homme dépassent – pense-t-il – tout ce que l'on a vu jusqu'ici. Quelle autre existence pourrait, en effet, présenter plus grande variété ?

Le récit est fait avec modestie et sérieux, et l'on y trouve une pieuse application des événements à l'usage auquel les consacrent toujours les sages, à savoir l'instruction d'autrui par leur propre exemple, aussi bien que l'apologie et la reconnaissance de la sagesse de la Providence dans toute la diversité de nos situations quelles qu'elles soient.

L'éditeur pense que c'est là une narration exacte des faits ; il n'y existe d'ailleurs aucune apparence de fiction. Il estime toutefois que, ce genre de lecture étant d'ordinaire rapidement expédiée, le résultat quant au divertissement comme à l'instruction du lecteur en sera le même, que ce soit un roman ou une histoire vraie. C'est pourquoi il croit, sans autre compliment au public, que, par cette publication, il lui est de grand service.

En 1632, je naquis à York, d'une bonne famille, mais qui n'était point de ce pays. Mon père, originaire de Brême, établi premièrement à Hull, après avoir acquis de l'aisance et s'être retiré du commerce, était venu résider à York, où il s'était allié, par ma mère, à la famille Robinson, une des meilleures de la province. C'est à cette alliance que je devais mon double nom de Robinson-Kreutznaer; mais, aujourd'hui, par une corruption de mots assez commune en Angleterre, on nous nomme, nous nous nommons et signons Crusoé. C'est ainsi que mes compagnons m'ont toujours appelé.

J'avais deux frères : l'aîné, lieutenant-colonel en Flandre d'un régiment d'infanterie anglaise, autrefois commandé par le fameux colonel Lockhart, fut tué à la bataille de Dunkerque contre les Espagnols; que devint l'autre ? j'ignore quelle fut sa destinée; mon père et ma mère ne connurent pas mieux la mienne.

Troisième fils de la famille, et n'ayant appris aucun métier, ma tête commença de bonne heure à se remplir de pensées vagabondes. Mon père, qui était un bon vieillard, m'avait donné toute la somme de savoir qu'en général on peut acquérir par l'éducation domestique et dans une école gratuite. Il voulait me faire avocat ; mais mon seul désir était d'aller sur mer, et cette inclination m'entraînait si résolument contre sa volonté et ses ordres, et malgré même toutes les prières et les sollicitations de ma mère et de mes parents, qu'il semblait qu'il y eût une fatalité dans cette propension naturelle vers un avenir de misère.

Mon père, homme grave et sage, me donnait de sérieux et d'excellents conseils contre ce qu'il prévoyait être mon dessein. Un matin il m'appela dans sa chambre, où il était retenu par la goutte, et me réprimanda chaleureusement à ce sujet.

– Quelle autre raison as-tu, me dit-il, qu'un penchant aventureux, pour abandonner la maison paternelle et ta patrie, où tu pourrais être poussé, et où tu as l'assurance de faire ta fortune avec de l'application et de l'industrie, et l'assurance d'une vie d'aisance et de plaisir ? Il n'y a que les hommes dans l'adversité ou les ambitieux qui s'en vont chercher aventure dans les pays étrangers, pour s'élever par entreprise et se rendre fameux par des actes en dehors de la voie commune. Ces choses sont de beaucoup trop au-dessus ou trop au-dessous de toi ; ton état est le médiocre, ou ce qui peut être appelé la première condition du bas étage ; une longue expérience me l'a fait reconnaître comme le meilleur dans le monde et le plus convenable au bonheur. Il n'est en proie ni aux misères, ni aux peines, ni aux travaux, ni aux souffrances des artisans : il n'est point troublé par l'orgueil, le luxe, l'ambition et l'envie des hautes classes. Tu peux juger du bonheur de cet état ; c'est celui de la vie que les autres hommes jalousent ; les rois, souvent, ont gémi des cruelles conséquences d'être nés pour les grandeurs, et ont souhaité d'être placés entre les deux extrêmes, entre les grands et les petits ; enfin le sage l'a proclamé le juste point de la vraie félicité en implorant le Ciel de le préserver de la pauvreté et de la richesse.

Remarque bien ceci, et tu le vérifieras toujours : les calamités de la vie sont le partage de la plus haute et de la plus basse classe du genre humain ; la condition moyenne éprouve le moins de désastres, et n'est point exposée à autant de vicissitudes que le haut et le bas de la société ; elle est même sujette à

moins de maladies et de troubles de corps et d'esprit que les deux autres, qui, par leurs débauches, leurs vices et leurs excès, ou par un trop rude travail, le manque du nécessaire, une insuffisante nourriture et la faim, attirent sur eux des misères et des maux, naturelle conséquence de leur manière de vivre. La condition moyenne s'accommode le mieux de toutes les vertus et de toutes les jouissances : la paix et l'abondance sont les compagnes d'une fortune médiocre. La tempérance, la modération, la tranquillité, la santé, la société, tous les agréables divertissements et tous les plaisirs désirables sont les bénédictions réservées à ce rang. Par cette voie, les hommes quittent le monde d'une façon douce, et passent doucement et uniment à travers, sans être accablés de travaux des mains ou de l'esprit ; sans être vendus à la vie de servitude pour le pain de chaque jour ; sans être harassés par des perplexités continuelles qui troublent la paix de l'âme et arrachent le corps au repos ; sans être dévorés par les angoisses de l'envie ou la secrète et rongeante convoitise de l'ambition ; au sein d'heureuses circonstances, ils glissent tout mollement à travers la société, et goûtent raisonnablement les douceurs de la vie sans les amertumes, ayant le sentiment de leur bonheur et apprenant, par l'expérience journalière, à le connaître plus profondément.

Ensuite il me pria instamment et de la manière la plus affectueuse de ne pas faire le jeune homme :

— Ne va pas te précipiter, me disait-il, au milieu des maux contre lesquels la nature et ta naissance semblent t'avoir prémuni ; tu n'es pas dans la nécessité d'aller chercher ton pain ; je te veux du bien, je ferai tous mes efforts pour te placer parfaitement dans la position de la vie qu'en ce moment je te recommande. Si tu n'étais pas aise et heureux dans le monde, ce serait par ta destinée ou tout à fait par l'erreur qu'il te faut éviter ; je n'en serais en rien responsable, ayant ainsi satisfait à mes devoirs en t'éclairant sur des projets que je sais être ta ruine. En un mot, j'accomplirais franchement mes bonnes promesses si tu voulais te fixer ici suivant mon souhait, mais je ne voudrais pas tremper dans tes infortunes en favorisant ton éloignement. N'as-tu pas l'exemple de ton frère aîné, auprès de qui j'usai autrefois des mêmes instances pour le dissuader d'aller à la guerre des Pays-Bas, instances qui ne purent l'emporter sur ses jeunes désirs le poussant à se jeter dans l'armée, où il trouva la mort. Je ne cesserai jamais de prier pour toi, toutefois j'oserais te prédire, si tu faisais ce coup de tête, que Dieu ne te bénirait point, et que, dans l'avenir, manquant de toute assistance, tu aurais toute la latitude de réfléchir sur le mépris de mes conseils.

Je remarquai vers la dernière partie de ce discours, qui était véritablement prophétique, quoique je ne suppose pas que mon père en ait eu le sentiment, je remarquai, dis-je, que des larmes coulaient abondamment sur sa face, surtout lorsqu'il me parla de la perte de mon frère, et qu'il était si ému, en me prédisant que j'aurais tout le loisir de me repentir, sans avoir personne pour m'assister, qu'il s'arrêta court, puis ajouta :

– J'ai le cœur trop plein, je ne saurais t'en dire davantage.

Je fus sincèrement touché de cette exhortation ; au reste, pouvait-il en être autrement ? Je résolus donc de ne plus penser à aller au loin, mais à m'établir chez nous selon le désir de mon père. Hélas ! en peu de jours tout cela s'évanouit, et bref, pour prévenir de nouvelles importunités paternelles, quelques semaines après je me déterminai à m'enfuir. Néanmoins, je ne fis rien à la hâte comme m'y poussait ma première ardeur, mais un jour que ma mère me parut un peu plus gaie que de coutume, je la pris à part et lui dis :

— Je suis tellement préoccupé du désir irrésistible de courir le monde, que je ne pourrais rien embrasser avec assez de résolution pour y réussir ; mon père ferait mieux de me donner son consentement que de me placer dans la nécessité de passer outre. Maintenant, je suis âgé de dix-huit ans, il est trop tard pour que j'entre apprenti dans le commerce ou clerc chez un procureur ; si je le faisais, je suis certain de ne pouvoir achever mon temps, et avant mon engagement rempli de m'évader de chez mon maître pour m'embarquer. Si vous vouliez bien engager mon père à me laisser faire seulement un voyage lointain, et que j'en revienne dégoûté, je ne bougerais plus, et je vous promettrais de réparer ce temps perdu par un redoublement d'assiduité.

Cette ouverture jeta ma mère en grande émotion :

— Cela n'est pas proposable, me répondit-elle ; je me garderai bien d'en parler à ton père ; il connaît trop bien tes véritables intérêts pour donner son assentiment à une chose qui te serait si funeste. Je trouve étrange que tu puisses encore y songer après l'entretien que tu as eu avec lui et l'affabilité et les expressions tendres dont je sais qu'il a usé envers toi. En un mot, si tu veux absolument aller te perdre, je n'y vois point de remède ; mais tu peux être assuré de n'obtenir jamais notre approbation. Pour ma part, je ne veux point mettre la main à l'œuvre de ta destruction, et il ne sera jamais dit que ta mère se soit prêtée à une chose réprouvée par ton père.

Nonobstant ce refus, comme je l'appris dans la suite, elle rapporta le tout à mon père, qui, profondément affecté, lui dit en soupirant :

– Ce garçon pourrait être heureux s'il voulait demeurer à la maison ; mais, s'il va courir le monde, il sera la créature la plus misérable qui ait jamais été : je n'y consentirai jamais.

Ce ne fut environ qu'un an après ceci que je m'échappai, quoique cependant je continuasse obstinément à rester sourd à toutes propositions d'embrasser un état, et quoique souvent je reprochasse à mon père et à ma mère leur inébranlable opposition, quand ils savaient très bien que j'étais entraîné par mes inclinations. Un jour, me trouvant à Hull, où j'étais allé par hasard et sans aucun dessein prémédité, étant là, dis-je, un de mes compagnons prêt à se rendre par mer à Londres, sur un vaisseau de son père, me pressa de partir, avec l'amorce ordinaire des marins, c'est-à-dire qu'il ne m'en coûterait rien pour ma traversée. Je ne consultai plus mes parents ; je ne leur envoyai aucun message ; mais, leur laissant à l'apprendre comme ils pourraient, sans demander là bénédiction de Dieu ou de mon père, sans aucune considération des circonstances et des conséquences, malheureusement, Dieu sait ! le 1er septembre 1651 j'allai à bord d'un vaisseau chargé pour Londres. Jamais infortunes de jeune aventurier, je pense, ne commencèrent plus tôt et ne durèrent plus longtemps que les miennes.

Comme le vaisseau sortait à peine de l'Humber, le vent s'éleva et les vagues s'enflèrent effroyablement. Je n'étais jamais allé sur mer auparavant ; je fus, d'une façon indicible, malade de corps et épouvanté d'esprit. Je commençai alors à réfléchir sérieusement sur ce que j'avais fait et sur la justice divine qui frappait en moi un fils coupable. Tous les bons conseils de mes parents, les larmes de mon père, les paroles de ma mère, se présentèrent alors vivement en mon esprit ; et ma conscience, qui n'était point encore arrivée à ce point de dureté qu'elle atteignit plus tard, me reprocha mon mépris de la sagesse et la violation de mes devoirs envers Dieu et mon père.

Pendant ce temps la tempête croissait, et la mer, sur laquelle je ne m'étais encore jamais trouvé, devint très grosse, quoique ce ne fût rien en comparaison de ce que j'ai vu maintes fois depuis, et même seulement quelques jours après, c'en fut assez pour affecter un novice tel que moi. A chaque vague je me croyais submergé, et chaque fois que le vaisseau s'abaissait entre deux lames, je le croyais englouti au fond de la mer. Dans cette agonie d'esprit, je fis plusieurs fois le projet et le vœu, s'il plaisait à Dieu de me sauver de ce voyage, et si je pouvais remettre le pied sur la terre ferme, de ne plus le remettre à bord d'un navire, de m'en aller tout droit chez mon père, de m'abandonner à ses conseils, et de ne plus me jeter dans de telles misères. Alors je vis pleinement l'excellence de ses observations sur la vie commune, et combien doucement et confortablement il avait passé tous ses jours, sans jamais avoir été exposé, ni aux tempêtes de l'océan ni aux disgrâces de la terre ; et je résolus, comme l'enfant prodigue repentant, de retourner à la maison paternelle.

Ces sages et sérieuses pensées durèrent tant que dura la tempête, et même quelque temps après ; mais le jour d'ensuite le vent étant abattu et la mer plus calme, je commençai à m'y accoutumer un peu. Toutefois, j'étais encore indisposé du mal de mer, et je demeurai fort triste pendant tout le jour. Mais à l'approche de la nuit le temps s'éclaircit, le vent s'apaisa tout à fait, la soirée fut délicieuse, et le soleil se coucha éclatant pour se lever de même le lendemain : une brise légère, un soleil embrasé resplendissant sur une mer unie, ce fut un beau spectacle, le plus beau que j'aie vu de ma vie.

J'avais bien dormi pendant la nuit ; je ne ressentais plus de nausées, j'étais vraiment dispos et je contemplais, émerveillé, l'océan qui, la veille, avait été si courroucé et si terrible, et qui si peu de temps après se montrait si calme et si agréable. Alors, de peur que mes bonnes résolutions ne se soutinssent, mon compagnon, qui m'avait en vérité débauché, vint à moi :

– Eh bien ! Bob, me dit-il en me frappant sur l'épaule, comment ça va-t-il ? Je gage que tu as été effrayé, la nuit dernière, quand il ventait : ce n'était pourtant qu'une bouffée de vent ?

– Vous n'appelez cela qu'une bouffée de vent ? C'était une horrible tourmente !

– Une tourmente ? tu es fou ! tu appelles cela une tourmente ? Vraiment ce n'était rien du tout. Donne-nous un bon vaisseau et une belle dérive, nous nous moquerons bien d'une pareille rafale ; tu n'es qu'un marin d'eau douce, Bob ; viens que nous fassions un bol de punch, et que nous oubliions tout cela. Vois quel temps charmant il fait à cette heure !

Enfin, pour abréger cette triste portion de mon histoire, nous suivîmes le vieux train des gens de mer : on fit du punch, je m'enivrai, et, dans une nuit de débauches, je noyai toute ma repentance, toutes mes réflexions sur ma conduite passée, et toutes mes résolutions pour l'avenir. De même que l'océan avait rasséréné sa surface et était rentré dans le repos après la tempête abattue, de même, après le trouble de mes pensées évanoui, après la perte de mes craintes et de mes appréhensions, le courant de mes désirs habituels revint, et j'oubliai entièrement les promesses et les vœux que j'avais faits en ma détresse. Pourtant, à la vérité, comme il arrive ordinairement en pareils cas, quelques intervalles de réflexions et de bons sentiments reparaissaient encore ; mais je les chassais et je m'en guérissais comme d'une maladie, en m'adonnant et à la boisson et à l'équipage. Bientôt j'eus surmonté le retour de ces accès, c'est ainsi que je les appelais, et en cinq ou six jours j'obtins sur ma conscience une victoire aussi complète qu'un jeune libertin résolu à étouffer ses remords le pouvait désirer. Mais il m'était réservé de subir encore une épreuve : la Providence, suivant sa loi ordinaire, avait résolu de me laisser entièrement sans excuse. Puisque je ne voulais pas reconnaître ceci pour une délivrance, la prochaine devait être telle que le plus mauvais bandit d'entre nous confesserait tout à la fois le danger et la miséricorde.

Le sixième jour de notre traversée, nous entrâmes dans la rade d'Yarmouth. Le vent ayant été contraire et le temps calme, nous n'avions fait que peu de chemin depuis la tempête. Là, nous fûmes obligés de jeter l'ancre, et le vent continuant d'être contraire, c'est-à-dire de souffler sud-ouest, nous y demeurâmes sept ou huit jours, durant lesquels beaucoup de vaisseaux de Newcastle vinrent mouiller dans la même rade, refuge commun des bâtiments qui attendent un vent favorable pour gagner la Tamise.

Nous eussions, toutefois, relâché moins longtemps, et nous eussions dû, à la faveur de la marée, remonter la rivière, si le vent n'eût été trop fort, et si au quatrième ou cinquième jour de notre station il n'eût pas soufflé violemment. Cependant, comme la rade était réputée aussi bonne qu'un port, comme le mouillage était bon, et l'appareil de notre ancre extrêmement solide, nos gens étaient insouciants, et, sans la moindre appréhension du danger, ils passaient le temps dans le repos et dans la joie, comme il est d'usage sur mer. Mais le huitième jour au matin, le vent força ; nous mîmes tous la main à l'œuvre ; nous calâmes nos mâts de hune et tînmes toutes choses closes et serrées, pour donner au vaisseau des mouvements aussi doux que possible. Vers midi, la mer devint très grosse, notre château de proue plongeait ; nous embarquâmes plusieurs vagues, et il nous sembla une ou deux fois que notre ancre ne tenait pas. Sur ce, le capitaine fit jeter l'ancre de veille, de sorte que nous chassâmes sur deux, après avoir filé nos câbles jusqu'au bout.

Déjà une terrible tempête mugissait, et je commençais à voir la stupéfaction et la terreur sur le visage des matelots eux-mêmes. Quoique veillant sans relâche à la conservation du vaisseau, comme il entrait ou sortait de sa cabine, et passait près de moi, j'entendis plusieurs fois le capitaine proférer tout bas ces paroles et d'autres semblables : « Seigneur, ayez pitié de nous ! Nous sommes tous perdus, nous sommes tous morts !... » Durant ces premières confusions, j'étais stupide, étendu dans ma cabine, au logement des matelots, et je ne saurais décrire l'état de mon esprit. Je pouvais difficilement rentrer dans mon premier repentir, que j'avais si manifestement foulé aux pieds, et contre lequel je m'étais endurci. Je pensais que les affres de la mort étaient passées, et que cet orage ne serait rien, comme le premier. Mais quand, près de moi, comme je le disais tantôt, le capitaine lui-même s'écria : « Nous sommes tous perdus ! » – je fus horriblement effrayé ; je sortis de ma cabine et je regardai dehors. Jamais spectacle aussi terrible n'avait frappé mes yeux : l'océan s'élevait comme des montagnes, et à chaque instant fondait contre nous ; quand je pouvais promener un regard aux alentours, je ne voyais que détresse. Deux bâtiments pesamment chargés qui mouillaient non loin de nous avaient coupé leurs mâts rez pied ; et nos gens s'écrièrent qu'un navire ancré à un mille de nous venait de sancir [1] sur ses amarres. Deux autres vais-

1 . Sancir : Couler bas en plongeant d'abord de l'avant.

seaux, arrachés à leurs ancres, hors de la rade allaient au large à tout hasard, sans voiles ni mâtures. Les bâtiments légers, fatiguant moins, étaient en meilleure passe ; deux ou trois d'entre eux qui dérivaient passèrent tout contre nous, courant vent arrière avec leur civadière[1] seulement.

Vers le soir, le second et le bosseman[2] supplièrent le capitaine, qui s'y opposa fortement, de laisser couper le mât de misaine ; mais le bosseman lui ayant protesté que, s'il ne le faisait pas, le bâtiment coulerait à fond, il y consentit. Quand le mât d'avant fut abattu, le grand mât, ébranlé, secouait si violemment le navire, qu'ils furent obligés de le couper aussi et de faire pont ras.

Chacun peut juger dans quel état je devais être, moi, jeune marin, que précédemment si peu de chose avait jeté en si grand effroi ; mais autant que je puis me rappeler de si loin les pensées qui me préoccupaient alors, j'avais dix fois plus que la mort en horreur d'esprit, mon mépris de mes premiers remords et mon retour aux premières résolutions que j'avais prises si méchamment. Cette horreur, jointe à la terreur de la tempête, me mirent dans un tel état, que je ne puis par des mots la dépeindre. Mais le pis n'était pas encore advenu ; la tempête continua avec tant de furie, que les marins eux-mêmes confessèrent n'en avoir jamais vu de plus violente. Nous avions un bon navire, mais il était lourdement chargé et calait tellement, qu'à chaque instant les matelots s'écriaient qu'il allait couler bas. Sous un rapport ce fut un bonheur pour moi que je ne comprisse pas ce qu'ils entendaient par ce mot avant que je m'en fusse enquis. La tour-

1. Civadière : Voile qui s'attachait à une vergue suspendue sous un mât de beaupré.
2. Bosseman : Sous-officier de marine ayant le grade intermédiaire entre ceux de contremaître et de quartier-maître. En fait, il semble qu'il s'agisse plutôt ici du maître d'équipage.

mente était si terrible que je vis, chose rare, le capitaine, le contremaître et quelques autres plus judicieux que le reste, faire leurs prières, s'attendant à tout moment que le vaisseau irait au fond. Au milieu de la nuit, pour surcroît de détresse, un des hommes qu'on avait envoyés à la visite, cria qu'une ouverture s'était produite, et un autre dit qu'il y avait quatre pieds d'eau dans la cale. Alors tous les bras furent appelés à la pompe. A ce seul mot, je m'évanouis et je tombai à la renverse sur le bord de mon lit, sur lequel j'étais assis dans ma cabine. Toutefois les matelots me réveillèrent et me dirent que si jusque-là je n'avais été bon à rien, j'étais tout aussi capable de pomper qu'aucun autre. Je me levai ; j'allai à la pompe et je travaillai de tout cœur. Dans cette entrefaite, le capitaine apercevant quelques petits bâtiments charbonniers qui, ne pouvant surmonter la tempête, étaient forcés de glisser et de courir au large, et passeraient près de nous, ordonna de tirer un coup de canon en signal de détresse. Moi qui ne savais ce que cela signifiait, je fus tellement surpris, que je crus le vaisseau brisé ou qu'il était advenu quelque autre chose épouvantable ; en un mot je fus si effrayé que je tombai en défaillance. Comme c'était dans un moment où chacun pensait à sa propre vie, personne ne prit garde à moi, ni à ce que j'étais devenu ; seulement un autre prit ma place à la pompe, et me repoussa du pied à l'écart, pensant que j'étais mort, et ce ne fut que longtemps après que je revins à moi.

On travaillait toujours, mais l'eau augmentant à la cale, il y avait toute apparence que le vaisseau coulerait bas. Et quoique la tourmente commençât à s'abattre un peu, néanmoins il n'était pas possible qu'il surnageât jusqu'à ce que nous atteignissions un port ; aussi le capitaine continua-t-il à faire tirer le canon de détresse. Un petit bâtiment qui venait

justement de passer devant nous aventura une
barque pour nous secourir. Ce fut avec le plus
grand risque qu'elle approcha ; mais il était impossible que nous y allassions ou qu'elle parvînt jusqu'au flanc du vaisseau ; enfin, les rameurs faisant
un dernier effort et hasardant leur vie pour sauver
la nôtre, nos matelots leur lancèrent de l'avant une
corde avec une bouée, et en filèrent une grande longueur. Après beaucoup de peines et de périls, ils la
saisirent, nous les halâmes jusque sous notre poupe,

et nous descendîmes dans leur barque. Il eût été inutile de prétendre atteindre leur bâtiment : aussi l'avis commun fut-il de laisser aller la barque en dérive, et seulement de ramer le plus qu'on pourrait vers la côte, notre capitaine promettant, si la barque venait à se briser contre le rivage, d'en tenir compte à son patron. Ainsi, partie en ramant, partie en dérivant vers le nord, notre bateau s'en alla obliquement presque jusqu'à Winterton Ness.

Il n'y avait guère plus d'un quart d'heure que nous avions abandonné notre vaisseau quand nous le vîmes s'abîmer ; alors je compris pour la première fois ce que signifiait *couler bas*. Mais, je dois l'avouer, j'avais l'œil trouble et je distinguais fort mal, quand les matelots me dirent qu'il *coulait*, car, dès le moment que j'allai, ou plutôt qu'on me mit dans la barque, j'étais anéanti par l'effroi, l'horreur et la crainte de ce qui m'attendait encore.

Nos gens faisaient toujours force de rames pour approcher du rivage. Quand notre bateau s'élevait au haut des vagues, nous l'apercevions, et le long de la rive nous voyions une foule nombreuse accourir pour nous assister lorsque nous serions proche.

Nous avancions lentement, et nous ne pûmes aborder avant d'avoir passé le phare de Winterton ; la côte s'enfonçait à l'ouest vers Cromer, de sorte que la terre brisait un peu la violence du vent. Là, nous abordâmes, et, non sans grande difficulté, nous descendîmes tous sains et saufs sur la plage, et allâmes à pied à Yarmouth, où, comme des infortunés, nous fûmes traités avec beaucoup d'humanité, et par les magistrats de la ville, qui nous assignèrent de bons gîtes, et par les marchands et les armateurs, qui nous donnèrent assez d'argent pour nous rendre à Londres ou pour retourner à Hull, suivant que nous le jugerions convenable.

C'est alors que je devais avoir le bon sens de revenir à Hull et de rentrer chez nous ; j'aurais été heureux, et mon père, emblème de la parabole de notre Sauveur, eût même tué le veau gras pour moi ; car, ayant appris que le vaisseau sur lequel j'étais avait fait naufrage dans la rade d'Yarmouth, il fut longtemps avant d'avoir l'assurance que je n'étais pas noyé.

Mais mon mauvais destin m'entraînait avec une obstination irrésistible ; et, bien que souvent ma raison et mon bon jugement me criassent de revenir à la maison, je n'avais pas la force de le faire. Je ne saurais ni comment appeler cela, ni vouloir prétendre que ce soit un secret arrêt irrévocable qui nous pousse à être les instruments de notre propre destruction, quoique même nous en ayons la conscience, et que nous nous y précipitions les yeux ouverts ; mais, véritablement, si ce n'est quelque décret inévitable me condamnant à une vie de misère et qu'il m'était impossible de braver, quelle chose eût pu m'entraîner contre ma froide raison et les persuasions de mes pensées les plus intimes, et contre les deux avertissements si manifestes que j'avais reçus dans ma première entreprise.

Mon camarade, qui d'abord avait aidé à mon endurcissement, et qui était le fils du capitaine, se trouvait alors plus découragé que moi. La première fois qu'il me parla à Yarmouth, ce qui ne fut pas avant le second ou le troisième jour, car nous étions logés en divers quartiers de la ville ; la première fois, dis-je, qu'il s'informa de moi, son ton me parut altéré : il me demanda d'un air mélancolique, en secouant la tête, comment je me portais, et dit à son père qui j'étais, et que j'avais fait ce voyage seulement pour essai, dans le dessein d'en entreprendre d'autres plus lointains. Cet homme se tourna vers moi, et, avec un accent de gravité et d'affliction :

– Jeune homme, me dit-il, vous ne devez plus retourner sur mer ; vous devez considérer ceci comme une marque certaine et visible que vous n'êtes point appelé à faire un marin.

– Mais vous, monsieur, n'irez-vous donc plus en mer ?

– Le cas est bien différent, répliqua-t-il : c'est mon métier et mon devoir ; au lieu que vous, qui faisiez ce voyage comme essai, voyez quel avant-goût le ciel vous a donné de ce à quoi il faudrait vous attendre si vous persistiez. Peut-être cela n'est-il advenu qu'à cause de vous, semblable à Jonas dans le vaisseau de Tarsis. Qui êtes-vous, je vous prie ? et pourquoi vous étiez-vous embarqué ?

Je lui contai en partie mon histoire. Sur la fin il m'interrompit et s'emporta d'une étrange manière :

– Qu'avais-je donc fait, s'écria-t-il, pour mériter d'avoir à bord un pareil misérable ! Je ne voudrais pas pour mille livres sterling remettre le pied sur le même vaisseau que vous !

C'était, en vérité, comme j'ai dit, un véritable égarement de ses esprits encore troublés par le sentiment de sa perte, et qui dépassait toutes les bornes de son autorité. Toutefois, il me parla ensuite très gravement, m'exhortant à retourner chez mon père et à ne plus tenter la Providence. Il me dit qu'il devait m'être visible que le bras de Dieu était contre moi.

– Enfin, jeune homme, me déclara-t-il, comptez bien que si vous ne vous en retournez, en quelque lieu que vous alliez, vous ne trouverez qu'adversité et désastre jusqu'à ce que les prédictions de votre père se soient accomplies à vos dépens.

Je lui répondis peu de chose ; nous nous séparâmes bientôt après, et je ne le revis plus ; quelle route prit-il ? je ne sais. Pour moi, ayant quelque argent dans ma poche, je m'en allai, par terre, à

Londres. Là, comme sur la route, j'eus plusieurs combats avec moi-même sur le genre de vie que je devais prendre, ne sachant si je devais retourner chez nous ou retourner sur mer.

Quant à mon retour au logis, la honte étouffait les meilleurs mouvements de mon esprit, et lui représentait incessamment combien je serais raillé dans le voisinage et serais confus, non seulement devant mon père et ma mère, mais devant même qui que ce fût. D'où j'ai depuis souvent pris occasion d'observer combien est sotte et inconséquente la conduite ordinaire des hommes et surtout de la jeunesse, à l'égard de cette raison qui devrait les guider en pareils cas : qu'ils n'ont pas honte de pécher, mais qu'ils l'ont de se repentir, qu'ils ne sont pas honteux de l'action qui devrait, à bon droit, les faire passer pour insensés, mais qu'ils le sont du retour, qui seul peut les faire honorer comme sages.

Toutefois je demeurai quelque temps dans cette situation, ne sachant quel parti prendre, ni quelle carrière embrasser, ni quel genre de vie mener. J'éprouvais toujours une répugnance invincible pour la maison paternelle ; et, comme je balançais longtemps, le souvenir de la détresse où j'avais été s'évanouissait, et avec lui mes faibles désirs de retour, jusqu'à ce qu'enfin je les mis tout à fait de côté, et cherchai à faire un voyage.

Cette maligne influence qui m'avait premièrement poussé hors de la maison paternelle, qui m'avait suggéré l'idée extravagante et indéterminée de faire fortune, et qui m'avait inculqué si fortement ces fantaisies, que j'étais devenu sourd aux bons avis, aux remontrances, et même aux ordres de mon père ; cette même influence, donc, quelle qu'elle fût, me fit concevoir la plus malheureuse de toutes les entreprises, celle de monter à bord d'un vaisseau partant pour la côte d'Afrique, ou, comme nos marins disent vulgairement, pour un voyage de Guinée.

Ce fut un grand malheur pour moi, dans toutes ces aventures, que je ne fisse point, à bord, le service comme un matelot ; à la vérité j'aurais travaillé plus rudement que de coutume, mais en même temps je me serais instruit des devoirs et de l'office d'un marin ; et, avec le temps, j'aurais pu me rendre apte à faire un second ou un lieutenant, sinon un capitaine. Mais ma destinée était toujours de choisir le pire ; parce que j'avais de l'argent en poche et de bons vêtements sur le dos, je voulais toujours aller à bord comme un *gentleman* ; aussi je n'eus jamais aucune charge sur un bâtiment et n'appris jamais à en remplir aucune.

J'eus la chance, dès mon arrivée à Londres, de tomber en assez bonne compagnie, ce qui n'arrive pas toujours aux jeunes libertins sans jugement comme je l'étais alors, le démon ne tardant pas généralement à leur dresser quelques embûches ; mais pour moi il n'en fut pas ainsi. Ma première connaissance fut un capitaine de vaisseau qui, étant allé sur la côte de Guinée avec un très grand succès, avait résolu d'y retourner ; ayant pris goût à ma société, qui alors n'était pas du tout désagréable, et m'ayant entendu parler de mon projet de voir le monde, il me dit :

– Si vous voulez faire le voyage avec moi, vous n'aurez aucune dépense, vous serez mon commensal et mon compagnon ; et si vous vouliez emporter quelque chose avec vous, vous jouiriez de tous les avantages que le commerce offrirait, et peut-être y trouveriez-vous quelque profit.

J'acceptai l'offre, et me liant d'étroite amitié avec ce capitaine, qui était un homme franc et honnête, je fis ce voyage avec lui, risquant une petite somme, que, par sa probité désintéressée, j'augmentai considérablement ; car je n'emportai environ que pour quarante livres sterling de verroteries et de babioles qu'il m'avait conseillé d'acheter. Ces quarante livres sterling, je les avais amassées par l'assistance de quelques-uns de mes parents avec lesquels je correspondais, et qui, je pense, avaient engagé mon père ou au moins ma mère à contribuer d'autant à ma première entreprise.

C'est le seul voyage où je puis dire avoir été heureux dans toutes mes spéculations et je le dois à l'intégrité et à l'honnêteté de mon ami le capitaine; en outre j'y acquis aussi une suffisante connaissance des mathématiques et des règles de la navigation; j'appris à faire l'estime d'un vaisseau et à prendre la hauteur; bref à entendre quelques-unes des choses qu'un homme de mer doit nécessairement savoir. Autant mon capitaine prenait de plai-

sir à m'instruire, autant je prenais de plaisir à étudier ; et en un mot ce voyage me fit tout à la fois marin et marchand. Pour ma pacotille, je rapportai donc cinq livres neuf onces de poudre d'or, qui me valurent, à mon retour à Londres, à peu près trois cents livres sterling, et me remplirent de ces pensées ambitieuses qui, plus tard, consommèrent ma ruine.

Néanmoins, j'eus en ce voyage mes disgrâces aussi ; je fus surtout continuellement malade et jeté dans une violente calenture [1], par la chaleur excessive du climat : notre principal trafic se faisant sur la côte depuis le quinzième degré de latitude septentrionale jusqu'à l'équateur.

Je voulais alors me faire marchand de Guinée, et pour mon malheur, mon ami étant mort peu de temps après son arrivée, je résolus d'entreprendre encore ce voyage, et je m'embarquai sur le même navire avec celui qui, la première fois, en avait été le second, et qui alors en avait obtenu le commandement. Jamais traversée ne fut plus déplorable ; car bien que je n'emportasse pas tout à fait cent livres sterling de ma nouvelle richesse, laissant deux cents livres confiées à la veuve de mon ami, qui fut très fidèle dépositaire, je ne laissai pas de tomber en de terribles infortunes. Notre vaisseau, cinglant vers les Canaries, ou plutôt entre ces îles et la côte d'Afrique, fut surpris, à l'aube du jour, par un corsaire turc de Sallé, qui nous donna la chasse avec toute la voile qu'il pouvait faire. Pour le parer, nous forçâmes aussi de voiles autant que nos vergues en purent déployer et nos mâts en purent charrier ; mais, voyant que le pirate gagnait sur nous, et qu'assurément avant peu d'heures il nous joindrait, nous nous préparâmes au combat. Notre navire avait douze canons et l'écumeur en avait dix-huit.

1. Calenture : Espèce de délire auquel sont sujets les navigateurs qui vont dans la zone torride (Pétrus Borel).

Environ à trois heures de l'après-midi, il entra dans nos eaux, et nous attaqua par méprise, juste en travers de notre hanche, au lieu de nous enfiler par notre poupe, comme il le voulait. Nous pointâmes huit de nos canons de ce côté, et lui envoyâmes une bordée qui le fit reculer, après avoir répondu à notre feu et avoir fait faire une mousqueterie à près de deux cents hommes qu'il avait à bord. Toutefois, tout notre monde se tenant couvert, pas un de nous n'avait été touché. Il se prépara à nous attaquer derechef, et nous, derechef, à nous défendre; mais cette fois, venant à l'abordage par l'autre flanc, il jeta soixante hommes sur notre pont, qui aussitôt coupèrent et hachèrent nos agrès. Nous les accablâmes de coups de demi-piques, de coups de mousquets et de grenades d'une si rude manière, que deux fois nous les chassâmes de notre pont. Enfin, pour abréger ce triste endroit de notre histoire, notre vaisseau étant désemparé, trois de nos hommes tués et huit blessés, nous fûmes contraints de nous rendre, et nous fûmes tous conduits prisonniers à Sallé, port appartenant aux Maures.

Là, je reçus des traitements moins affreux que je

ne l'avais appréhendé d'abord. Je ne fus point emmené dans le pays à la cour de l'Empereur comme le reste de l'équipage; le capitaine du corsaire me garda pour sa part de prise; et, comme j'étais jeune, agile et à sa convenance, il me fit son esclave.

A ce changement subit de condition, qui, de marchand, me faisait misérable esclave, je fus profondément accablé; je me ressouvins alors du discours prophétique de mon père : que je deviendrais misérable et n'aurais personne pour me secourir; je le crus ainsi tout à fait accompli, pensant que je ne pourrais jamais être plus mal, que le bras de Dieu s'était appesanti sur moi et que j'étais perdu sans ressource. Mais hélas ! ce n'était qu'un avant-goût des misères qui devaient me traverser, comme on le verra dans la suite de cette histoire.

Mon nouveau patron ou maître m'avait pris avec lui dans sa maison; j'espérais aussi qu'il me prendrait avec lui quand de nouveau il irait en mer, et que tôt ou tard son sort serait d'être pris par un vaisseau de guerre espagnol ou portugais, et qu'alors je recouvrerais ma liberté; mais cette espérance s'évanouit bientôt, car lorsqu'il retournait en course, il me laissait à terre pour soigner son petit jardin et faire à la maison la besogne ordinaire des esclaves; et quand il revenait de sa croisière, il m'ordonnait de coucher dans sa cabine pour surveiller le navire.

Là, je songeais sans cesse à mon évasion et au moyen que je pourrais employer pour l'effectuer, mais je ne trouvai aucun expédient qui offrît la moindre probabilité, rien qui pût faire supposer ce projet raisonnable; car je n'avais pas une seule personne à qui le communiquer, pour qu'elle s'embarquât avec moi ; ni compagnons d'esclavage, ni Anglais, ni Irlandais, ni Écossais. De sorte que pendant deux ans, quoique je me berçasse souvent de ce rêve, je n'entrevis néanmoins jamais la moindre chance favorable de la réaliser.

Au bout de ce temps environ il se présenta une circonstance singulière qui me remit en tête mon ancien projet de faire quelque tentative pour recouvrer ma liberté. Mon patron restant alors plus longtemps que de coutume sans armer son vaisseau, et, à ce que j'appris, faute d'argent, avait pour habitude, régulièrement deux ou trois fois par semaine,

quelquefois plus si le temps était beau, de prendre la pinasse du navire et de s'en aller pêcher dans la rade; pour tirer à la rame il m'emmenait toujours avec lui, ainsi qu'un jeune Maurisque[1]; nous le divertissions beaucoup, et je me montrais fort adroit à attraper le poisson; si bien qu'il m'envoyait quelquefois avec un Maure de ses parents et le jeune garçon, le Maurisque, comme on l'appelait, pour lui pêcher un plat de poisson.

Une fois, il arriva qu'étant allé à la pêche, un matin, par un grand calme, une brume s'éleva si épaisse que nous perdîmes de vue le rivage, quoique nous n'en fussions pas éloignés d'une demi-lieue. Ramant à l'aventure, nous peinâmes tout le jour et toute la nuit suivante; et, quand vint le matin, nous nous trouvâmes avoir gagné le large au lieu d'avoir gagné la rive, dont nous étions écartés au moins de deux lieues. Cependant nous l'atteignîmes, à la vérité non sans beaucoup d'efforts et non sans quelque danger, car dans la matinée le vent commença à souffler assez fort, et nous étions tous mourants de faim.

Or, notre patron, mis en garde par cette aventure, résolut d'avoir plus soin de lui à l'avenir; ayant à sa disposition la chaloupe de notre navire anglais qu'il avait capturé, il se détermina à ne plus aller à la pêche sans une boussole et quelques provisions, et il ordonna au charpentier de son bâtiment, qui était aussi un Anglais esclave, d'y construire dans le milieu une chambre de parade ou cabine semblable à celle d'un canot de plaisance, laissant assez de place derrière pour manier le gouvernail et border les écoutes, et assez de place devant pour qu'une personne ou deux pussent manœuvrer la voile.

1. On appelle *Moriscos,* en espagnol, les Maures qui embrassèrent le christianisme, lorsque l'Espagne fut reconquise, et qui depuis en ont été chassés (Pétrus Borel).

Cette chaloupe cinglait avec ce que nous appelons une voile *en épaule de mouton*[1], qu'on amurait sur le faîte de la cabine, qui était basse et étroite, et contenait seulement une chambre à coucher pour le patron et un ou deux esclaves, une table à manger, et quelques coffres pour mettre des bouteilles de certaines liqueurs à sa convenance, et surtout son pain, son riz et son café.

Sur cette chaloupe, nous allions fréquemment à la pêche, et comme j'étais très habile à lui attraper du poisson, il n'y allait jamais sans moi. Or, il advint qu'un jour, ayant projeté de faire une promenade dans ce bateau avec deux ou trois Maures de quelque distinction en cette place, il fit de grands préparatifs, et, la veille, à cet effet, envoya au bateau une plus grande quantité de provisions que de coutume, et me commanda de tenir prêt trois fusils avec de la poudre et du plomb, qui se trouvaient à bord de son vaisseau, parce qu'ils se proposaient le plaisir de la chasse aussi bien que celui de la pêche.

Je préparai toutes choses selon ses ordres, et le lendemain au matin j'attendais dans la chaloupe, lavée et parée avec guidon et flamme au vent, pour la digne réception de ses hôtes, lorsque incontinent mon patron vint tout seul à bord, et me dit que ses convives avaient remis la partie, à cause de quelques affaires qui leur étaient survenues. Il m'enjoignit ensuite, suivant l'usage, d'aller sur ce bateau avec le Maure et le jeune garçon pour pêcher quelques poissons, parce que ses amis devaient souper chez lui, me recommandant de revenir à la maison aussitôt que j'aurais fait une bonne capture. Je me mis en devoir d'obéir.

Cette occasion réveilla en mon esprit mes premières idées de liberté; car alors je me trouvais sur

---

1. *Shoulder of mutton sail :* Voile aurique.

le point d'avoir un petit navire à mon commandement. Mon maître étant parti, je commençai à me munir, non d'ustensiles de pêche, mais de provisions de voyage, quoique je ne susse ni ne considérasse où je devais faire route, pour sortir de ce lieu, tout chemin m'étant bon.

Mon premier soin fut de trouver un prétexte pour engager le Maure à mettre à bord quelque chose pour notre subsistance. Je lui dis qu'il ne fallait pas que nous comptassions manger le pain de notre patron. « Cela est juste », répliqua-t-il ; et il apporta une grande corbeille de *rusk* ou de biscuit de mer de leur façon et trois jarres d'eau fraîche. Je savais où mon maître avait placé son coffre à liqueurs, qui, cela était évident par sa structure, devait provenir d'une prise faite sur les Anglais. J'en transportai les bouteilles dans la chaloupe tandis que le Maure était sur le rivage, comme si elles eussent été mises là auparavant pour notre maître. J'y transportai aussi un gros bloc de cire vierge qui pesait bien environ un demi-quintal, avec un paquet de fil ou ficelle, une hache, une scie et un marteau, qui nous furent tous d'un grand usage dans la suite, surtout le morceau de cire pour faire des chandelles. Puis j'essayai sur le Maure d'une autre tromperie dans laquelle il donna encore innocemment. Son nom était Ismael, dont les Maures font Muly ou Moléy ; ainsi l'appelai-je et lui dis-je :

— Moléy, les mousquets de notre patron sont à bord de la chaloupe ; ne pourriez-vous pas vous procurer un peu de poudre et de plomb de chasse, afin de tuer, pour nous autres, quelques *alcamies* – oiseau semblable à notre courlieu –, car je sais qu'il a laissé à bord du navire les provisions de la soute aux poudres.

— Oui, dit-il, j'en apporterai un peu.

Et en effet il apporta une grande poche de cuir

contenant environ une livre et demie de poudre, plutôt plus que moins, et une autre poche pleine de plomb et de balles, pesant environ six livres, et il mit le tout dans la chaloupe. Pendant ce temps, dans la grande cabine de mon maître, j'avais découvert un peu de poudre dont j'emplis une grosse bouteille qui s'était trouvée presque vide dans le bahut, après avoir transvasé ce qui y restait. Ainsi fournis de toutes choses nécessaires, nous sortîmes du havre pour aller à la pêche. A la forteresse qui est à l'entrée du port on savait qui nous étions, on ne prit point garde à nous. A peine étions-nous à un mille en mer, nous amenâmes notre voile et nous nous mîmes en devoir de pêcher. Le vent soufflait nord-nord-est, ce qui était contraire à mon désir ; car s'il avait soufflé sud, j'eusse été certain d'atterrir à la côte d'Espagne, ou au moins d'atteindre la baie de Cadix ; mais ma résolution était, vente qui vente, de sortir de cet horrible lieu, et d'abandonner le reste au destin.

Après que nous eûmes pêché longtemps et rien pris ; car lorsque j'avais un poisson à mon hameçon, pour qu'on ne pût le voir je ne le tirais point dehors :

– Nous ne faisons rien, dis-je au Maure ; notre maître n'entend pas être servi comme ça ; il nous faut encore remonter plus au large.

Lui, n'y voyant pas malice, y consentit, et se trouvant à la proue, déploya les voiles. Comme je tenais la barre du gouvernail, je conduisis l'embarcation à une lieue au-delà ; alors je mis en panne comme si je voulais pêcher ; et, tandis que le jeune garçon tenait le timon, j'allai à la proue vers le Maure ; et, faisant comme si je me baissais pour ramasser quelque chose derrière lui, je le saisis par surprise en passant mon bras entre ses jambes, et je le lançai brusquement hors du bord dans la mer. Il se redressa aussitôt, car il nageait comme un liège, et, m'appelant, il me supplia de le reprendre à bord, et me jura qu'il irait d'un bout à l'autre du monde avec moi. Comme il nageait avec une grande vigueur après la chaloupe et qu'il faisait alors peu de vent, il m'aurait promptement atteint.

Sur ce, j'allai dans la cabine, et, prenant une des arquebuses de chasse, je le couchai en joue et lui dis :

— Je ne vous ai pas fait de mal, et, si vous ne vous obstinez pas, je ne vous en ferai point. Vous nagez bien assez pour regagner la rive ; la mer est calme, hâtez-vous d'y aller, je ne vous frapperai point ; mais si vous vous approchez du bateau, je vous tire une balle dans la tête, car je suis résolu à recouvrer ma liberté.

Alors il revira et nagea vers le rivage. Je ne doute point qu'il ne l'ait atteint facilement, car c'était un excellent nageur.

J'eusse été plus satisfait d'avoir gardé ce Maure et d'avoir noyé le jeune garçon ; mais, là, je ne pouvais risquer de me confier à lui. Quand il fut éloigné, je me retournai vers le jeune garçon, appelé Xury, et je lui dis :

— Xury, si tu veux m'être fidèle, je ferai de toi un homme ; mais si tu ne mets la main sur ta face que tu seras sincère avec moi — ce qui est jurer par Mahomet et la barbe de son père —, il faut que je te jette aussi dans la mer.

Cet enfant me fit un sourire, et me parla si innocemment que je n'aurais pu me défier de lui ; puis il fit le serment de m'être fidèle et de me suivre en tous lieux.

Tant que je fus en vue du Maure, qui était à la nage, je portai directement au large, préférant bouliner[1], afin qu'on pût croire que j'étais allé vers le

1. Bouliner : Aller à bouline ; se servir d'un vent de biais qui n'est pas favorable à la route.

détroit [1], comme en vérité on eût pu le supposer de
toute personne dans son bon sens ; car aurait-on pu
imaginer que nous faisions route au Sud, vers une
côte véritablement barbare, où nous étions sûrs que
toutes les peuplades de Nègres nous entoureraient
de leurs canots et nous désoleraient ; où nous ne
pourrions aller au rivage sans être dévorés par les
bêtes sauvages ou par de plus impitoyables sauvages de l'espèce humaine.

Mais aussitôt qu'il fit sombre, je changeai de
route, et je gouvernai au sud-est, inclinant un peu
ma course vers l'est, pour ne pas m'éloigner de la
côte ; et, ayant un bon vent, une mer calme et unie,

1. Détroit de Gibraltar.

je fis tellement de la voile, que le lendemain, à trois heures de l'après-midi, quand je découvris premièrement la terre, je devais être au moins à cent cinquante milles au sud de Sallé, tout à fait au-delà des États de l'Empereur de Maroc, et même de tout autre roi de par là, car nous ne vîmes personne.

Toutefois, la peur que j'avais des Maures était si grande, et les appréhensions que j'avais de tomber entre leurs mains étaient si terribles, que je ne voulus ni ralentir, ni aller à terre, ni laisser tomber l'ancre. Le vent continuant à être favorable, je naviguai ainsi cinq jours durant ; mais lorsqu'il eut tourné au sud, je conclus que si quelque vaisseau était en chasse après moi, il devait alors se retirer ; aussi hasardai-je d'atterrir et mouillai-je l'ancre à l'embouchure d'une petite rivière, je ne sais laquelle, je ne sais où, ni à quelle latitude, dans quelle contrée, ou quelle nation : je n'y vis pas ni ne désirai point y voir aucun homme ; la chose importante dont j'avais besoin c'était de l'eau fraîche. Nous entrâmes dans cette crique sur le soir, nous déterminant d'aller à terre à la nage sitôt qu'il ferait sombre, et de reconnaître le pays. Mais aussitôt qu'il fit entièrement obscur, nous entendîmes un si épouvantable bruit d'aboiement, de hurlement et de rugisssement de bêtes farouches dont nous ne connaissions pas l'espèce, que le pauvre petit garçon faillit en mourir de frayeur, et me supplia de ne point descendre à terre avant le jour.

— Bien, Xury, lui dis-je, maintenant je n'irai point, mais peut-être au jour verrons-nous des hommes qui seront plus méchants pour nous que des lions.

— Alors nous tirer à eux un coup de mousquet, dit en riant Xury, pour faire eux s'enfuir loin.

Tel était l'anglais que Xury avait appris par la

fréquentation de nous autres esclaves. Néanmoins, je fus aise de voir cet enfant si résolu, et je lui donnai, pour le réconforter, un peu de liqueur tirée d'une bouteille du coffre de notre patron. Après tout, l'avis de Xury était bon, et je le suivis ; nous mouillâmes notre petite ancre, et nous demeurâmes tranquilles toute la nuit ; je dis tranquilles parce que nous ne dormîmes pas, car durant deux ou trois heures nous aperçûmes des créatures excessivement grandes et de différentes espèces – auxquelles nous ne savions quels noms donner – qui descendaient vers la rive et couraient dans l'eau, en se vautrant et se lavant pour le plaisir de se rafraîchir ; elles poussaient des hurlements et des meuglements si affreux que jamais, en vérité, je n'ai rien ouï de semblable.

Xury était horriblement effrayé, et, de fait, je l'étais aussi ; mais nous fûmes tous deux plus effrayés encore quand nous entendîmes une de ces énormes créatures venir à la nage vers notre chaloupe. Nous ne pouvions la voir, mais nous pouvions reconnaître à son soufflement que ce devait être une bête monstrueusement grosse et furieuse. Xury prétendait que c'était un lion, cela pouvait bien être ; tout ce que je sais, c'est que le pauvre enfant me disait de lever l'ancre et de faire force de rames.

– Non pas, Xury, lui répondis-je, il vaut mieux filer par le bout de notre câble avec une bouée, et nous éloigner en mer ; car il ne pourra nous suivre fort loin.

Je n'eus pas plus tôt parlé ainsi que j'aperçus cet animal – quel qu'il fût – à deux portées d'aviron, ce qui me surprit un peu. Néanmoins, aussitôt j'allai à l'entrée de la cabine, je pris mon mousquet et je fis feu sur lui : à ce coup il tournoya et nagea de nouveau vers le rivage.

Il est impossible de décrire le tumulte horrible,

les cris affreux et les hurlements qui s'élevèrent sur le bord du rivage et dans l'intérieur des terres, au bruit et au retentissement de mon mousquet ; je pense avec quelque raison que ces créatures n'avaient auparavant jamais rien ouï de pareil. Ceci me fit voir que nous ne devions pas descendre sur cette côte pendant la nuit, et combien il serait chanceux de s'y hasarder pendant le jour, car tomber entre les mains de quelques sauvages était, pour nous, tout aussi redoutable que de tomber dans les griffes des lions et des tigres ; du moins appréhendions-nous également l'un et l'autre danger.

Quoi qu'il en fût, nous étions obligés d'aller quelque part à l'aiguade ; il ne nous restait pas à bord une pinte d'eau ; mais quand ? mais où ? c'était là l'embarras. Xury me dit que si je voulais le laisser aller à terre avec une des jarres, il découvrirait s'il y avait de l'eau et m'en apporterait. Je lui demandai pourquoi il y voulait aller ; pourquoi ne resterait-il pas dans la chaloupe, et moi-même n'irais-je pas ? Cet enfant me répondit avec tant d'affection que je l'en aimai toujours depuis. Il me dit :

– Si les sauvages hommes venir, eux manger moi, vous s'enfuir.

– Bien, Xury, m'écriai-je, nous irons tous deux, et si les hommes sauvages viennent, nous les tuerons ; ils ne nous mangeront ni l'un ni l'autre.

Alors je donnai à Xury un morceau de biscuit et à boire une gorgée de la liqueur tirée du coffre de notre patron, dont j'ai parlé précédemment ; puis, ayant halé la chaloupe aussi près du rivage que nous le jugions convenable, nous descendîmes à terre, n'emportant seulement avec nous que nos armes et deux jarres pour faire de l'eau.

Je n'eus garde d'aller hors de la vue de notre chaloupe, craignant une descente de canots de sauvages sur la rivière ; mais le petit garçon ayant aperçu un lieu bas à environ un mille dans les terres, il y courut, et aussitôt je le vis revenir vers moi. Je pensai qu'il était poursuivi par quelque sauvage ou épouvanté par quelque bête féroce ; je volai à son secours ; mais quand je fus assez proche de lui, je distinguai quelque chose qui pendait sur son épaule : c'était un animal sur lequel il avait tiré, semblable à un lièvre, mais d'une couleur différente et plus long des jambes. Toutefois, nous en fûmes fort joyeux, car ce fut un excellent manger ; mais ce qui avait causé la grande joie du pauvre Xury, c'était de m'apporter la nouvelle qu'il avait trouvé de la bonne eau sans rencontrer de sauvages.

Nous vîmes ensuite qu'il ne nous était pas nécessaire de prendre tant de peine pour faire de l'eau ; car un peu plus loin dans la crique où nous étions, nous trouvâmes que l'eau qui, à marée basse, coulait un peu plus haut, était douce. Ainsi nous emplîmes nos jarres, nous nous régalâmes du lièvre que nous avions tué, et nous nous préparâmes à reprendre notre route sans avoir découvert un vestige humain dans cette portion de la contrée.

Comme j'avais déjà fait un voyage à cette côte, je savais très bien que les îles Canaries et les îles du cap Vert n'étaient pas éloignées ; mais comme je n'avais pas d'instruments pour prendre hauteur et connaître la latitude où nous étions, et ne sachant pas exactement ou au moins ne me rappelant pas dans quelle latitude elles étaient elles-mêmes situées, je ne savais où les chercher ni quand il faudrait, de leur côté, porter le cap au large ; sans cela, j'aurais pu aisément trouver une de ces îles. En tenant le long de la côte jusqu'à ce que j'arrivasse à la partie où trafiquent les Anglais, mon espoir était de rencontrer en opération habituelle de commerce quelqu'un de leurs vaisseaux, qui nous secourrait et nous prendrait à bord.

Suivant mon calcul le plus exact, le lieu où j'étais alors doit être cette contrée s'étendant entre les possessions de l'Empereur de Maroc et la Nigritie; contrée inculte, peuplée seulement par les bêtes féroces, les Nègres l'ayant abandonnée et s'étant retirés plus au midi, de peur des Maures; et les Maures dédaignant de l'habiter à cause de sa stérilité; mais en vérité les uns et les autres y ont renoncé parce qu'elle est le repaire d'une quantité prodigieuse de tigres, de lions, de léopards et d'autres farouches créatures; aussi ne sert-elle aux Maures que pour leurs chasses, où ils vont, comme une armée, deux ou trois mille hommes à la fois. De fait, durant près de cent milles de suite sur cette côte nous ne vîmes pendant le jour qu'un pays agreste et désert, et n'entendîmes pendant la nuit que les hurlements et les rugissements des bêtes sauvages.

Une ou deux fois dans la journée je crus apercevoir le pic de Ténérife, qui est la haute cime du mont Ténérife dans les Canaries, et j'eus grande envie de m'aventurer au large dans l'espoir de l'atteindre; mais l'ayant essayé deux fois, je fus repoussé par les vents contraires; et comme aussi la mer était trop grosse pour ma petite embarcation, je résolus de continuer mon premier dessein de côtoyer le rivage.

Après avoir quitté ce lieu, je fus plusieurs fois obligé d'aborder pour faire aiguade; et une fois entre autres qu'il était de bon matin, nous vînmes mouiller sous une petite pointe de terre assez élevée, et la marée commençant à monter, nous attendions tranquillement qu'elle nous portât plus avant. Xury, qui, à ce qu'il paraît, avait plus que moi l'œil au guet, m'appela doucement et me dit que nous ferions mieux de nous éloigner du rivage.

— Car regardez là-bas, ajouta-t-il, ce monstre

affreux étendu sur le flanc de cette colline, et profondément endormi.

Je regardai au lieu qu'il désignait, et je vis un monstre épouvantable, en vérité, car c'était un énorme et terrible lion couché sur le penchant du rivage, à l'ombre d'une portion de la montagne, qui, en quelque sorte, pendait presque au-dessus de lui.

– Xury, lui dis-je, va à terre, et tue-le.

Xury parut effrayé, et répliqua :

– Moi tuer ! lui manger moi d'une seule bouche.

Il voulait dire d'une seule bouchée. Toutefois, je ne dis plus rien à ce garçon ; seulement je lui ordonnai de rester tranquille, et je pris notre plus gros fusil, qui était presque du calibre d'un mousquet, et, après y avoir mis une bonne charge de poudre et deux lingots, je le posai à terre ; puis en chargeai un autre à deux balles ; et le troisième, car nous en avions trois, je le chargeai de cinq chevrotines. Je pointai du mieux que je pus ma première arme pour le frapper à la tête ; mais il était couché de telle façon, avec une patte passée un peu au-dessus de son mufle, que les lingots l'atteignirent à la jambe, près du genou, et lui brisèrent l'os. Il tressaillit d'abord en grondant ; mais sentant sa jambe brisée, il se rabattit, puis il se dressa sur trois jambes, et jeta le plus effroyable rugissement que j'entendis jamais. Je fus un peu surpris de ne l'avoir point frappé à la tête. Néanmoins je pris aussitôt mon second mousquet, et quoiqu'il commençât à s'éloigner, je fis feu de nouveau ; je l'atteignis à la tête, et j'eus le plaisir de le voir se laisser tomber silencieusement et se roidir en luttant contre la mort. Xury prit alors du cœur, et me demanda de le laisser aller à terre. « Soit ; va », lui dis-je. Aussitôt ce garçon sauta à l'eau, et tenant un petit mousquet d'une main, il nagea de l'autre jusqu'au rivage.

Puis, s'étant approché du lion, il lui posa le canon du mousquet à l'oreille et le lui déchargea aussi dans la tête, ce qui l'expédia tout à fait.

C'était véritablement une chasse pour nous, mais ce n'était pas du gibier, et j'étais très fâché de perdre trois charges de poudre et des balles sur une créature qui n'était bonne à rien pour nous. Xury, néanmoins, voulait en emporter quelque chose. Il vint donc à bord, et me demanda de lui donner la hache.

— Pour quoi faire, Xury ? lui dis-je.

— Moi trancher sa tête, répondit-il.

Toutefois Xury ne put pas la lui trancher, mais il lui coupa une patte qu'il m'apporta : elle était monstrueuse.

Cependant je réfléchis que sa peau pourrait, d'une façon ou d'une autre, nous être de quelque valeur, et je résolus de l'écorcher si je le pouvais. Xury et moi nous mîmes donc à l'œuvre ; mais à cette besogne Xury était de beaucoup le meilleur ouvrier, car je ne savais comment m'y prendre. En fait cela nous occupa tous deux durant la journée entière ; enfin nous en vînmes à bout, et nous étendîmes la peau sur le toit de notre cabine. Le soleil la sécha parfaitement en deux jours. Je m'en servis ensuite pour me coucher dessus.

Après cette halte, nous naviguâmes continuellement vers le sud pendant dix ou douze jours, usant avec parcimonie de nos provisions, qui commençaient à diminuer beaucoup, et ne descendant à terre que lorsque nous y étions obligés pour aller à l'aiguade. Mon dessein était alors d'atteindre le fleuve de Gambie ou le fleuve de Sénégal, c'est-à-dire aux environs du cap Vert, où j'espérais rencontrer quelque bâtiment européen ; le cas contraire échéant, je ne savais plus quelle route tenir, à moins que je me misse à la recherche des îles ou que j'allasse périr au milieu des Nègres.

Je savais que tous les vaisseaux qui font voile pour la côte de Guinée, le Brésil ou les Indes orientales, touchent à ce cap ou à ces îles. En un mot, je plaçais là toute l'alternative de mon sort, soit que je dusse rencontrer un bâtiment, soit que je dusse périr.

Quand j'eus suivi cette résolution pendant environ dix jours de plus, comme je l'ai déjà dit, je commençai à m'apercevoir que la côte était habitée, et en deux ou trois endroits que nous longions, nous vîmes des gens qui s'arrêtaient sur le rivage pour nous regarder; nous pouvions aussi distinguer qu'ils étaient entièrement noirs et tout à fait nus. J'eus une fois l'envie de descendre à terre vers eux; mais Xury fut meilleur conseiller, et me dit : « Pas aller ! Pas aller ! » Je halai cependant plus près du rivage afin de pouvoir leur parler, et ils me suivirent pendant quelque temps le long de la rive. Je remarquai qu'ils n'avaient point d'armes à la main, un seul excepté qui portait un long et mince bâton, que Xury dit être une lance qu'ils pouvaient lancer fort loin avec beaucoup de justesse. Je me tins donc à distance, mais je causai avec eux, par gestes, aussi bien que je pus, et particulièrement pour leur demander quelque chose à manger. Ils me firent signe d'arrêter ma chaloupe, et qu'ils iraient me chercher quelque nourriture. Sur ce, j'abaissai le haut de ma voile; je m'arrêtai proche, et deux d'entre eux coururent dans le pays, et en moins d'une demi-heure revinrent, apportant avec eux deux morceaux de viande sèche et du grain, productions de leur contrée. Ni Xury ni moi ne savions ce que c'était; pourtant nous étions fort désireux de le recevoir; mais comment y parvenir ? Ce fut là notre embarras. Je n'osais point aller à terre vers eux, qui n'étaient pas moins effrayés de nous. Bref, ils prirent un détour excellent pour nous tous; ils déposèrent les provisions sur le rivage, et se retirèrent à une grande distance jusqu'à ce que nous les eûmes toutes embarquées, puis ils se rapprochèrent de nous.

N'ayant rien à leur donner en échange, nous leur faisions des signes de remerciements, quand tout à coup s'offrit une merveilleuse occasion de les obliger. Tandis que nous étions arrêtés près de la côte, voici venir des montagnes deux énormes créatures se poursuivant (nous sembla-t-il) avec fureur. Était-ce le mâle qui poursuivait la femelle ? Étaient-ils en ébats ou en rage ? Il eût été impossible de le dire. Était-ce ordinaire ou étrange ? je ne sais. Toutefois, je pencherais plutôt pour le dernier, parce que ces animaux voraces n'apparaissent guère que la nuit, et parce que nous vîmes la foule horriblement épouvantée, surtout les femmes. L'homme qui portait la lance ou le dard ne prit point la fuite à leur aspect comme tout le reste. Néanmoins, ces deux créatures coururent droit à la mer, et, ne montrant nulle intention de se jeter sur un seul de ces Nègres, elles se plongèrent dans les flots et se mirent à nager çà et là, comme si elles y étaient venues pour leur divertissement. Enfin un de ces animaux commença à s'approcher de mon embarcation plus près que je ne m'y serais attendu d'abord ; mais j'étais en garde contre lui, car j'avais chargé mon mousquet avec toute la promptitude possible, et j'avais ordonné à Xury de charger les autres. Dès qu'il fut à ma portée, je fis feu, et je le frappai droit à la tête. Aussitôt il s'enfonça dans l'eau, mais aussitôt il reparut et plongea et replongea, semblant lutter avec la vie : ce qui était en effet, car immédiatement il se dirigea vers le rivage et périt juste au moment de l'atteindre, tant à cause des coups mortels qu'il avait reçus que de l'eau qui l'étouffa.

Il serait impossible d'exprimer l'étonnement de ces pauvres gens au bruit et au feu de mon mousquet. Quelques-uns d'entre eux faillirent en mourir d'effroi, et, comme morts, tombèrent contre terre dans la plus grande terreur. Mais quand ils eurent vu l'animal tué et enfoncé sous l'eau, et que je leur eus fait signe de revenir sur le bord, ils prirent du cœur; ils s'avancèrent vers la rive et se mirent à sa recherche. Son sang, qui teignait l'eau, me le fit découvrir; et, à l'aide d'une corde dont je l'entourai et que je donnai aux Nègres pour le haler, ils le traînèrent au rivage. Là, il se trouva que c'était un léopard des plus curieux, parfaitement moucheté et superbe. Les Nègres levaient leurs mains dans l'admiration de penser ce que pouvait être ce avec quoi je l'avais tué.

L'autre animal, effrayé par l'éclair et la détonation de mon mousquet, regagna la rive à la nage et s'enfuit directement vers les montagnes d'où il était venu, et je ne pus, à cette distance, reconnaître ce qu'il était. Je m'aperçus bientôt que les Nègres étaient disposés à manger la chair du léopard; aussi voulus-je le leur faire accepter comme une faveur de ma part; et, quand par mes signes je leur eus fait savoir qu'ils pouvaient le prendre, ils en furent très reconnaissants. Aussitôt ils se mirent à l'ouvrage et l'écorchèrent avec un morceau de bois affilé, aussi promptement, même plus promptement que nous ne pourrions le faire avec un couteau. Ils m'offrirent de sa chair; j'éludai cette offre, affectant de vouloir la leur abandonner; mais, par mes signes, leur demandant la peau, qu'ils me donnèrent très franchement, en m'apportant en outre une grande quantité de leurs victuailles, que j'acceptai, quoiqu'elles me fussent inconnues. Alors je leur fis des signes pour avoir de l'eau, et je leur montrai une de mes jarres en la tournant sens dessus dessous, pour faire voir qu'elle était vide et que j'avais besoin qu'elle fût remplie. Aussitôt ils appelèrent quelques-uns des leurs, et deux femmes vinrent, apportant un grand vase de terre qui, je le suppose, était cuite au soleil. Ainsi que précédemment, ils le déposèrent, pour moi, sur le rivage. J'y envoyai Xury avec mes jarres, et il les remplit toutes trois. Les femmes étaient aussi complètement nues que les hommes.

J'étais alors fourni d'eau, de racines et de grains, quels qu'ils fussent ; je pris congé de mes bons Nègres, et, sans m'approcher du rivage, je continuai ma course pendant onze jours environ, avant que je visse devant moi la terre s'avancer bien avant dans l'océan à la distance environ de quatre ou cinq lieues. Comme la mer était très calme, je me mis au large pour gagner cette pointe. Enfin, la doublant à deux lieues de la côte, je vis distinctement des terres à l'opposite ; alors je conclus, au fait cela était indubitable, que d'un côté j'avais le cap Vert, et de l'autre ces îles qui lui doivent leur nom. Toutefois elles étaient fort éloignées, et je ne savais pas trop ce qu'il fallait que je fisse ; car si j'étais surpris par un coup de vent, je pouvais fort bien n'atteindre ni l'un ni l'autre.

Dans cette perplexité, comme j'étais fort pensif, j'entrai dans la cabine et je m'assis, laissant à Xury la barre du gouvernail, quand subitement ce jeune garçon s'écria :

— Maître ! maître ! un vaisseau avec une voile !

La frayeur avait mis hors de lui-même ce simple enfant, qui pensait qu'infailliblement c'était un des vaisseaux de son maître envoyés à notre poursuite, tandis que nous étions, comme je ne l'ignorais pas, tout à fait hors de son atteinte. Je m'élançai de ma cabine, et non seulement je vis immédiatement le navire, mais encore je reconnus qu'il était portugais. Je le crus d'abord destiné à faire la traite des Nègres sur la côte de Guinée; mais quand j'eus remarqué la route qu'il tenait, je fus bientôt convaincu qu'il avait tout autre destination, et que son dessein n'était pas de serrer la terre. Alors, je portai le cap au large, et je forçai de voile au plus près, résolu de lui parler s'il était possible.

Avec toute la voile que je pouvais faire, je vis que jamais je ne viendrais dans ses eaux, et qu'il serait passé avant que je pusse lui donner aucun signal. Mais après avoir forcé à tout rompre, comme j'allais perdre espérance, il m'aperçut sans doute à l'aide de ses lunettes d'approche; et, reconnaissant que c'était une embarcation européenne, qu'il supposa appartenir à quelque vaisseau naufragé, il diminua de voiles afin que je l'atteignisse. Ceci m'encouragea, et comme j'avais à bord le pavillon de mon patron, je le hissai en berne en signal de détresse et je tirai un coup de mousquet. Ces deux choses furent remarquées, car j'appris plus tard qu'on avait vu la fumée, bien qu'on n'eût pas entendu la détonation. A ces signaux, le navire mit pour moi complaisamment en panne et tint la cape. En trois heures environ je le joignis.

On me demanda en portugais, puis en espagnol, puis en français, qui j'étais; mais je ne comprenais aucune de ces langues. A la fin, un matelot écossais qui se trouvait à bord m'interpella, et je lui répondis et lui dis que j'étais Anglais, et que je venais de m'échapper de l'esclavage des Maures de Sallé; alors on m'invita à venir à bord, et on m'y reçut très obligeamment avec tous mes bagages.

J'étais dans une joie inexprimable, comme chacun peut le croire, d'être ainsi délivré d'une condition que je regardais comme tout à fait misérable et désespérée, et je m'empressai d'offrir au capitaine du vaisseau tout ce que je possédais pour prix de

ma délivrance. Mais il me répondit généreusement
qu'il n'accepterait rien de moi, et que tout ce que
j'avais me serait rendu intact à mon arrivée au Brésil.

— Car, dit-il, je vous ai sauvé la vie comme je
serais fort aise qu'on me la sauvât. Peut-être
m'est-il réservé une fois ou une autre d'être secouru
dans une semblable position. En outre, en vous
conduisant au Brésil, à une si grande distance de
votre pays, si j'acceptais de vous ce que vous pouvez avoir, vous y mourriez de faim, et alors je vous
reprendrais la vie que je vous ai donnée. Non, non,

senhor Inglez (c'est-à-dire monsieur l'Anglais) je veux vous y conduire par pure commisération ; et ces choses-là vous y serviront à payer votre subsistance et votre traversée de retour.

Il fut aussi scrupuleux dans l'accomplissement de ses promesses, qu'il avait été charitable dans ses propositions ; car il défendit aux matelots de toucher à rien de ce qui m'appartenait ; il prit alors le tout en sa garde et m'en donna ensuite un exact inventaire, pour que je pusse tout recouvrer ; tout, jusqu'à mes trois jarres de terre.

Quant à ma chaloupe, elle était fort bonne ; il le vit, et me proposa de l'acheter pour l'usage de son navire, et me demanda ce que j'en voudrais avoir. Je lui répondis qu'il avait été, à mon égard, trop généreux en toutes choses, pour que je me permisse de fixer aucun prix, et que je m'en rapportais à sa discrétion. Sur quoi, il me dit qu'il me ferait, de sa main, un billet de quatre-vingts pièces de huit payable au Brésil ; et que si, à ce moment-là, quelqu'un m'en offrait davantage, il me tiendrait compte de l'excédent. Il me proposa en outre soixante pièces de huit pour mon garçon Xury. J'hésitai à les accepter ; non que je répugnasse à le laisser au capitaine, mais à vendre la liberté de ce pauvre enfant, qui m'avait aidé si fidèlement à recouvrer la mienne. Cependant, lorsque je lui eus fait savoir ma raison, il la reconnut juste, et me proposa, pour accommodement, de donner au jeune garçon une obligation de le rendre libre au bout de dix ans s'il voulait se faire chrétien. Sur cela, Xury consentant à le suivre, je l'abandonnai au capitaine.

Nous eûmes une très heureuse navigation jusqu'au Brésil, et nous arrivâmes à la *Bahia de Todos os Santos*, ou baie de Tous les Saints, environ vingt-deux jours après. J'étais alors, pour la seconde fois, délivré de la plus misérable de toutes les conditions de la vie, et j'avais alors à considérer ce que prochainement je devais faire de moi.

La généreuse conduite du capitaine à mon égard ne saurait être trop louée. Il ne voulut rien recevoir pour mon passage ; il me donna vingt ducats pour la peau du léopard et quarante pour la peau du lion que j'avais dans ma chaloupe. Il me fit remettre ponctuellement tout ce qui m'appartenait en son vaisseau, et tout ce que j'étais disposé à vendre il me l'acheta ; tel que le bahut aux bouteilles, deux de mes mousquets et un morceau restant du bloc de cire vierge, dont j'avais fait des chandelles. En un mot, je tirai environ deux cent vingt pièces de huit de toute ma cargaison, et, avec ce capital, je mis pied à terre au Brésil.

Là, peu de temps après, le capitaine me recommanda dans la maison d'un très honnête homme, comme lui-même, qui avait ce qu'on appelle un *engenho*[1], c'est-à-dire une plantation et une sucrerie. Je vécus quelque temps chez lui, et, par ce moyen, je pris connaissance de la manière de planter et de faire le sucre. Voyant la bonne vie que menaient les planteurs, et combien ils s'enrichissaient promptement, je résolus, si je pouvais en obtenir la licence, de m'établir parmi eux, et de me faire planteur, prenant en même temps la détermination de chercher quelque moyen pour recouvrer l'argent que j'avais laissé à Londres. Dans ce dessein, ayant obtenu une sorte de lettre de naturalisation, j'achetai autant de terre inculte que mon argent me le permit, et je formai un plan pour ma plantation et mon établissement proportionné à la somme que j'espérais recevoir de Londres.

J'avais un voisin, un Portugais de Lisbonne, mais né de parents anglais ; son nom était Wells, et il se

1. *Engenho de açucar* : Moulin à sucre.

trouvait à peu près dans les mêmes circonstances que moi. Je l'appelle voisin parce que sa plantation était proche de la mienne, et que nous vivions très amicalement. Mon avoir était mince aussi bien que le sien ; et, pendant environ deux années, nous ne plantâmes guère que pour notre nourriture. Toutefois nous commencions à faire des progrès, et notre terre commençait à se bonifier ; si bien que la troisième année nous semâmes du tabac et apprêtâmes l'un et l'autre une grande pièce de terre pour planter des cannes à sucre l'année suivante. Mais tous les deux nous avions besoin d'aide ; alors je sentis plus que jamais combien j'avais eu tort de me séparer de mon garçon Xury.

Mais hélas ! avoir fait mal, pour moi qui ne faisais jamais bien, ce n'était pas chose étonnante ; il n'y avait d'autre remède que de poursuivre. Je m'étais imposé une occupation tout à fait éloignée de mon esprit naturel, et entièrement contraire à la vie que j'aimais et pour laquelle j'avais abandonné la maison de mon père et méprisé tous ses bons avis ; car j'entrais précisément dans la condition moyenne, ce premier rang de la vie inférieure qu'autrefois il m'avait recommandé, et que, résolu à suivre, j'eusse pu de même trouver chez nous sans m'être fatigué à courir le monde. Souvent, je me disais : « Ce que je fais ici, j'aurais pu le faire tout aussi bien en Angleterre, au milieu de mes amis ; il était inutile pour cela de parcourir deux mille lieues, et de venir parmi des étrangers, des sauvages, dans un désert, et à une telle distance que je ne puis recevoir de nouvelle d'aucun lieu du monde, où l'on a la moindre connaissance de moi. »

Ainsi j'avais coutume de considérer ma position avec le plus grand regret. Je n'avais personne avec qui converser, que de temps en temps mon voisin, point d'autre ouvrage à faire que par le travail de mes mains, et je me disais souvent que je vivais tout à fait comme un naufragé jeté sur quelque île déserte et entièrement livré à lui-même. Combien cela était juste, et combien tout homme devrait réfléchir que, tandis qu'il compare sa situation présente à d'autres qui sont pires, le Ciel pourrait l'obliger à en faire l'échange, et le convaincre, par sa propre expérience, de sa félicité première ; combien il était juste, dis-je, que cette vie réellement solitaire, dans une île réellement déserte, et dont je m'étais plaint, devînt mon lot ; moi qui l'avais si souvent injustement comparée avec la vie que je menais alors, qui, si j'avais persévéré, m'eût en toute probabilité conduit à une grande prospérité et à une grande richesse.

J'avais à peu près décidé des mesures relatives à la conduite de ma plantation, avant que mon gracieux ami le capitaine du vaisseau, qui m'avait recueilli en mer, s'en retournât ; car son navire demeura environ trois mois à faire son chargement et ses préparatifs de voyage. Lorsque je lui parlai du petit capital que j'avais laissé derrière moi à Londres, il me donna cet amical et sincère conseil :

– *Senhor Inglez*, me dit-il – car il m'appelait toujours ainsi –, si vous voulez me donner, pour moi, une procuration en forme, et pour la personne dépositaire de votre argent, à Londres, des lettres et des ordres d'envoyer vos fonds à Lisbonne, à telles personnes que je vous désignerai, et en telles marchandises qui sont convenables à ce pays-ci, je vous les apporterai, si Dieu veut, à mon retour ; mais comme les choses humaines sont toutes sujettes aux revers et aux désastres, veuillez ne me remettre des ordres que pour une centaine de livres sterling, que vous dites être la moitié de votre fonds, et que vous hasarderez premièrement ; si bien que si cela arrive à bon port, vous pourrez ordonner du reste pareillement ; mais si cela échoue, vous pourrez, au besoin, avoir recours à la seconde moitié.

Ce conseil était salutaire et plein de considérations amicales ; je fus convaincu que c'était le meilleur parti à prendre ; et, en conséquence, je préparai des lettres pour la dame à qui j'avais confié mon argent, et une procuration pour le capitaine, ainsi qu'il le désirait.

J'écrivis à la veuve du capitaine anglais une relation de toutes mes aventures, mon esclavage, mon évasion, ma rencontre en mer avec le capitaine portugais, l'humanité de sa conduite, l'état dans lequel j'étais alors, avec toutes les instructions nécessaires pour la remise de mes fonds ; et, lorsque cet honnête capitaine fut arrivé à Lisbonne, il trouva moyen, par l'entremise d'un des Anglais négociants en cette ville, d'envoyer non seulement l'ordre, mais un récit complet de mon histoire, à un marchand de Londres, qui le reporta si efficacement à la veuve, que, non seulement elle délivra mon argent, mais, de sa propre cassette, elle envoya au capitaine portugais un très riche cadeau, pour son humanité et sa charité envers moi.

Le marchand de Londres convertit les cent livres sterling en marchandises anglaises, ainsi que le capitaine le lui avait écrit, et il les lui envoya en droiture à Lisbonne, d'où il me les apporta toutes en bon état au Brésil ; parmi elles, sans ma recommandation – car j'étais trop novice en mes affaires pour y avoir songé –, il avait pris soin de mettre toutes sortes d'outils, d'instruments de fer et d'ustensiles nécessaires pour ma plantation, qui me furent d'un grand usage.

Je fus surpris agréablement quand cette cargaison arriva, et je crus ma fortune faite. Mon bon munitionnaire le capitaine avait dépensé les cinq livres sterling que mon amie lui avait envoyées en présent, à me louer, pour le terme de six années, un serviteur qu'il m'amena, et il ne voulut rien accepter sous aucune considération, si ce n'est un peu de tabac, que je l'obligeai à recevoir comme étant de ma propre récolte.

Ce ne fut pas tout; comme mes marchandises étaient toutes de manufactures anglaises, telles que draps, étoffes, flanelle et autres choses particulièrement estimées et recherchées dans le pays, je trouvai moyen de les vendre très avantageusement, si bien que je puis dire que je quadruplai la valeur de ma première cargaison, et que je fus alors infiniment au-dessus de mon pauvre voisin, quant à la prospérité de ma plantation, car la première chose que je fis ce fut d'acheter un esclave nègre, et de louer un serviteur européen : un autre, veux-je dire, outre celui que le capitaine m'avait amené de Lisbonne.

Mais le mauvais usage de la prospérité est souvent la vraie cause de nos plus grandes adversités; il en fut ainsi pour moi. J'eus, l'année suivante, beaucoup de succès dans ma plantation; je récoltai sur mon propre terrain cinquante gros rouleaux de tabac, non compris ce que, pour mon nécessaire, j'en avais échangé avec mes voisins, et ces cinquante rouleaux pesant chacun environ cent livres, furent bien confectionnés et mis en réserve pour le retour de la flotte de Lisbonne. Alors, mes affaires et mes richesses s'augmentant, ma tête commença à être pleine d'entreprises au-delà de ma portée, semblables à celles qui souvent causent la ruine des plus habiles spéculateurs.

Si je m'étais maintenu dans la position où j'étais alors, j'eusse pu m'attendre encore à toutes les choses heureuses pour lesquelles mon père m'avait si expressément recommandé une vie tranquille et retirée, et desquelles il m'avait si justement dit que la condition moyenne était remplie. Mais ce n'était pas là mon sort ; je devais être derechef l'agent obstiné de mes propres misères ; je devais accroître ma faute, et doubler les reproches que dans mes afflictions futures j'aurais le loisir de me faire. Toutes ces infortunes prirent leur source dans mon attachement manifeste et opiniâtre à ma folle inclination de courir le monde, et dans mon abandon à cette passion, contrairement à la plus évidente perspective d'arriver à bien par l'honnête et simple poursuite de ce but et de ce genre de vie, que la nature et la Providence concouraient à m'offrir pour l'accomplissement de mes devoirs.

Comme lors de ma rupture avec mes parents, de même alors je ne pouvais plus être satisfait, et il fallait que je m'en allasse et que j'abandonnasse l'heureuse espérance que j'avais de faire bien mes affaires et de devenir riche dans ma nouvelle plantation, seulement pour suivre un désir téméraire et immodéré de m'élever plus promptement que la nature des choses ne l'admettait. Ainsi je me replongeai dans le plus profond gouffre de misère humaine où l'homme puisse jamais tomber, et le seul peut-être qui lui laisse la vie et un état de santé dans le monde.

Pour arriver maintenant par les degrés logiques aux particularités de cette partie de mon histoire, vous devez supposer qu'ayant alors vécu à peu près quatre années au Brésil, et commençant à prospérer et à m'enrichir dans ma plantation, non seulement j'avais appris le portugais, mais que j'avais lié connaissance et amitié avec mes confrères les planteurs, ainsi qu'avec les marchands de San Salvador, qui était notre port. Dans mes conversations avec eux, j'avais fréquemment fait le récit de mes deux voyages sur la côte de Guinée, de la manière d'y trafiquer avec les Nègres, et de la facilité d'y acheter pour des babioles, telles que des grains de collier, des breloques, des couteaux, des ciseaux, des haches, des verroteries et autres choses semblables, non seulement de la poudre d'or, des graines de Guinée, des dents d'éléphants, etc.; mais des Nègres pour le service du Brésil, et en grand nombre.

Ils écoutaient toujours très attentivement mes discours sur ce chapitre, mais plus spécialement la partie où je parlais de la traite des Nègres, trafic non seulement peu avancé à cette époque, mais qui, tel qu'il était, n'avait jamais été fait qu'avec l'*assientos,* ou permission des rois d'Espagne et de Portugal, selon l'usage reçu du public, de sorte qu'on achetait peu de Nègres, et qu'ils étaient excessivement chers.

Il advint qu'une fois, me trouvant en compagnie avec des marchands et des planteurs de ma connaissance, je parlai de tout cela passionnément; trois d'entre eux vinrent auprès de moi le lendemain au matin, et me dirent qu'ils avaient beaucoup songé à ce dont je m'étais entretenu avec eux la soirée précédente, et qu'ils venaient me faire une secrète proposition.

Ils me déclarèrent, après m'avoir recommandé la discrétion, qu'ils avaient le dessein d'équiper un vaisseau pour la côte de Guinée.

— Nous avons tous, comme vous, des plantations, ajoutèrent-ils, et nous n'avons rien tant besoin que d'esclaves; mais comme nous ne pouvons pas entreprendre ce commerce, puisqu'on ne peut vendre publiquement les Nègres lorsqu'ils sont débarqués, nous ne désirons faire qu'un seul voyage, pour en ramener secrètement et les répartir sur nos plantations.

En un mot, la question était que si je voulais aller à bord comme leur subrécargue[1], pour diriger la traite sur la côte de Guinée, j'aurais ma portion contingente de Nègres sans fournir ma quote-part d'argent.

C'eût été une belle proposition, il faut en convenir, si elle avait été faite à quelqu'un qui n'eût pas eu à gouverner un établissement et une plantation à soi appartenant, en beau chemin de devenir considérables et d'un excellent rapport; mais pour moi, qui étais ainsi engagé et établi, qui n'avais qu'à poursuivre, comme j'avais commencé, pendant trois ou quatre ans encore, et qu'à faire venir d'Angleterre mes autres cent livres sterling restant, pour être alors, avec cette petite addition, à peu près pos-

1. Subrécargue : Nom qu'on donne à une personne qui est chargée de gérer la cargaison d'un navire, qui en représente le ou les propriétaires.

sesseur de trois ou quatre mille livres, qui accroî-
traient encore chaque jour; mais pour moi, dis-je,
penser à un pareil voyage, c'était la plus absurde
chose dont un homme placé en de semblables circonstances pouvait se rendre coupable.

Mais comme j'étais né pour être mon propre destructeur, il me fut aussi impossible de résister à
cette offre, qu'il me l'avait été de maîtriser mes premières idées vagabondes lorsque les bons conseils
de mon père échouèrent contre moi. En un mot, je
leur dis que j'irais de tout mon cœur s'ils voulaient
se charger de conduire ma plantation durant mon
absence, et en disposer ainsi que je l'ordonnerais si
je venais à faire naufrage. Ils me le promirent, et ils
s'y engagèrent par écrit ou par convention, et je fis
un testament formel, disposant de ma plantation et
de mes effets, en cas de mort, et instituant mon
légataire universel, le capitaine de vaisseau qui
m'avait sauvé la vie, comme je l'ai narré plus haut,
mais l'obligeant à disposer de mes biens suivant
que je l'avais prescrit dans mon testament, c'est-à-
dire qu'il se réserverait pour lui-même une moitié
de leur produit, et que l'autre moitié serait embarquée pour l'Angleterre.

Bref, je pris toutes précautions possibles pour
garantir mes biens et entretenir ma plantation. Si
j'avais usé de moitié autant de prudence à considérer mon propre intérêt, et à me former un jugement
de ce que je devais faire ou ne pas faire, je ne me
serais certainement jamais éloigné d'une entreprise
aussi florissante; je n'aurais point abandonné
toutes les chances probables de m'enrichir, pour un
voyage sur mer où je serais exposé à tous les
hasards communs; pour ne rien dire des raisons
que j'avais de m'attendre à des infortunes personnelles.

Mais j'étais entraîné, et j'obéis aveuglément à ce

que me dictait mon goût plutôt que ma raison. Le bâtiment étant équipé convenablement, la cargaison fournie et toutes choses faites suivant l'accord, par mes partenaires dans ce voyage, je m'embarquai à la maleheure, le 1ᵉʳ septembre 1659, huit ans après, jour pour jour, qu'à Hull, je m'étais éloigné de mon père et de ma mère pour faire le rebelle à leur autorité, et le fou quant à mes propres intérêts.

Notre vaisseau, d'environ cent vingt tonneaux, portait six canons et quatorze hommes, non compris le capitaine, son valet et moi. Nous n'avions guère à bord d'autre cargaison de marchandises que des clincailleries convenables pour notre commerce avec les Nègres, telles que des grains de collier, des morceaux de verre, des coquilles, de méchantes babioles, surtout de petits miroirs, des couteaux, des ciseaux, des cognées et autres choses semblables.

Le jour même où j'allai à bord, nous mîmes à la voile, faisant route au nord le long de notre côte, dans le dessein de cingler vers celle d'Afrique, quand nous serions par les dix ou onze degrés de latitude septentrionale; c'était, à ce qu'il paraît, la manière de faire ce trajet à cette époque. Nous eûmes un fort bon temps, mais excessivement chaud, tout le long de notre côte jusqu'à la hauteur du cap Saint-Augustin, où, gagnant le large, nous noyâmes la terre et portâmes le cap, comme si nous étions chargés pour l'île Fernando de Noronha; mais, tenant notre course au nord-est quart nord, nous laissâmes à l'est cette île et ses adjacentes. Après une navigation d'environ douze jours, nous avions doublé la ligne et nous étions, suivant notre dernière estime, par les sept degrés vingt-deux minutes de latitude nord, quand un violent tourbillon ou un ouragan nous désorienta entièrement. Il commença du sud-est, tourna à peu près au nord-ouest, et enfin se fixa au nord-est, d'où il se déchaîna d'une manière si terrible, que pendant douze jours de suite nous ne fîmes que dériver, courant devant lui et nous laissant emporter partout où la fatalité et la furie des vents nous poussaient. Durant ces douze jours, je n'ai pas besoin de dire que je m'attendais à chaque instant à être englouti; de fait, personne sur le vaisseau n'espérait sauver sa vie.

Dans cette détresse, nous eûmes, outre la terreur de la tempête, un de nos hommes mort de la calenture, et un matelot et le domestique emportés par une lame. Vers le douzième jour, le vent mollissant un peu, le capitaine prit hauteur, le mieux qu'il put, et estima qu'il était environ par les onze degrés de latitude nord, mais qu'avec le cap Saint-Augustin, il avait vingt-deux degrés de différence en longitude ouest; de sorte qu'il se trouva avoir gagné la côte de la Guyane, ou partie septentrionale du Brésil, au-delà du fleuve des Amazones, vers l'Orénoque, communément appelé la Grande Rivière. Alors il commença à consulter avec moi sur la route qu'il devait prendre, car le navire faisait plusieurs voies d'eau et était tout à fait désemparé. Il opinait pour rebrousser directement vers les côtes du Brésil.

J'étais d'un avis positivement contraire. Après avoir examiné avec lui les cartes des côtes maritimes de l'Amérique, nous conclûmes qu'il n'y avait point de pays habité où nous pourrions relâcher avant que nous eussions atteint l'archipel des Caraïbes. Nous résolûmes donc de faire voile vers la Barbade, où nous espérions, en gardant la haute mer pour éviter l'entrée du golfe de Mexique, pouvoir aisément parvenir en quinze jours de navigation, d'autant qu'il nous était impossible de faire notre voyage à la côte d'Afrique sans des secours, et pour notre vaisseau et pour nous-mêmes.

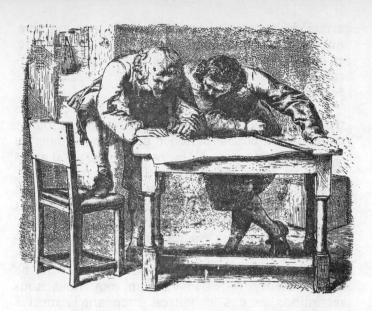

Dans ce dessein, nous changeâmes de route, et nous gouvernâmes nord-ouest quart ouest, afin d'atteindre une de nos îles anglaises, où je comptais recevoir quelque assistance. Mais il en devait être autrement; car, par les douze degrés dix-huit minutes de latitude, nous fûmes assaillis par une seconde tempête qui nous emporta avec la même impétuosité vers l'ouest, et nous poussa si loin hors de toute route fréquentée, que si nos existences avaient été sauvées quant à la mer, nous aurions eu plutôt la chance d'être dévorés par les sauvages que celle de retourner en notre pays.

En ces extrémités, le vent soufflait toujours avec violence, et à la pointe du jour un de nos hommes s'écria : « Terre ! » A peine nous étions-nous précipités hors de la cabine, pour regarder dans l'espoir de reconnaître en quel endroit du monde nous étions, que notre navire donna contre un banc de sable : son mouvement étant ainsi subitement arrêté, la mer déferla sur lui d'une telle manière, que nous nous attendîmes tous à périr sur l'heure, et que nous nous réfugiâmes vers le gaillard d'arrière, pour nous mettre à l'abri de l'écume et des éclaboussures des vagues.

Il serait difficile à quelqu'un qui ne se serait pas trouvé en une pareille situation, de décrire ou de concevoir la consternation d'un équipage dans de telles circonstances. Nous ne savions ni où nous étions, ni vers quelle terre nous avions été poussés, ni si c'était une île ou un continent, ni si elle était habitée ou inhabitée. Et comme la fureur du vent était toujours grande, quoique moindre, nous ne pouvions pas même espérer que le navire demeurerait quelques minutes sans se briser en morceaux, à moins que les vents, par une sorte de miracle, ne changeassent subitement. En un mot, nous nous regardions les uns les autres, attendant la mort à chaque instant, et nous préparant tous pour un autre monde, car il ne nous restait rien ou que peu de chose à faire en celui-ci. Toute notre consolation présente, tout notre réconfort, c'était que le vaisseau, contrairement à notre attente, ne se brisait pas encore, et que le capitaine disait que le vent commençait à s'abattre.

Bien que nous nous aperçûmes en effet que le vent s'était un peu apaisé, néanmoins notre vaisseau ainsi échoué sur le sable, étant trop engravé pour espérer de le remettre à flot, nous étions vraiment dans une situation horrible, et il ne nous restait plus qu'à songer à sauver notre vie du mieux que nous pourrions. Nous avions un canot à notre poupe avant la tourmente, mais d'abord il s'était défoncé à force de heurter contre le gouvernail du navire, et, ensuite, ayant rompu ses amarres, il avait été englouti ou emporté au loin à la dérive; nous ne pouvions donc pas compter sur lui. Nous avions bien encore une chaloupe à bord, mais la mettre à la mer était chose difficile ; cependant il n'y avait pas à tergiverser, car nous nous imaginions à chaque minute que le vaisseau se brisait, et même quelques-uns de nous affirmaient que déjà il était entrouvert.

Alors notre second se saisit de la chaloupe, et, avec l'aide des matelots, elle fut lancée par-dessus le flanc du navire. Nous y descendîmes tous, nous abandonnant, onze que nous étions, à la merci de Dieu et de la tempête ; car, bien que la tourmente fût considérablement apaisée, la mer, néanmoins, s'élevait à une hauteur effroyable contre le rivage, et pouvait bien être appelée *den wild zee* – la mer sauvage –, comme les Hollandais l'appellent lorsqu'elle est orageuse.

Notre situation était alors vraiment déplorable, nous voyions tous pleinement que la mer était trop grosse pour que notre embarcation pût résister, et qu'inévitablement nous serions engloutis. Comment cingler, nous n'avions pas de voiles, et nous en aurions eu que nous n'en aurions rien pu faire. Nous nous mîmes à ramer vers la terre, mais avec le cœur gros et comme des hommes marchant au supplice. Aucun de nous n'ignorait que la chaloupe, en abordant, serait brisée en mille pièces par le choc de la mer. Néanmoins après avoir recommandé nos âmes à Dieu, de la manière la plus fervente, nous hâtâmes de nos propres mains notre destruction en ramant de toutes nos forces vers la terre où déjà le vent nous poussait.

Le rivage était-il du roc ou du sable, était-il plat ou escarpé, nous l'ignorions. Il ne nous restait qu'une faible lueur d'espoir, c'était d'atteindre une baie, une embouchure de fleuve, où par un grand bonheur nous pourrions faire entrer notre barque, l'abriter du vent, et peut-être même trouver le calme. Mais rien de tout cela n'apparaissait; mais à mesure que nous approchions de la rive, la terre nous semblait plus redoutable que la mer.

Après avoir ramé, ou plutôt dérivé pendant une lieue et demie, à ce que nous jugions, une vague furieuse, s'élevant comme une montagne, vint, en roulant à notre arrière, nous annoncer notre coup de grâce. Bref, elle nous saisit avec tant de furie que d'un seul coup elle fit chavirer la chaloupe et nous en jeta loin, séparés les uns des autres, en nous laissant à peine le temps de dire ô mon Dieu ! car nous fûmes tous engloutis en un moment.

Rien ne saurait retracer quelle était la confusion de mes pensées lorsque j'allai au fond de l'eau. Quoique je nageasse très bien, il me fut impossible de me délivrer des flots pour prendre respiration. La vague, m'ayant porté ou plutôt emporté à une longue distance vers le rivage, et s'étant étalée et retirée, me laissa presque à sec, mais à demi étouffé par l'eau que j'avais avalée. Me voyant plus près de la terre ferme que je ne m'y étais attendu, j'eus assez de présence d'esprit et de force pour me dresser sur mes pieds, et m'efforcer de gagner le rivage, avant qu'une autre vague revînt et m'enlevât. Mais je sentis bientôt que c'était impossible, car je vis la mer s'avancer derrière moi furieuse et aussi haute qu'une grande montagne. Je n'avais ni le moyen ni la force de combattre cet ennemi; ma seule ressource était de retenir mon haleine, et de m'élever au-dessus de l'eau, et en surnageant ainsi de préserver ma respiration, et de voguer vers la côte, s'il m'était possible. J'appréhendais par-dessus tout que le flot, après m'avoir transporté, en venant, vers le rivage, ne me rejetât dans la mer en s'en retournant.

La vague qui revint sur moi m'ensevelit tout d'un coup, dans sa propre masse, à la profondeur de vingt ou trente pieds; je me sentais emporté avec une violence et une rapidité extrêmes à une grande distance du côté de la terre. Je retenais mon souffle, et je nageais de toutes mes forces. Mais j'étais près d'étouffer, faute de respiration, quand je me sentis remonter, et quand, à mon grand soulagement, ma tête et mes mains percèrent au-dessus de l'eau. Il me fut impossible de me maintenir ainsi plus de deux secondes, cependant cela me fit un bien extrême, en me redonnant de l'air et du courage. Je fus derechef couvert d'eau assez longtemps, mais je tins bon; et, sentant que la lame étalait et qu'elle commençait à refluer, je coupai à travers les vagues et je repris pied. Pendant quelques instants je demeurai tranquille pour prendre haleine, et pour attendre que les eaux se fussent éloignées. Puis, alors, prenant mon élan, je courus à toutes jambes vers le rivage. Mais cet effort ne put me délivrer de la furie de la mer, qui revenait fondre sur moi; et, par deux fois, les vagues m'enlevèrent, et, comme précédemment, m'entraînèrent au loin, le rivage étant tout à fait plat.

La dernière de ces deux fois avait été bien près de m'être fatale; car la mer m'ayant emporté ainsi qu'auparavant, elle me mit à terre ou plutôt elle me jeta contre un quartier de roc, et avec une telle force, qu'elle me laissa évanoui, dans l'impossibilité de travailler à ma délivrance. Le coup, ayant porté sur mon flanc et sur ma poitrine, avait pour ainsi dire chassé entièrement le souffle de mon corps; et, si je l'avais recouvré immédiatement, j'aurais étouffé dans l'eau; mais il me revint un peu avant le retour des vagues, et voyant qu'elles allaient encore m'envelopper, je résolus de me cramponner au rocher et de retenir mon haleine, jusqu'à ce qu'elles fussent retirées. Comme la terre était proche, les lames ne s'élevaient plus aussi haut, et je

ne quittai point prise qu'elles ne se fussent abattues. Alors je repris ma course, et je m'approchai tellement de la terre, que la nouvelle vague, quoiqu'elle me traversât, ne m'engloutit point assez pour m'entraîner. Enfin, après un dernier effort, je parvins à la terre ferme, où, à ma grande satisfaction, je gravis sur les rochers escarpés du rivage, et m'assis sur l'herbe, délivré de tous périls et à l'abri de toute atteinte de l'Océan.

J'étais alors à terre et en sûreté sur la rive; je commençai à regarder le ciel et à remercier Dieu de ce que ma vie était sauvée, dans un cas où, quelques minutes auparavant, il y avait à peine lieu d'espérer. Je crois qu'il serait impossible d'exprimer au vif ce que sont les extases et les transports d'une âme arrachée, pour ainsi dire, du plus profond de la tombe. Aussi ne suis-je pas étonné de la coutume d'amener un chirurgien pour tirer du sang au criminel à qui on apporte des lettres de surséance juste au moment où, la corde serrée au cou, il est près de recevoir la mort, afin que la surprise ne chasse point les esprits vitaux de son cœur, et ne le tue point.

Car le premier effet des joies et des afflictions soudaines est d'anéantir.

Absorbé dans la contemplation de ma délivrance, je me promenais çà et là sur le rivage, levant les mains vers le ciel, faisant mille gestes et mille mouvements que je ne saurais décrire ; songeant à tous mes compagnons qui étaient noyés, et que pas une âme n'avait dû être sauvée excepté moi ; car je ne les revis jamais, ni eux, ni aucun vestige d'eux, si ce n'est trois chapeaux, un bonnet et deux souliers dépareillés.

Alors je jetai les yeux sur le navire échoué ; mais il était si éloigné, et les brisants et l'écume de la

lame étaient si forts, qu'à peine pouvais-je le distinguer; et je considérai, ô mon Dieu! comment il avait été possible que j'eusse atteint le rivage.

Après avoir soulagé mon esprit par tout ce qu'il y avait de consolant dans ma situation, je commençai à regarder à l'entour de moi, pour voir en quelle sorte de lieu j'étais, et ce que j'avais à faire. Je sentis bientôt mon contentement diminuer, et qu'en un mot ma délivrance était affreuse, car j'étais trempé et n'avais pas de vêtements pour me changer, ni rien à manger ou à boire pour me réconforter. Je n'avais non plus d'autre perspective que celle de mourir de faim ou d'être dévoré par les bêtes féroces. Ce qui m'affligeait particulièrement, c'était de ne point avoir d'arme pour chasser et tuer quelques animaux pour ma subsistance, ou pour me défendre contre n'importe quelles créatures qui voudraient me tuer pour la leur. Bref, je n'avais rien sur moi, qu'un couteau, une pipe à tabac, et un peu de tabac dans une boîte. C'était là toute ma provision; aussi tombai-je dans une si terrible désolation d'esprit, que pendant quelque temps je courus çà et là comme un insensé. A la tombée du jour, le cœur plein de tristesse, je commençai à considérer quel serait mon sort s'il y avait en cette contrée des bêtes dévorantes, car je n'ignorais pas qu'elles sortent à la nuit pour rôder et chercher leur proie.

La seule ressource qui s'offrit alors à ma pensée fut de monter à un arbre épais et touffu, semblable à un sapin, mais épineux, qui croissait près de là, et où je résolus de m'établir pour toute la nuit, laissant au lendemain à considérer de quelle mort il me faudrait mourir; car je n'entrevoyais encore nul moyen d'existence. Je m'éloignai d'environ un demi-quart de mille du rivage, afin de voir si je ne trouverais point d'eau douce pour étancher ma soif: à ma grande joie, j'en rencontrai. Après avoir bu, ayant mis un peu de tabac dans ma bouche pour prévenir la faim, j'allai à l'arbre, je montai dedans, et je tâchai de m'y placer de manière à ne pas tomber si je venais à m'endormir ; et, pour ma défense, ayant coupé un bâton court, semblable à un gourdin, je pris possession de mon logement. Comme j'étais extrêmement fatigué, je tombai dans un profond sommeil, et je dormis confortablement comme peu de personnes, je pense, l'eussent pu faire en ma situation, et je m'en trouvai plus soulagé que je crois l'avoir jamais été dans une occasion de ce genre.

Lorsque je m'éveillai il faisait grand jour; le temps était clair, l'orage était abattu, la mer n'était plus ni furieuse ni houleuse comme la veille. Mais quelle fut ma surprise en voyant que le vaisseau avait été, par l'élévation de la marée, enlevé, pendant la nuit, du banc de sable où il s'était engravé, et qu'il avait dérivé presque jusqu'au récif dont j'ai parlé plus haut, et contre lequel j'avais été précipité et meurtri. Il était environ à un mille du rivage, et comme il paraissait poser encore sur sa quille, je souhaitai d'aller à bord, afin de sauver au moins quelques choses nécessaires pour mon usage.

Quand je fus descendu de mon appartement, c'est-à-dire de l'arbre, je regardai encore à l'entour de moi, et la première chose que je découvris fut la chaloupe, gisant sur la terre, où le vent et la mer l'avaient lancée, à environ deux milles à ma droite. Je marchai le long du rivage aussi loin que je pus pour y arriver; mais ayant trouvé entre cette embarcation et moi un bras de mer qui avait environ un demi-mille de largeur, je rebroussai chemin; car j'étais alors bien plus désireux de parvenir au bâtiment, où j'espérais trouver quelque chose pour ma subsistance.

Un peu après midi, la mer était très calme et la marée si basse, que je pouvais avancer jusqu'à un quart de mille du vaisseau. Là, j'éprouvai un renouvellement de douleur; car je vis clairement que si nous fussions demeurés à bord, nous eussions tous été sauvés, c'est-à-dire que nous serions tous venus à terre sains et saufs, et que je n'aurais pas été si malheureux que d'être, comme je l'étais alors, entièrement dénué de toute société et de toute consolation. Ceci m'arracha de nouvelles larmes des yeux; mais ce n'était qu'un faible soulagement, et je résolus d'atteindre le navire, s'il était possible. Je me déshabillai, car la chaleur était extrême, et

me mis à l'eau. Parvenu au bâtiment, la grande difficulté était de savoir comment monter à bord.
Comme il posait sur terre et s'élevait à une grande
hauteur hors de l'eau, il n'y avait rien à ma portée
que je pusse saisir. J'en fis deux fois le tour à la
nage, et, la seconde fois, j'aperçus un petit bout de
cordage, que je fus étonné de n'avoir point vu
d'abord, et qui pendait au porte-haubans de
misaine, assez bas pour que je pusse l'atteindre,
mais non sans grande difficulté. A l'aide de cette
corde je me hissai sur le gaillard d'avant. Là, je vis

que le vaisseau était brisé, et qu'il y avait une grande quantité d'eau dans la cale, mais qu'étant posé sur les accores d'un banc de sable ferme, ou plutôt de terre, il portait la poupe extrêmement haut et la proue si bas, qu'elle était presque à fleur d'eau ; de sorte que l'arrière était libre, et que tout ce qu'il y avait dans cette partie était sec. On peut bien être assuré que ma première besogne fut de chercher à voir ce qui était avarié et ce qui était intact. Je trouvai d'abord que toutes les provisions du vaisseau étaient en bon état et n'avaient point souffert de l'eau ; et me sentant fort disposé à manger, j'allai à la soute au pain où je remplis mes poches de biscuits, que je mangeai en m'occupant à autre chose ; car je n'avais pas de temps à perdre. Je trouvai aussi du rhum dans la grande chambre ; j'en bus un long trait, ce qui, en vérité, n'était pas trop pour me donner du cœur à l'ouvrage. Alors il ne me manquait plus rien, qu'une barque pour me munir de bien des choses que je prévoyais devoir m'être fort essentielles.

Il était superflu de demeurer oisif à souhaiter ce que je ne pouvais avoir ; la nécessité éveilla mon industrie. Nous avions à bord plusieurs vergues, plusieurs mâts de hune de rechange, et deux ou trois espars doubles ; je résolus de commencer par cela à me mettre à l'œuvre, et j'élinguai hors du bord tout ce qui n'était point trop pesant, attachant chaque pièce avec une corde pour qu'elle ne pût pas dériver. Quand ceci fut fait, je descendis à côté du bâtiment, et, les tirant à moi, je liai fortement ensemble quatre de ces pièces par les deux bouts, le mieux qu'il me fut possible, pour en former un radeau. Ayant posé en travers trois ou quatre bouts de bordage, je sentis que je pouvais très bien marcher dessus, mais qu'il ne pourrait pas porter une forte charge, à cause de sa légèreté. Je me remis

donc à l'ouvrage, et, avec la scie du charpentier, je coupai en trois, sur la longueur, un mât de hune, et l'ajoutai à mon radeau avec beaucoup de travail et de peine. Mais l'espérance de me procurer le nécessaire me poussait à faire bien au-delà de ce que j'aurais été capable d'exécuter en toute autre occasion.

Mon radeau était alors assez fort pour porter un poids raisonnable; il ne s'agissait plus que de voir de quoi je le chargerais, et comment je préserverais ce chargement du ressac de la mer; j'eus bientôt pris ma détermination. D'abord, je mis tous les bordages et toutes les planches que je pus aveindre puis, ayant bien songé à ce dont j'avais le plus besoin, je pris premièrement trois coffres de matelots, que j'avais forcés et vidés, et je les descendis sur mon radeau. Le premier je le remplis de provisions, savoir : du pain, du riz, trois fromages de Hollande, cinq pièces de viande de chèvre séchée, dont l'équipage faisait sa principale nourriture, et un petit reste de blé d'Europe mis à part pour quelques poules que nous avions embarquées et qui

avaient été tuées. Il y avait aussi à bord un peu d'orge et de froment mêlé ensemble; mais je m'aperçus, à mon grand désappointement, que ces grains avaient été mangés ou gâtés par les rats. Quant aux liqueurs, je trouvai plusieurs caisses de bouteilles appartenant à notre patron, dans lesquelles étaient quelques eaux cordiales; et enfin environ cinq ou six gallons d'arack; mais je les arrimai séparément parce qu'il n'était pas nécessaire de les mettre dans le coffre, et que, d'ailleurs, il n'y avait plus de place pour elles. Tandis que j'étais occupé à ceci, je remarquai que la marée, quoique très calme, commençait à monter, et j'eus la mortification de voir flotter au large mon justaucorps, ma chemise et ma veste, que j'avais laissés sur le sable du rivage. Quant à mon haut-de-chausses, qui était seulement de toile et ouvert aux genoux, je l'avais gardé sur moi ainsi que mes bas pour nager jusqu'à bord. Quoi qu'il en soit, cela m'obligea d'aller à la recherche des hardes. J'en trouvai suffisamment, mais je ne pris que ce dont j'avais besoin pour le présent; car il y avait d'autres choses que je convoitais bien davantage, telles que des outils pour travailler à terre. Ce ne fut qu'après une longue quête que je découvris le coffre du charpentier, qui fut alors, en vérité, une capture plus profitable et d'une bien plus grande valeur, pour moi, que ne l'eût été un plein vaisseau d'or. Je le descendis sur mon radeau tel qu'il était, sans perdre mon temps à regarder dedans, car je savais, en général, ce qu'il contenait.

Je pensai ensuite aux munitions et aux armes; il y avait dans la grande chambre deux très bons fusils de chasse et deux pistolets; je les mis d'abord en réserve avec quelques poires à poudre, un petit sac de menu plomb et deux vieilles épées rouillées. Je savais qu'il existait à bord trois barils de poudre, mais j'ignorais où notre canonnier les avait rangés; enfin je les trouvai après une longue perquisition. Il y en avait un qui avait été mouillé; les deux autres étaient secs et en bon état, et je les mis avec les armes sur mon radeau. Me croyant alors assez bien chargé, je commençai à songer comment je devais conduire tout cela au rivage; car je n'avais ni voile, ni aviron, ni gouvernail, et la moindre bouffée de vent pouvait submerger tout mon équipage.

Trois choses relevaient mon courage : 1. une mer calme et unie; 2. la marée montante et portant à la terre; 3. le vent, qui tout faible qu'il était, soufflait vers le rivage. Enfin, ayant trouvé deux ou trois rames rompues appartenant à la chaloupe, et deux scies, une hache et un marteau, en outre des outils qui étaient dans le coffre, je me mis en mer avec ma cargaison. Jusqu'à un mille, ou environ, mon radeau alla très bien; seulement je m'aperçus qu'il dérivait un peu au-delà de l'endroit où d'abord j'avais pris terre. Cela me fit juger qu'il y avait là un courant d'eau, et me fit espérer, par conséquent, de trouver une crique ou une rivière dont je pourrais faire usage comme d'un port, pour débarquer mon chargement.

La chose était ainsi que je l'avais présumé. Je découvris devant moi une petite ouverture de terre, et je vis la marée qui s'y précipitait. Je gouvernai donc mon radeau du mieux que je pus pour le maintenir dans le milieu du courant; mais là je faillis faire un second naufrage, qui, s'il fût advenu, m'aurait, à coup sûr, brisé le cœur. Cette côte m'étant tout à fait inconnue, j'allai toucher d'un bout de mon radeau sur un banc de sable, et comme l'autre bout n'était point ensablé, peu s'en fallut que toute ma cargaison ne glissât hors du train et ne tombât dans l'eau. Je fis tout mon possible, en appuyant mon dos contre les coffres, pour les retenir à leur place; car tous mes efforts eussent été insuffisants pour repousser le radeau; je n'osais pas, d'ailleurs, quitter la posture où j'étais. Soutenant ainsi les coffres de toutes mes forces, je demeurai dans cette position près d'une demi-heure, durant laquelle la crue de la marée vint me remettre un peu plus de niveau. L'eau s'élevant toujours, quelque temps après, mon train surnagea de nouveau, et, avec la rame que j'avais, je le poussai dans le chenal. Lorsque j'eus été drossé plus haut, je me trouvai enfin à l'embouchure d'une petite rivière, entre deux rives, sur un courant ou flux

rapide qui remontait. Cependant je cherchais des yeux, sur l'un et l'autre bord, une place convenable pour prendre terre ; car, espérant, avec le temps, apercevoir quelque navire en mer, je ne voulais pas me laisser entraîner trop avant ; et c'est pour cela que je résolus de m'établir aussi près de la côte que je le pourrais.

Enfin je découvris une petite anse sur la rive droite de la crique, vers laquelle, non sans beaucoup de peine et de difficulté, je conduisis mon radeau. J'en approchai si près, que, touchant le fond avec ma rame, j'aurais pu l'y pousser directement ; mais, le faisant, je courais de nouveau le risque de submerger ma cargaison, parce que la côte était escarpée ou tout au moins en pente assez raide, et qu'il n'y avait pas une place pour aborder, où, si l'extrémité de mon train eût porté à terre, il n'eût été élevé aussi haut et incliné aussi bas de l'autre côté que la première fois, et n'eût mis encore mon chargement en danger. Tout ce que je pus faire, ce fut d'attendre que la marée fût à sa plus grande hauteur, me servant d'un aviron en guise d'ancre pour retenir mon radeau et l'appuyer contre le bord, proche d'un terrain plat que j'espérais voir inondé, ce qui arriva effectivement. Si tôt que je trouvai assez d'eau – mon radeau tirait environ un pied – je le poussai sur le terrain plat, où je l'attachai ou amarrai en fichant dans la terre mes deux rames brisées ; l'une d'un côté près d'un bout, l'autre du côté opposé près de l'autre bout, et je demeurai ainsi jusqu'à ce que le jusant eût laissé en sûreté, sur le rivage, mon radeau et toute ma cargaison.

Ensuite ma première occupation fut de reconnaître le pays, et de chercher un endroit favorable pour ma demeure et pour ranger mes bagages, et les mettre à couvert de tout ce qui pourrait advenir. J'ignorais encore où j'étais. Était-ce une île ou le continent ? Était-ce habité ou inhabité ? Étais-je ou n'étais-je pas en danger des bêtes féroces ? A un mille de moi au plus, il y avait une montagne très haute et très escarpée qui semblait en dominer plusieurs autres dont la chaîne s'étendait au nord. Je pris un de mes fusils de chasse, un de mes pistolets et une poire à poudre, et armé de la sorte je m'en allai à la découverte sur cette montagne. Après avoir, avec beaucoup de peine et de difficulté, gravi sur la cime, je compris, à ma grande affliction, ma destinée, c'est-à-dire que j'étais dans une île au milieu de l'Océan, d'où je n'apercevais d'autre terre que des récifs fort éloignés et deux petites îles moindres que celle où j'étais, situées à trois lieues environ vers l'ouest.

Je reconnus aussi que l'île était inculte, et que vraisemblablement elle n'était habitée que par des bêtes féroces ; pourtant je n'en apercevais aucune ; mais, en revanche, je voyais quantité d'oiseaux dont je ne connaissais pas l'espèce. Je n'aurais pas même pu, lorsque j'en aurais tué, distinguer ceux qui étaient bons à manger de ceux qui ne l'étaient pas. En revenant, je tirai sur un gros oiseau que je vis se poser sur un arbre, au bord d'un grand bois ; c'était, je pense, le premier coup de fusil qui eût été tiré en ce lieu depuis la création du monde. Je n'eus pas plus tôt fait feu, que de toutes les parties du bois il s'éleva un nombre innombrable d'oiseaux de diverses espèces, faisant une rumeur confuse et criant chacun selon sa note accoutumée. Pas un d'eux n'était d'une espèce qui me fût connue. Quant à l'animal que je tuai, je le pris pour une sorte de faucon ; il en avait la couleur et le bec, mais non pas les serres ni les éperons ; sa chair était puante et ne valait absolument rien.

Me contentant de cette découverte, je revins à

mon radeau et me mis à l'ouvrage pour le décharger. Cela me prit tout le reste du jour. Que ferais-je de moi à la nuit ? Où reposerais-je ? en vérité je l'ignorais ; car je redoutais de coucher à terre, ne sachant si quelque bête féroce ne me dévorerait pas. Comme j'ai eu lieu de le reconnaître depuis, ces craintes étaient réellement mal fondées.

Néanmoins, je me barricadai aussi bien que je pus avec les coffres et les planches que j'avais apportés sur le rivage, et je me fis une sorte de hutte pour mon logement de cette nuit-là. Quant à ma nourriture je ne savais pas encore comment j'y suppléerais, si ce n'est que j'avais vu deux ou trois animaux semblables à des lièvres s'enfuir hors du bois où j'avais tiré sur l'oiseau.

Alors je commençai à réfléchir que je pourrais encore enlever du vaisseau bien des choses qui me seraient fort utiles, particulièrement des cordages et des voiles, et autres objets qui pourraient être transportés. Je résolus donc de faire un nouveau voyage à bord si c'était possible ; et, comme je n'ignorais pas que la première tourmente qui soufflerait briserait nécessairement le navire en mille pièces, je renonçai à rien entreprendre jusqu'à ce que j'en eusse retiré tout ce que je pourrais en avoir. Alors je tins conseil, en mes pensées veux-je dire, pour décider si je me resservirais du même radeau. Cela me parut impraticable; aussi me déterminai-je à y retourner comme la première fois, quand la marée serait basse, ce que je fis; seulement je me déshabillai avant de sortir de ma hutte, ne conservant qu'une chemise rayée, une paire de braies de toile et des escarpins.

Je me rendis pareillement à bord et je préparai un second radeau. Ayant eu l'expérience du premier, je fis celui-ci plus léger et je le chargeai moins pesamment; j'emportais, toutefois, quantité de choses d'une très grande utilité pour moi. Premièrement, dans la soute aux rechanges du maître charpentier, je trouvai deux ou trois sacs pleins de pointes et de clous, une grande tarière, une douzaine ou deux de haches, et, de plus, cette chose d'un si grand usage nommée meule à aiguiser. Je mis tout cela à part, et j'y réunis beaucoup d'objets appartenant au canonnier, nommément deux ou trois leviers de fer, deux barils de balles de mousquet, sept mousquets, un troisième fusil de chasse, une petite quantité de poudre, un gros sac plein de cendrée et un grand rouleau de feuilles de plomb; mais ce dernier était si pesant que je ne pus le soulever pour le faire passer par-dessus le bord.

En outre, je pris une voile de rechange du petit hunier, un hamac, un coucher complet et tous les vêtements que je pus trouver. Je chargeai donc mon second radeau de tout ceci, que j'amenai sain et sauf sur le rivage, à ma très grande satisfaction.

Durant mon absence j'avais craint que, pour le moins, mes provisions ne fussent dévorées; mais, à mon retour, je ne trouvai aucune trace de visiteur, seulement un animal semblable à un chat sauvage était assis sur un des coffres. Lorsque je m'avançai vers lui, il s'enfuit à une petite distance, puis s'arrêta tout court; et s'asseyant, très calme et très insouciant, il me regarda en face, comme s'il eût eu envie de lier connaissance avec moi. Je le mis en joue; mais comme il ne savait pas ce que cela signifiait, il y resta parfaitement indifférent, sans même faire mine de s'en aller. Sur ce je lui jetai un morceau de biscuit, bien que, certes, je n'en fusse pas fort prodigue, car ma provision n'était pas considérable. N'importe, je lui donnai ce morceau, et il s'en approcha, le flaira, le mangea, puis me regarda d'un air d'aise pour en avoir encore; mais je le remerciai, ne pouvant lui en offrir davantage; alors il se retira.

Ma seconde cargaison ayant gagné la terre, encore que j'eusse été contraint d'ouvrir les barils et d'en emporter la poudre par paquets – car c'étaient de gros tonneaux fort lourds –, je me mis à l'ouvrage pour me faire une petite tente avec la voile, et des perches que je coupai à cet effet. Sous cette tente je rangeai tout ce qui pouvait se gâter à la pluie ou au soleil, et j'empilai en cercle, à l'entour, tous les coffres et tous les barils vides, pour la fortifier contre toute attaque soudaine, soit d'hommes soit de bêtes.

Cela fait, je barricadai en dedans, avec des planches, la porte de cette tente, et, en dehors, avec une caisse vide posée debout; puis j'étendis à terre un de mes couchers[1]. Plaçant mes pistolets à mon chevet et mon fusil à côté de moi, je me mis au lit pour la première fois, et dormis très paisiblement toute la nuit, car j'étais accablé de fatigue. Je n'avais que fort peu reposé la nuit précédente, et j'avais rudement travaillé tout le jour, tant à aller quérir à bord toutes ces choses qu'à les transporter à terre.

1. Coucher : La garniture du lit, matelas, etc.

J'avais alors le plus grand magasin d'objets de toutes sortes, qui, sans doute, eût jamais été amassé pour un seul homme, mais je n'étais pas satisfait encore ; je pensais que tant que le navire resterait à l'échouage, il était de mon devoir d'en retirer tout ce que je pourrais. Chaque jour, donc, j'allais à bord à marée basse, et je rapportais une chose ou une autre ; nommément, la troisième fois que je m'y rendis, j'enlevai autant d'agrès qu'il me fut possible, tous les petits cordages et le fil à voile, une pièce de toile de réserve pour raccommoder les voiles au besoin, et le baril de poudre mouillée. Bref, j'emportai toutes les voiles, depuis la première jusqu'à la dernière ; seulement je fus obligé de les couper en morceaux, pour en apporter à la fois autant que possible. D'ailleurs ce n'était plus comme voilure, mais comme simple toile qu'elles devaient servir.

Ce qui me fit le plus de plaisir, ce fut qu'après cinq ou six voyages semblables, et lorsque je pensais que le bâtiment ne contenait plus rien qui valût la peine que j'y touchasse, je découvris une grande barrique de biscuits, trois gros barils de rhum ou de liqueurs fortes, une caisse de sucre et un baril de fine fleur de farine. Cela m'étonna beaucoup parce que j'avais renoncé à trouver d'autres provisions que celles avariées par l'eau. Je vidai promptement la barrique de biscuits, j'en fis plusieurs parts, que j'enveloppai dans quelques morceaux de voile que j'avais taillés. Et, en un mot, j'apportai encore tout cela heureusement à terre.

Le lendemain je fis un autre voyage. Comme j'avais dépouillé le vaisseau de tout ce qui était d'un transport facile, je me mis après les câbles. Je coupai celui de grande touée [1] en morceaux propor-

---

1. Touée : Cordage à l'aide duquel on tire un vaisseau flottant pour lui faire parcourir un certain espace.

tionnés à mes forces ; et j'en amassai deux autres
ainsi qu'une aussière, et tous les ferrements que je
pus arracher. Alors je coupai la vergue de civadière
et la vergue d'artimon, et tout ce qui pouvait me
servir à faire un grand radeau, pour charger tous ces
pesants objets, et je partis. Mais ma bonne chance
commençait alors à m'abandonner : ce radeau était
si lourd et tellement surchargé, qu'ayant donné
dans la petite anse où je débarquais mes provisions,
et ne pouvant pas le conduire aussi adroitement

que j'avais conduit les autres, il chavira, et me jeta dans l'eau avec toute ma cargaison. Quant à moi-même, le mal ne fut pas grand, car j'étais proche du rivage; mais ma cargaison fut perdue en grande partie, surtout le fer, que je comptais devoir m'être d'un si grand usage. Néanmoins, quand la marée se fut retirée, je portai à terre la plupart des morceaux de câble, et quelque peu du fer, mais avec une peine infinie, car pour cela je fus obligé de plonger dans l'eau, travail qui me fatiguait extrêmement. Toutefois je ne laissais pas chaque jour de retourner à bord, et d'en rapporter tout ce que je pouvais.

Il y avait alors treize jours que j'étais à terre; j'étais allé onze fois à bord du vaisseau, et j'en avais enlevé, durant cet intervalle, tout ce qu'il était possible à un seul homme d'emporter. Et je crois vraiment, que si le temps calme eût continué, j'aurais amené tout le bâtiment pièce à pièce. Comme je me préparais à aller à bord pour la douzième fois, je sentis le vent qui commençait à se lever. Néanmoins, à la marée basse, je m'y rendis; et quoique je pensasse avoir parfaitement fouillé la chambre du capitaine, et que je n'y crusse plus rien rencontrer, je découvris pourtant un meuble garni de tiroirs, dans l'un desquels je trouvai deux ou trois rasoirs, une paire de grands ciseaux, et une douzaine environ de bons couteaux et de fourchettes – puis, dans un autre, la valeur au moins de trente-six livres sterling en espèces d'or et d'argent, soit européennes soit brésiliennes, et entre autres quelques pièces de huit.

A la vue de cet argent je souris en moi-même, et je m'écriai :

– O drogue ! à quoi es-tu bonne ? Tu ne vaux pas pour moi, non, tu ne vaux pas la peine que je me baisse pour te prendre ! Un seul de ces couteaux est plus pour moi que cette somme. Je n'ai nul besoin

de toi ; demeure donc où tu es, et va au fond de la mer, comme une créature qui ne mérite pas qu'on la sauve.

Je me ravisai cependant, je le pris, et, l'ayant enveloppé avec les autres objets dans un morceau de toile, je songeai à faire un nouveau radeau. Sur ces entrefaites, je m'aperçus que le ciel était couvert, et que le vent commençait à fraîchir. Au bout d'un quart d'heure il souffla un bon frais de la côte. Je compris de suite qu'il était inutile d'essayer à faire un radeau avec une brise venant de terre, et que mon affaire était de partir avant qu'il y eût du flot, qu'autrement je pourrais bien ne jamais revoir le rivage. Je me jetai donc à l'eau, et je traversai à la nage le chenal ouvert entre le bâtiment et les sables, mais avec assez de difficulté, à cause des objets pesants que j'avais sur moi, et du clapotage de la mer; car le vent força si brusquement, que la tempête se déchaîna avant même que la marée fût haute.

Mais j'étais déjà rentré chez moi, dans ma petite tente, et assis en sécurité au milieu de toute ma richesse. Il fit un gros temps toute la nuit; et, le matin, quand je regardai en mer, le navire avait disparu. Je fus un peu surpris; mais je me remis aussitôt par cette consolante réflexion, que je n'avais point perdu de temps ni épargné aucune diligence pour en retirer tout ce qui pouvait m'être utile; et, qu'en fait, il y était resté peu de choses que j'eusse pu transporter quand même j'aurais eu plus de temps.

Dès lors je détournai mes pensées du bâtiment et de ce qui pouvait en provenir, sans renoncer toutefois aux débris qui viendraient à dériver sur le rivage, comme, en effet, il en dériva dans la suite, mais qui furent pour moi de peu d'utilité.

Mon esprit ne s'occupa plus alors qu'à chercher les moyens de me mettre en sûreté, soit contre les sauvages qui pourraient survenir, soit contre les bêtes féroces, s'il y en avait dans l'île. J'avais plusieurs sentiments touchant l'accomplissement de ce projet, et touchant la demeure que j'avais à me construire, soit que je me fisse une grotte sous terre ou une tente sur le sol. Bref je résolus d'avoir l'un et l'autre, et de telle sorte, qu'à coup sûr la description n'en sera point hors de propos.

Je reconnus d'abord que le lieu où j'étais n'était pas convenable pour mon établissement. Particulièrement, parce que c'était un terrain bas et marécageux, proche de la mer, que je croyais ne pas devoir être sain, et plus particulièrement encore parce qu'il n'y avait point d'eau douce près de là. Je me déterminai donc à chercher un coin de terre plus favorable.

Je devais considérer plusieurs choses dans le choix de ce site : 1. la salubrité, et l'eau douce dont je parlais tout à l'heure ; 2. l'abri contre la chaleur du soleil ; 3. la protection contre toutes créatures rapaces, hommes ou bêtes ; 4. la vue de la mer, afin que si Dieu envoyait quelque bâtiment dans ces parages, je pusse en profiter pour ma délivrance ; car je ne voulais point encore en bannir l'espoir de mon cœur.

En cherchant un lieu qui réunît tous ces avantages, je trouvai une petite plaine située au pied d'une colline dont le flanc, regardant cette esplanade, s'élevait à pic comme la façade d'une maison, de sorte que rien ne pouvait venir à moi de haut en bas. Sur le devant de ce rocher, il y avait un enfoncement qui ressemblait à l'entrée ou à la porte d'une cave ; mais il n'existait réellement aucune caverne ni aucun chemin souterrain.

Ce fut sur cette pelouse, juste devant cette cavité, que je résolus de m'établir. La plaine n'avait pas plus de cent verges [1] de largeur sur une longueur double, et formait devant ma porte un boulingrin qui s'en allait mourir sur la plage en pente douce et irrégulière. Cette situation était au nord-nord-ouest de la colline, de manière que chaque jour j'étais à l'abri de la chaleur, jusqu'à ce que le soleil déclinât à l'ouest quart sud, ou environ ; mais, alors, dans ces climats, il n'est pas éloigné de son coucher.

Avant de dresser ma tente, je traçai devant le creux du rocher un demi-cercle dont le rayon avait

1. Actuellement encore, on traduit parfois au Canada la mesure anglaise *yard* (91 cms) par « verge ».

environ dix verges à partir du roc, et le diamètre vingt verges depuis un bout jusqu'à l'autre.

Je plantai dans ce demi-cercle deux rangées de gros pieux que j'enfonçai en terre jusqu'à ce qu'ils fussent solides comme des pilotis. Leur gros bout, taillé en pointe, s'élevait hors de terre à la hauteur de cinq pieds et demi; entre les deux rangs il n'y avait pas plus de dix pouces d'intervalle.

Je pris ensuite les morceaux de câbles que j'avais coupés à bord du vaisseau, et je les posai les uns sur les autres, dans l'entre-deux de la double palissade, jusqu'à son sommet. Puis, en dedans du demi-cercle, j'ajoutai d'autres pieux d'environ deux pieds et demi, s'appuyant contre les premiers et leur servant de contrefiches.

Cet ouvrage était si fort que ni homme ni bête n'aurait pu le forcer ni le franchir. Il me coûta beaucoup de temps et de travail, surtout pour couper les pieux dans les bois, les porter à pied-d'œuvre et les enfoncer en terre.

Pour entrer dans la place je fis, non pas une porte, mais une petite échelle avec laquelle je passais par-dessus ce rempart. Quand j'étais en dedans, je l'enlevais et la tirais à moi. Je me croyais ainsi parfaitement défendu et fortifié contre le monde entier, et je dormais donc en toute sécurité pendant la nuit, ce qu'autrement je n'aurais pu faire. Pourtant, comme je le reconnus dans la suite, il n'était nullement besoin de toutes ces précautions contre des ennemis que je m'étais imaginé avoir à redouter.

Dans ce retranchement ou cette forteresse, je transportai avec beaucoup de peine toutes mes richesses, tous mes vivres, toutes mes munitions et provisions, dont plus haut vous avez eu le détail, et je me dressai une vaste tente que je fis double, pour me garantir des pluies qui sont excessives en cette région pendant certain temps de l'année; c'est-à-dire que j'établis d'abord une tente de médiocre grandeur; ensuite une plus spacieuse par-dessus, recouverte d'une grande toile goudronnée que j'avais mise en réserve avec les voiles.

Dès lors je cessai pour un temps de coucher dans le lit que j'avais apporté à terre, préférant un fort bon hamac qui avait appartenu au capitaine de notre vaisseau.

Ayant apporté dans cette tente toutes mes provisions et tout ce qui pouvait se gâter à l'humidité, et ayant ainsi renfermé tous mes biens, je condamnai le passage que, jusqu'alors, j'avais laissé ouvert, et je passai et repassai avec ma petite échelle, comme je l'ai dit.

Cela fait, je commençai à creuser dans le roc, et transportant à travers ma tente la terre et les pierres que j'en tirais, j'en formai une sorte de terrasse qui éleva le sol d'environ un pied et demi en dedans de la palissade. Ainsi, justement derrière ma tente, je me fis une grotte qui me servait comme cellier pour ma maison.

Il m'en coûta beaucoup de travail et beaucoup de temps avant que je pusse porter à leur perfection ces différents ouvrages; c'est ce qui m'oblige à reprendre quelques faits qui fixèrent une partie de mon attention durant ce temps. Un jour, lorsque ma tente et ma grotte n'existaient encore qu'en projet, il arriva qu'un nuage sombre et épais fondit en pluie d'orage, et que soudain un éclair en jaillit, suivi selon son effet naturel, d'un grand coup de tonnerre. La foudre m'épouvanta moins que cette pensée, qui traversa mon esprit avec la rapidité même de l'éclair : « O ma poudre !... » Le cœur me manqua quand je songeai que toute ma poudre pouvait sauter d'un seul coup; ma poudre, mon unique moyen de pourvoir à ma défense et à ma nourriture. Il s'en fallait de beaucoup que je fusse aussi inquiet sur mon propre danger, et cependant si la poudre eût pris feu, je n'aurais pas eu le temps de reconnaître d'où venait le coup qui me frappait.

Cette pensée fit une telle impression sur moi, qu'aussitôt l'orage passé, je suspendis mes travaux, ma bâtisse, et mes fortifications, et me mis à faire des sacs et des boîtes pour diviser ma poudre par petites quantités; espérant qu'ainsi séparée, quoi qu'il pût advenir, tout ne pourrait s'enflammer à la fois; puis je dispersai ces paquets de telle façon qu'il aurait été impossible que le feu se communi-quât de l'un à l'autre. J'achevai cette besogne en quinze jours environ; et je crois que ma poudre, qui pesait bien en tout deux cent quarante livres, ne fut pas divisée en moins de cent paquets. Quant au baril qui avait été mouillé, il ne me donnait aucune crainte; aussi le plaçai-je dans ma nouvelle grotte, que par fantaisie j'appelais ma cuisine; et quant au reste, je le cachai à une grande hauteur et profon-deur, dans des trous de rochers, à couvert de la pluie, et que j'eus grand soin de remarquer.

Tandis que j'étais occupé à ce travail, je sortais au moins une fois chaque jour avec mon fusil, soit pour me récréer, soit pour voir si je ne pourrais pas tuer quelque animal pour ma nourriture, soit enfin pour reconnaîre autant qu'il me serait possible quelles étaient les productions de l'île. Dès ma pre-mière exploration je découvris qu'il y avait des chèvres, ce qui me causa une grande joie; mais cette joie fut modérée par un désappointement : ces animaux étaient si méfiants, si fins, si rapides à la course, que c'était la chose du monde la plus diffi-cile que de les approcher. Cette circonstance ne me découragea pourtant pas, car je ne doutais nulle-ment que je n'en pusse blesser de temps à autre, ce qui ne tarda pas à se vérifier. Après avoir observé un peu leurs habitudes, je leur dressai une embûche. J'avais remarqué que lorsque du haut des rochers elles m'apercevaient dans les vallées, elles prenaient l'épouvante et s'enfuyaient. Mais si elles paissaient dans la plaine, et que je fusse sur quelque éminence, elles ne prenaient nullement garde à moi. De là je conclus que, par la position de leurs yeux, elles avaient la vue tellement dirigée en bas, qu'elles ne voyaient pas aisément les objets placés au-dessus d'elles. J'adoptai en conséquence la méthode de commencer toujours ma chasse par grimper sur les rochers qui les dominaient, et de là je l'avais souvent belle pour tirer. Du premier coup que je lâchai sur ces chèvres, je tuai une bique qui avait auprès d'elle un petit cabri qu'elle nourrissait, ce qui me fit beaucoup de peine. Quand la mère fut tombée, le petit chevreau, non seulement resta auprès d'elle jusqu'à ce que j'allasse la ramasser, mais encore quand je l'emportai sur mes épaules, il me suivit jusqu'à mon enclos. Arrivé là, je la déposai à terre, et prenant le biquet dans mes bras, je le passai par-dessus la palissade, dans l'espérance de l'apprivoiser. Mais il ne voulut point manger, et je fus donc obligé de le tuer et de le manger moi-même. Ces deux animaux me fournirent de viande pour longtemps, car je vivais avec parcimonie, et ménageais mes provisions – surtout mon pain – autant qu'il était possible.

Ayant alors fixé le lieu de ma demeure, je trouvai qu'il était absolument nécessaire que je pourvusse à un endroit pour faire du feu, et à des provisions de chauffage. De ce que je fis à cette intention, de la manière dont j'agrandis ma grotte, et des aisances que j'y ajoutai, je donnerai amplement le détail en son temps et lieu; mais il faut d'abord que je parle de moi-même, et du tumulte de mes pensées sur ma vie.

Ma situation m'apparaissait sous un jour affreux ; comme je n'avais échoué sur cette île qu'après avoir été entraîné par une violente tempête hors de la route de notre voyage projeté, et à plusieurs centaines de lieues de la course ordinaire des navigateurs, j'avais de fortes raisons pour croire que, par arrêt du ciel, je devais terminer ma vie de cette triste manière, dans ce lieu de désolation. Quand je faisais ces réflexions, des larmes coulaient en abondance sur mon visage, et quelquefois je me plaignais à moi-même de ce que la Providence pouvait ruiner ainsi complètement ses créatures, les rendre si absolument misérables, et les accabler à un tel point qu'à peine serait-il raisonnable qu'elles lui sussent gré de l'existence.

Mais j'avais toujours un prompt retour sur moi-même, qui arrêtait le cours de ces pensées et me couvrait de blâme. Un jour entre autres, me promenant sur le rivage, mon fusil à la main, j'étais fort attristé de mon sort, quand la raison vint pour ainsi dire disputer avec moi, et me parla ainsi : « Tu es, il est vrai, dans l'abandon ; mais rappelle-toi, s'il te plaît, ce qu'est devenu le reste de l'équipage. N'étiez-vous pas descendus onze dans la chaloupe ? où sont les dix autres ? Pourquoi n'ont-ils pas été sauvés, et toi perdu ? Pourquoi as-tu été le seul épargné ? Lequel vaut mieux d'être ici ou d'être là ? » En même temps je désignais du doigt la mer. Il faut toujours considérer dans les maux le bon qui peut faire compensation, et ce qu'ils auraient pu amener de pire.

Alors je compris de nouveau combien j'étais largement pourvu pour ma subsistance. Quel eût été mon sort, s'il n'était pas arrivé, par une chance qui s'offrirait à peine une fois sur cent mille, que le vaisseau se soulevât du banc où il était ensablé d'abord, et dérivât si proche de la côte, que j'eusse

le temps d'en sortir tant de choses ! Quel eût été mon sort, s'il eût fallu que je vécusse dans le dénuement où je me trouvais en abordant le rivage, sans les premières nécessités de la vie, et sans les choses nécessaires pour me les procurer et pour y suppléer !

– Surtout qu'aurais-je fait, m'écriai-je, sans fusil, sans munitions, sans outils pour travailler et me fabriquer bien des choses, sans vêtements, sans lit, sans tente, sans aucune espèce d'abri !

Mais j'avais de tout cela en abondance, et j'étais

en beau chemin de pouvoir m'approvisionner par moi-même, et me passer de mon fusil, lorsque mes munitions seraient épuisées. J'étais ainsi à peu près assuré d'avoir tant que j'existerais une vie exempte du besoin. Car dès le commencement j'avais songé à me prémunir contre les accidents qui pourraient survenir, non seulement après l'entière consommation de mes munitions, mais encore après l'affaiblissement de mes forces et de ma santé.

J'avouerai, toutefois, que je n'avais pas soupçonné que mes munitions pouvaient être détruites d'un seul coup, j'entends que le feu du ciel pouvait faire sauter ma poudre; et c'est ce qui fit que cette pensée me consterna si fort, lorsqu'il vint à éclairer et à tonner, comme je l'ai dit plus haut.

Maintenant que je suis sur le point de m'engager dans la relation mélancolique d'une vie silencieuse, d'une vie peut-être inouïe dans le monde, je reprendrai mon récit dès le commencement et je le continuerai avec méthode. Ce fut, suivant mon calcul, le 30 septembre que je mis le pied pour la première fois sur cette île affreuse : le soleil était, pour ces régions, dans l'équinoxe d'automne, et presque à plomb sur ma tête. Alors que j'avais observé que je me trouvais par les 9 degrés 22 minutes de latitude au nord de l'équateur.

Au bout d'environ dix ou douze jours que j'étais là, il me vint en l'esprit que je perdrais la connaissance du temps, faute de livres, de plumes et d'encre, et même que je ne pourrais plus distinguer les dimanches des jours ouvrables. Pour éviter cette confusion, j'érigeai sur le rivage où j'avais pris terre pour la première fois, un gros poteau en forme de croix, sur lequel je gravai avec mon couteau, en lettres capitales, cette inscription :

J'ABORDAI ICI LE 30 SEPTEMBRE 1659

Sur les côtés de ce poteau carré, je faisais tous les jours une hoche, chaque septième hoche avait le double de la longueur des autres, et tous les premiers du mois j'en marquais une plus longue encore : par ce moyen, j'entretins mon calendrier, ou le calcul de mon temps, divisé par semaines, mois et années.

C'est ici le lieu d'observer que, parmi le grand nombre de choses que j'enlevai du vaisseau, dans les différents voyages que j'y fis, je me procurai beaucoup d'articles de moindre valeur, mais non pas d'un moindre usage pour moi, et que j'ai négligé de mentionner précédemment ; comme, par exemple, des plumes, de l'encre, du papier et quelques autres objets serrés dans les cabines du capitaine, du second, du canonnier et du charpentier ; trois ou quatre compas, des instruments de mathématiques, des cadrans, des lunettes d'approche, des cartes et des livres de navigation, que j'avais pris pêle-mêle sans savoir si j'en aurais besoin ou non. Je trouvai aussi trois fort bonnes bibles que j'avais reçues d'Angleterre avec ma cargaison, et que j'avais emballées avec mes hardes; en outre, quelques livres portugais, deux ou trois de prières catholiques, et divers autres volumes que je conservai soigneusement.

Il ne faut pas que j'oublie que nous avions dans le vaisseau un chien et deux chats. Je dirai à propos quelque chose de leur histoire fameuse. J'emportai les deux chats avec moi; quant au chien, il sauta de lui-même hors du vaisseau, et vint à la nage me retrouver à terre, après que j'y eus conduit ma première cargaison. Pendant bien des années il fut pour moi un serviteur fidèle; je n'eus jamais faute de ce qu'il pouvait m'aller quérir, ni de la compagnie qu'il pouvait me faire; seulement j'aurais désiré qu'il me parlât, mais c'était chose impossible. J'ai dit que j'avais trouvé des plumes, de l'encre et du papier; je les ménageai extrêmement, et je ferai voir que tant que mon encre dura je tins un compte exact de toutes choses; mais, quand elle fut usée cela me devint impraticable, car je ne pus parvenir à en faire d'autre par aucun des moyens que j'imaginai.

Cela me fait souvenir que, nonobstant tout ce que j'avais amassé, il me manquait quantité de choses. De ce nombre était premièrement l'encre, ensuite une bêche, une pioche et une pelle pour fouir et transporter la terre; enfin des aiguilles, des épingles et du fil. Quant au linge j'appris bientôt à m'en passer sans beaucoup de peine.

Ce manque d'outils faisait que dans tous mes travaux je n'avançais que lentement, et il s'écoula près d'une année avant que j'eusse entièrement achevé ma petite palissade ou parqué mon habitation. Ses palis ou pieux étaient si pesants, que c'était tout ce que je pouvais faire de les soulever. Il me fallait longtemps pour les couper et les façonner dans les bois, et bien plus longtemps encore pour les amener jusqu'à ma demeure. Je passais quelquefois deux jours à tailler et à transporter un seul de ces poteaux, et un troisième jour à l'enfoncer en terre. Pour ce dernier travail je me servais au commencement d'une lourde pièce de bois ; mais, plus tard, je m'avisai d'employer une barre de fer, ce qui n'empêcha pas, toutefois, que le pilotage de ces palis ou de ces pieux ne fût une rude et longue besogne.

Mais quel besoin aurais-je eu de m'inquiéter de la lenteur de n'importe quel travail ; je sentais tout le temps que j'avais devant moi, et que cet ouvrage une fois achevé je n'aurais aucune autre occupation, au moins que je pusse prévoir, si ce n'est de rôder dans l'île pour chercher ma nourriture, ce que je faisais plus ou moins chaque jour.

Je commençai dès lors à examiner sérieusement ma position et les circonstances où j'étais réduit. Je dressai, par écrit, un état de mes affaires, non pas tant pour les laisser à ceux qui viendraient après moi, car il n'y avait pas apparence que je dusse avoir beaucoup d'héritiers, que pour délivrer mon esprit des pensées qui l'assiégeaient et l'accablaient chaque jour. Comme ma raison commençait alors à me rendre maître de mon abattement, j'essayais à me consoler moi-même du mieux que je pouvais, en balançant mes biens et mes maux, afin que je pusse bien me convaincre que mon sort n'était pas le pire ; et, comme débiteur et créancier, j'établis, ainsi qu'il suit, un compte très fidèle de mes jouissances en regard des misères que je souffrais :

LE MAL	LE BIEN
Je suis jeté sur une île horrible et désolée, sans aucun espoir de délivrance.	Mais je suis vivant ; mais je n'ai pas été noyé comme le furent tous mes compagnons de voyage.

Je suis écarté et séparé, en quelque sorte, du monde entier pour être misérable.	Mais j'ai été séparé du reste de l'équipage pour être préservé de la mort ; et Celui qui m'a miraculeusement sauvé de la mort peut aussi me délivrer de cette condition.
Je suis retranché du nombre des hommes ; je suis un solitaire, un banni de la société humaine.	Mais je ne suis point mourant de faim et expirant sur une terre stérile qui ne produise pas de subsistances.
Je n'ai point de vêtements pour me couvrir.	Mais je suis dans un climat chaud, où, si j'avais des vêtements, je pourrais à peine les porter.
Je suis sans aucune défense, et sans moyen de résister à aucune attaque d'hommes ou de bêtes.	Mais j'ai échoué sur une île où je ne vois nulle bête féroce qui puisse me nuire, comme j'en ai vu sur la côte d'Afrique ; et que serais-je si j'y avais naufragé ?
Je n'ai pas une seule âme à qui parler, ou qui puisse me consoler.	Mais Dieu, par un prodige, a envoyé le vaisseau assez près du rivage pour que je pusse en tirer tout ce qui m'était nécessaire pour suppléer à mes besoins ou me rendre capable d'y suppléer moi-même aussi longtemps que je vivrai.

En somme, il en résultait ce témoignage indubitable, que, dans le monde, il n'est point de condition si misérable où il n'y ait quelque chose de positif ou de négatif dont on doive être reconnaissant. Que ceci demeure donc comme une leçon tirée de la plus affreuse de toutes les conditions humaines, qu'il est toujours en notre pouvoir de trouver quelques consolations qui peuvent être placées dans notre bilan des biens et des maux au crédit de ce compte.

Ayant alors accoutumé mon esprit à goûter ma situation, et ne promenant plus mes regards en mer dans l'espérance d'y découvrir un vaisseau, je commençai à m'appliquer à améliorer mon genre de vie, et à me faire les choses aussi douces que possible.

J'ai déjà décrit mon habitation ou ma tente, placée au pied d'une roche, et environnée d'une forte palissade de pieux et de câbles, que, maintenant, je devrais plutôt appeler une muraille, car je l'avais renformie, à l'extérieur, d'une sorte de contre-mur de gazon d'à peu près deux pieds d'épaisseur. Au bout d'un an et demi environ je posai sur ce contre-mur des chevrons s'appuyant contre le roc, et que je couvris de branches d'arbres et de tout ce qui pouvait garantir de la pluie, que j'avais reconnue excessive en certains temps de l'année.

J'ai raconté de quelle manière j'avais apporté tous mes bagages dans mon enclos, et dans la grotte que j'avais faite par-derrière ; mais je dois dire aussi que ce n'était d'abord qu'un amas confus d'effets dans un tel désordre qu'ils occupaient toute la place, et me laissaient à peine assez d'espace pour me remuer. Je me mis donc à agrandir ma grotte, et à pousser plus avant mes travaux souterrains ; car c'était une roche de sablon qui cédait aisément à mes efforts. Comme alors je me trouvais passablement à couvert des bêtes de proie, je creusai obliquement le roc à main droite ; et puis, tournant encore à droite, je poursuivais jusqu'à ce que je l'eusse percé à jour, pour me faire une porte de sortie sur l'extérieur de ma palissade ou de mes fortifications.

Non seulement cela me donna une issue et une entrée, ou, en quelque sorte, un chemin dérobé pour ma tente et mon magasin, mais encore de l'espace pour ranger tout mon attirail.

J'entrepris alors de me fabriquer les meubles indispensables dont j'avais le plus besoin, spécialement une chaise et une table. Sans cela je ne pouvais jouir du peu de bien-être que j'avais en ce monde ; sans une table, je n'aurais pu écrire ou manger, ni faire quantité de choses avec tant de plaisir.

Je me mis donc à l'œuvre; et ici je constaterai nécessairement cette observation, que la raison étant l'essence et l'origine des mathématiques, tout homme qui fonde chaque chose sur la raison, et juge des choses le plus raisonnablement possible, peut, avec le temps, passer maître dans n'importe quel art mécanique. Je n'avais, de ma vie, manié un outil; et pourtant, à la longue, par mon travail, mon application, mon industrie, je reconnus enfin qu'il n'y avait aucune des choses qui me manquaient que je n'eusse pu faire, surtout si j'avais eu des instruments. Quoi qu'il en soit, sans outils, je fabriquai quantité d'ouvrages; et seulement avec une hache et une herminette, je vins à bout de quelques-uns qui, sans doute, jusque-là, n'avaient jamais été faits ainsi; mais ce ne fut pas sans une peine infinie. Par exemple, si j'avais besoin d'une planche, je n'avais pas d'autre moyen que celui d'abattre un arbre, de le coucher devant moi, de le tailler des deux côtés avec ma cognée jusqu'à le rendre suffisamment mince, et de le dresser ensuite avec mon herminette. Il est vrai que par cette méthode je ne pouvais tirer qu'une planche d'un arbre entier; mais à cela, non plus qu'à la prodigieuse somme de temps et de travail que j'y dépensais, il n'y avait d'autre remède que la patience. Après tout, mon temps ou mon labeur était de peu de prix, et il importait peu que je l'employasse d'une manière ou d'une autre.

Comme je l'ai dit plus haut, je me fis en premier lieu une chaise et une table, et je me servis, pour cela, des planches que j'avais tirées du navire. Quand j'eus façonné des planches, je plaçai de grandes tablettes, larges d'un pied et demi, l'une au-dessus de l'autre, tout le long d'un côté de ma grotte, pour poser mes outils, mes clous, ma ferraille, en un mot pour assigner à chaque chose sa place, et pouvoir les trouver aisément. J'enfonçai aussi quelques chevilles dans la paroi du rocher pour y pendre mes mousquets et tout ce qui pouvait se suspendre.

Si quelqu'un avait pu visiter ma grotte, à coup sûr elle lui aurait semblé un entrepôt général d'objets de nécessité. J'avais ainsi toutes choses si bien à ma main, que j'éprouvais un vrai plaisir à voir le bel ordre de mes effets, et surtout à me voir à la tête d'une si grande provision.

Ce fut seulement alors que je me mis à tenir un journal de mon occupation de chaque jour ; car dans les commencements, j'étais trop embarrassé de travaux et j'avais l'esprit dans un trop grand trouble ; mon journal n'eût été rempli que de choses attristantes. Par exemple, il aurait fallu que je parlasse ainsi : « Le 30 septembre, après avoir gagné le rivage ; après avoir échappé à la mort, au lieu de remercier Dieu de ma délivrance, ayant rendu d'abord une grande quantité d'eau salée, et m'étant assez bien remis, je courus çà et là sur le rivage, tordant mes mains, frappant mon front et ma face, invectivant contre ma misère, et criant : " Je suis perdu ! perdu !... " jusqu'à ce qu'affaibli et harassé, je fusse forcé de m'étendre sur le sol, où je n'osai pas dormir de peur d'être dévoré. »

Quelques jours plus tard, après mes voyages au bâtiment, et après que j'en eus tout retiré, je ne pouvais encore m'empêcher de gravir sur le sommet d'une petite montagne, et de là regarder en mer, dans l'espérance d'y apercevoir un navire. Alors j'imaginais voir poindre une voile dans le lointain. Je me complaisais dans cet espoir, mais après avoir regardé fixement jusqu'à en être presque aveuglé, mais après cette vision évanouie, je m'asseyais et je pleurais comme un enfant. Ainsi j'accroissais mes misères par ma folie.

Ayant surmonté ces faiblesses, mon domicile et

mon ameublement étant établis aussi bien que possible, je commençai mon journal dont je vais ici vous donner la copie (encore qu'il comporte la répétition de tous les détails précédents) aussi loin que je pus le poursuivre ; car mon encre une fois usée, je fus dans la nécessité de l'interrompre.

30 SEPTEMBRE 1659

Moi, pauvre misérable Robinson Crusoé, après avoir fait naufrage au large durant une horrible tempête, tout l'équipage étant noyé, moi-même étant à demi mort, j'abordai à cette île infortunée, que je nommai l'*île du désespoir*.

Je passai tout le reste du jour à m'affliger de l'état affreux où j'étais réduit : sans nourriture, sans demeure, sans vêtements, sans armes, sans lieu de refuge, sans aucune espèce de secours, je ne voyais rien devant moi que la mort, soit que je dusse être dévoré par les bêtes ou tué par les sauvages, ou que je dusse périr de faim. A la brune je montai sur un arbre, de peur des animaux féroces, et je dormis profondément, quoiqu'il plût toute la nuit.

OCTOBRE

Le 1er. — A ma grande surprise, j'aperçus, le matin, que le vaisseau avait été soulevé par la marée montante, et entraîné beaucoup plus près du rivage. D'un côté ce fut une consolation pour moi ; car le voyant entier et dressé sur sa quille, je conçus l'espérance, si le vent venait à s'abattre, d'aller à bord et d'en tirer les vivres ou les choses nécessaires pour mon soulagement. D'un autre côté ce spectacle renouvela la douleur que je ressentais de la perte de mes camarades ; j'imaginais que si nous étions demeurés à bord, nous eussions pu sauver le navire, ou qu'au moins mes compagnons n'eussent

pas été noyés comme ils l'étaient, et que, si tout
l'équipage avait été préservé, peut-être nous eussions pu construire avec les débris du bâtiment une
embarcation qui nous aurait portés en quelque
endroit du monde. Je passai une grande partie de la
journée à tourmenter mon âme de ces regrets ; mais
enfin, voyant le bâtiment presque à sec, j'avançai
sur la grève aussi loin que je pus, et me mis à la
nage pour aller à bord. Il continua de pleuvoir tout
le jour, mais il ne faisait point de vent.

Du 1er au 24. – Toutes ces journées furent
employées à faire plusieurs voyages pour tirer du

vaisseau tout ce que je pouvais, et l'amener à terre sur des radeaux à la faveur de chaque marée montante. Il plut beaucoup durant cet intervalle, quoique avec quelque lueur de beau temps : il paraît que c'était la saison pluvieuse.

Le 20. – Je renversai mon radeau et tous les objets que j'avais mis dessus ; mais, comme c'était dans une eau peu profonde, et que la cargaison se composait surtout d'objets pesants, j'en recouvrai une grande partie quand la marée se fut retirée.

Le 25. – Tout le jour et toute la nuit il tomba une pluie accompagnée de rafales ; durant ce temps le navire se brisa, et le vent ayant soufflé plus violemment encore, il disparut, et je ne pus apercevoir ses débris qu'à marée basse seulement. Je passai ce jour-là à mettre à l'abri les effets que j'avais sauvés, de crainte qu'ils ne s'endommageassent à la pluie.

Le 26. – Je parcourus le rivage presque tout le jour, pour trouver une place où je pusse fixer mon habitation ; j'étais fort inquiet de me mettre à couvert, pendant la nuit, des attaques des hommes et des bêtes sauvages. Vers le soir je m'établis en un lieu convenable, au pied d'un rocher, et je traçai un demi-cercle pour mon campement, que je résolus d'entourer de fortifications composées d'une double palissade fourrée de câbles et renformie de gazon.

Du 26 au 30. – Je travaillai rudement à transporter tous mes bagages dans ma nouvelle habitation, quoiqu'il plût excessivement fort une partie de ce temps-là.

Le 31. – Dans la matinée je sortis avec mon fusil pour chercher quelque nourriture et reconnaître le pays ; je tuai une chèvre, dont le chevreau me suivit jusque chez moi ; mais, dans la suite, comme il refusait de manger, je le tuai aussi.

Le 1ᵉʳ. – Je dressai ma tente au pied du rocher, et j'y couchai pour la première nuit. Je l'avais faite aussi grande que possible avec des piquets que j'y avais plantés, et auxquels j'avais suspendu mon hamac.

Le 2. – J'entassai tous mes coffres, toutes mes planches et tout le bois de construction dont j'avais fait mon radeau, et m'en formai un rempart autour de moi, un peu en dedans de la ligne que j'avais tracée pour mes fortifications.

Le 3. – Je sortis avec mon fusil et je tuai deux oiseaux semblables à des canards, qui furent un excellent manger. Dans l'après-midi je me mis à l'œuvre pour faire une table.

Le 4. – Je commençai à régler mon temps de travail et de sortie, mon temps de repos et de récréation, et suivant cette règle que je continuai d'observer, le matin, s'il ne pleuvait pas, je sortais avec mon fusil pour deux ou trois heures ; je travaillais ensuite jusqu'à onze heures environ, puis je mangeais ce que je pouvais avoir ; de midi à deux heures je me couchais pour dormir, à cause de la chaleur accablante ; et, dans la soirée, je me remettais à l'ouvrage. Tout mon temps de travail de ce jour-là et du suivant fut employé à me faire une table ; car je n'étais alors qu'un triste ouvrier ; mais bientôt après le temps et la nécessité firent de moi un parfait artisan, comme ils l'auraient fait, je pense, de tout autre.

Le 5. – Je sortis avec mon fusil et mon chien, et je tuai un chat sauvage ; sa peau était assez douce, mais sa chair ne valait rien. J'écorchais chaque animal que je tuais, et j'en conservais la peau. En revenant le long du rivage je vis plusieurs espèces d'oiseaux de mer qui m'étaient inconnus ; mais je fus étonné et presque effrayé par deux ou trois veaux marins, qui, tandis que je les fixais du regard, ne sachant pas trop ce qu'ils étaient, se culbutèrent dans l'eau et m'échappèrent pour cette fois.

Le 6. – Après ma promenade du matin, je me mis à travailler de nouveau à ma table, et je l'achevai, non pas à ma fantaisie ; mais il ne se passa pas long-temps avant que je fusse en état d'en corriger les défauts.

Le 7. – Le ciel commença à se mettre au beau. Les 7, 8, 9, 10, et une partie du 12 – le 11 était un dimanche – je passai tout mon temps à me fabri-quer une chaise, et, avec beaucoup de peine, je l'amenai à une forme passable ; mais elle ne put jamais me plaire, et même, en la faisant, je la démontai plusieurs fois.

NOTA : Je négligeai bientôt l'observation des dimanches ; car ayant omis de faire la marque qui les désignait sur mon poteau, j'oubliai quand tom-bait ce jour.

Le 13. – Il fit une pluie qui humecta la terre et me rafraîchit beaucoup ; mais elle fut accompagnée d'un coup de tonnerre et d'un éclair, qui m'ef-frayèrent horriblement, à cause de ma poudre. Aus-sitôt qu'ils furent passés, je résolus de séparer ma provision de poudre en autant de petits paquets que possible, pour la mettre hors de tout danger.

Les 14, 15 et 16. – Je passai ces trois jours à faire des boîtes ou de petites caisses carrées, qui pou-vaient contenir une livre de poudre ou deux tout au plus ; et, les ayant emplies, je les mis aussi en sûreté, et aussi éloignées les unes des autres que possible. L'un de ces trois jours, je tuai un gros oiseau qui était bon à manger ; mais je ne sus quel nom lui donner.

Le 17. – Je commençai, en ce jour, à creuser le

roc derrière ma tente, pour ajouter à mes commodités.

NOTA : Il me manquait, pour ce travail, trois choses absolument nécessaires, savoir : un pic, une pelle et une brouette ou un panier. Je discontinuai donc mon travail, et me mis à réfléchir sur les moyens de suppléer à ce besoin, et de me faire quelques outils. Je remplaçai le pic par des leviers de fer, qui étaient assez propres à cela, quoique un peu lourds ; pour la pelle ou bêche, qui était la seconde chose dont j'avais besoin, elle m'était d'une si absolue nécessité, que, sans cela, je ne pouvais réellement rien faire. Mais je ne savais par quoi la remplacer.

Le 18. – En cherchant dans les bois, je trouvai un arbre qui était semblable, ou tout au moins ressemblait beaucoup à celui qu'au Brésil on appelle bois de fer, à cause de son excessive dureté. J'en coupai une pièce avec une peine extrême et en gâtant presque ma hache ; je n'eus pas moins de difficulté pour l'amener jusque chez moi, car elle était extrêmement lourde.

La dureté excessive de ce bois, et le manque de moyens d'exécution, firent que je demeurai longtemps à façonner cet instrument ; ce ne fut que petit à petit que je pus lui donner la forme d'une pelle ou d'une bêche. Son manche était exactement fait comme à celles dont on se sert en Angleterre ; mais sa partie plate n'étant pas ferrée, elle ne pouvait être d'un aussi long usage. Néanmoins elle remplit assez bien son office dans toutes les occasions que j'eus de m'en servir. Jamais pelle, je pense, ne fut faite de cette façon et ne fut si longue à fabriquer.

Mais ce n'était pas tout ; il me manquait encore un panier ou une brouette. Un panier, il m'était de toute impossibilité d'en faire, n'ayant rien de semblable à des baguettes ployantes propres à tresser de la vannerie, du moins je n'en avais point encore découvert. Quant à la brouette, je m'imaginai que je pourrais en venir à bout, à l'exception de la roue, dont je n'avais aucune notion, et que je ne savais comment entreprendre. D'ailleurs je n'avais rien pour forger le goujon de fer qui devait passer dans l'axe ou le moyeu. J'y renonçai donc; et, pour emporter la terre que je tirais de la grotte, je me fis une machine semblable à l'oiseau[1] dans lequel les manœuvres portent le mortier quand ils servent les maçons.

La façon de ce dernier ustensile me présenta moins de difficulté que celle de la pelle; néanmoins l'une et l'autre, et la malheureuse tentative que je fis de construire une brouette, ne me prirent pas moins de quatre journées, en en exceptant toujours le temps de ma promenade du matin avec mon fusil; je la manquais rarement, et rarement aussi manquais-je d'en rapporter quelque chose à manger.

Le 23. – Mon autre travail ayant été interrompu pour la fabrication de ces outils, dès qu'ils furent achevés je le repris, et, tout en faisant ce que le temps et mes forces me permettaient, je passai dix-huit jours entiers à élargir et à creuser ma grotte, afin qu'elle pût loger mes meubles plus commodément.

NOTA : Durant tout ce temps je travaillai à faire cette chambre ou cette grotte assez spacieuse pour me servir d'entrepôt, de magasin, de cuisine, de salle à manger et de cellier. Quant à mon logement, je me tenais dans ma tente, hormis quelques jours de la saison humide de l'année, où il pleuvait si fort que je pouvais y être à l'abri; ce qui m'obligea, plus tard, à couvrir tout mon enclos de longues perches

1. Oiseau : Sorte de petite auge qui se met sur les épaules pour porter du mortier.

en forme de chevrons, buttant contre le rocher, et à les charger de glaïeuls et de grandes feuilles d'arbres, en guise de chaume.

DÉCEMBRE

Le 10. – Je commençais alors à regarder ma grotte ou ma voûte comme terminée, lorsque tout à coup – sans doute je l'avais faite trop vaste – une grande quantité de terre éboula du haut de l'un des côtés; j'en fus, en un mot, très épouvanté, et non pas sans raison; car, si je m'étais trouvé dessous, je n'aurais jamais eu besoin d'un fossoyeur. Pour réparer cet accident j'eus énormément de besogne; il fallut emporter la terre qui s'était détachée; et, ce qui était encore plus important, il fallut étançonner la voûte, afin que je pusse être bien sûr qu'il ne s'écroulerait plus rien.

Le 11. – Conséquemment je travaillai à cela, et je plaçai deux étais ou poteaux posés à plomb sous le ciel de la grotte, avec deux morceaux de planche mis en croix sur chacun. Je terminai cet ouvrage le lendemain; puis, ajoutant encore des étais garnis de couches, au bout d'une semaine environ j'eus mon plafond assuré; et, comme ces poteaux étaient placés en rang, ils me servirent de cloisons pour distribuer mon logis.

Le 17. – A partir de ce jour jusqu'au vingtième, je posai des tablettes et je fichai des clous sur les poteaux pour suspendre tout ce qui pouvait s'accrocher; je commençai, dès lors, à avoir mon intérieur en assez bon ordre.

Le 20. – Je portai tout mon bataclan dans ma grotte; je me mis à meubler ma maison, et j'assemblai quelques bouts de planche en manière de dressoir, pour apprêter mes viandes dessus; mais les planches commencèrent à devenir fort rares par-devers moi. Je me fabriquai aussi une autre table.

Le 24. – Beaucoup de pluie toute la nuit et tout le jour ; je ne sortis pas.

Le 25. – Pluie toute la journée.

Le 26. – Point de pluie ; la terre était alors plus fraîche qu'auparavant et plus agréable.

Le 27. – Je tuai un chevreau et j'en estropiai un autre qu'alors je pus attraper et amener en laisse à la maison. Dès que je fus arrivé je liai avec des éclisses l'une de ses jambes qui était cassée.

Nota : J'en pris un tel soin, qu'il survécut, et que sa jambe redevint aussi forte que jamais ; et, comme je le soignai ainsi fort longtemps, il s'apprivoisa et paissait sur la pelouse, devant ma porte, sans chercher aucunement à s'enfuir. Ce fut la première fois que je conçus la pensée de nourrir des animaux privés, pour me fournir d'aliments quand toute ma poudre et tout mon plomb seraient consommés.

Les 28, 29 et 30. – Grandes chaleurs et pas de brise ; si bien qu'il ne m'était possible de sortir que sur le soir pour chercher ma subsistance. Je passai ce temps à mettre tous mes effets en ordre dans mon habitation.

JANVIER 1660

Le 1er. – Chaleur toujours excessive. Je sortis pourtant de grand matin et sur le tard avec mon fusil, et je me reposai dans le milieu du jour. Ce soir-là, m'étant avancé dans les vallées situées vers le centre de l'île, j'y découvris une grande quantité de boucs, mais très farouches et très difficiles à approcher ; je résolus cependant d'essayer si je ne pourrais pas dresser mon chien à les chasser par-devers moi.

Le 2. – En conséquence, je sortis le lendemain, avec mon chien, et je le lançai contre les boucs ; mais je fus désappointé, car tous lui firent face ; et, comme il comprit parfaitement le danger, il ne voulut pas même se risquer près d'eux.

Le 3. – Je commençai mon retranchement ou ma muraille ; et, comme j'avais toujours quelque crainte d'être attaqué, je résolus de le faire très épais et très solide.

Nota : Cette clôture ayant déjà été décrite, j'omets à dessein dans ce Journal ce que j'en ai dit plus haut. Il suffira de prier d'observer que je n'employai pas moins de temps que depuis le 3 janvier jusqu'au 14 avril pour l'établir, la terminer et la perfectionner, quoiqu'elle n'eût pas plus de vingt-quatre verges d'étendue : elle décrivait un demi-cercle à partir d'un point du rocher jusqu'à un second point éloigné du premier d'environ huit verges et, dans le fond, juste au centre, se trouvait la porte de ma grotte.

Je travaillai très péniblement durant tout cet

intervalle, contrarié par les pluies non seulement plusieurs jours mais quelquefois plusieurs semaines de suite. Je m'étais imaginé que je ne saurais être parfaitement à couvert avant que ce rempart fût entièrement achevé. Il est aussi difficile de croire que d'exprimer la peine que me coûta chaque chose, surtout le transport des pieux depuis les bois, et leur enfoncement dans le sol ; car je les avais faits beaucoup plus gros qu'il n'était nécessaire.

Cette palissade terminée, et son extérieur étant doublement défendu par un revêtement de gazon adossé contre pour la dissimuler, je me persuadai que s'il advenait qu'on abordât sur cette terre on n'apercevrait rien qui ressemblât à une habitation ; et ce fut fort heureusement que je la fis ainsi, comme on pourra le voir par la suite dans une occasion remarquable.

Chaque jour j'allais chasser et faire ma ronde dans les bois, à moins que la pluie ne m'en empêchât, et dans ces promenades je faisais assez souvent la découverte d'une chose ou d'une autre à mon profit. Je trouvais surtout une sorte de pigeons qui ne nichaient point sur les arbres comme font les ramiers, mais dans des trous de rocher, à la manière des pigeons domestiques. Je pris quelques-uns de leurs petits pour essayer à les nourrir et à les apprivoiser, et j'y réussis. Mais quand ils furent plus grands ils s'envolèrent ; le manque de nourriture en fut la principale cause, car je n'avais rien à leur donner. Quoi qu'il en soit, je découvrais fréquemment leurs nids, et j'y prenais leurs pigeonneaux dont la chair était excellente.

En administrant mon ménage je m'aperçus qu'il me manquait beaucoup de choses, que de prime abord je me crus incapable de fabriquer, ce qui de fait se vérifia pour quelques-uns : par exemple, je ne pus jamais amener une futaille au point d'être cerclée. J'avais un petit baril ou deux, comme je l'ai noté plus haut; mais il fut tout à fait hors de ma portée d'en faire un sur leur modèle, j'employai pourtant plusieurs semaines à cette tentative; je ne sus jamais l'assembler sur ses fonds ni joindre assez exactement ses douves pour y faire tenir de l'eau; ainsi je fus encore obligé de passer outre.

En second lieu, j'étais dans une grande pénurie de lumière; sitôt qu'il faisait nuit, ce qui arrivait ordinairement vers sept heures, j'étais forcé de me mettre au lit. Je me ressouvins de la masse de cire vierge dont j'avais fait des chandelles pendant mon aventure d'Afrique; mais je n'en avais point alors. Mon unique ressource fut donc quand j'eus tué une chèvre d'en conserver la graisse, et avec une petite écuelle de terre glaise, que j'avais fait cuire au soleil et dans laquelle je mis une mèche d'étoupe, de me faire une lampe dont la flamme me donna une lueur, mais une lueur moins constante et plus sombre que la clarté d'un flambeau.

Au milieu de tous mes travaux il m'arriva de trouver, en visitant mes bagages, un petit sac qui, ainsi que je l'ai déjà fait savoir, avait été empli de grains pour la nourriture de la volaille à bord du vaisseau – non pas lors de notre voyage, mais, je le suppose, lors de son précédent retour de Lisbonne. Le peu de grains qui était resté dans le sac avait été tout dévoré par les rats, et je n'y voyais plus que de la balle et de la poussière; or, ayant besoin de ce sac pour quelque autre usage – c'était, je crois, pour y mettre de la poudre lorsque je la partageai de crainte du tonnerre –, j'allai en secouer la balle au pied du rocher, sur un des côtés de mes fortifications. C'était un peu avant les grandes pluies mentionnées précédemment que je jetai cette poussière sans y prendre garde, pas même assez pour me souvenir que j'avais vidé là quelque chose. Quand au bout d'un mois, ou environ, j'aperçus quelques tiges vertes qui sortaient de terre ; j'imaginai d'abord que c'étaient quelques plantes que je ne connaissais point ; mais quels furent ma surprise et mon étonnement lorsque, peu de temps après, je vis environ dix ou douze épis d'une orge verte et parfaite de la même qualité que celle d'Europe, voire même que notre orge d'Angleterre.

Il serait impossible d'exprimer mon ébahissement et le trouble de mon esprit à cette occasion. Jusque-là ma conduite ne s'était appuyée sur aucun

principe religieux ; en fait, j'avais très peu de notions religieuses dans la tête, et dans tout ce qui m'était advenu je n'avais vu que l'effet du hasard, ou, comme on dit légèrement, du bon plaisir de Dieu ; sans même chercher, en ce cas, à pénétrer les fins de la Providence et son ordre qui régit les événements de ce monde. Mais après que j'eus vu croître de l'orge dans un climat que je savais n'être pas propre à ce grain, surtout ne sachant pas comment il était venu là, je fus étrangement émerveillé, et je commençai à me mettre dans l'esprit que Dieu avait miraculeusement fait pousser cette orge sans le concours d'aucune semence, uniquement pour me faire subsister dans ce misérable désert.

Cela me toucha un peu le cœur et me fit monter des larmes aux yeux, et je commençai à me féliciter de ce qu'un tel prodige eût été opéré en ma faveur ; mais le comble de l'étrange pour moi, ce fut de voir près des premières, tout le long du rocher, quelques tiges éparpillées qui semblaient être des tiges de riz, et que je reconnus pour telles parce que j'en avais vu croître quand j'étais sur les côtes d'Afrique.

Non seulement je pensai que la Providence m'envoyait ces présents ; mais, étant persuadé que sa libéralité devait s'étendre encore plus loin, je parcourus de nouveau toute cette portion de l'île que j'avais déjà visitée, cherchant dans tous les coins et au pied de tous les rochers, dans l'espoir de découvrir une plus grande quantité de ces plantes ; mais je n'en trouvai pas d'autres. Enfin, il me revint à l'esprit que j'avais secoué en cet endroit le sac qui avait contenu la nourriture de la volaille, et le miracle commença à disparaître. Je dois l'avouer, ma religieuse reconnaissance envers la providence de Dieu s'évanouit aussitôt que j'eus découvert qu'il n'y avait rien que de naturel dans cet événement. Cependant il était si étrange et si inopiné, qu'il ne méritait pas moins ma gratitude que s'il eût été miraculeux. En effet, n'était-ce pas tout aussi bien l'œuvre de la Providence que s'ils étaient tombés du Ciel, que ces dix ou douze grains fussent restés intacts quand tout le reste avait été ravagé par les rats ; et, qu'en outre, je les eusse jetés précisément dans ce lieu abrité par une roche élevée, où ils avaient pu germer aussitôt ; tandis qu'en cette saison, partout ailleurs, ils auraient été brûlés par le soleil et détruits ?

Comme on peut le croire, je recueillis soigneusement les épis de ces blés dans leur saison, ce qui fut environ à la fin de juin ; et, mettant en réserve jusqu'au moindre grain, je résolus de semer tout ce que j'en avais, dans l'espérance qu'avec le temps j'en récolterais assez pour faire du pain. Quatre années s'écoulèrent avant que je pusse me permettre d'en manger ; encore n'en usai-je qu'avec ménagement, comme je le dirai plus tard en son lieu : car tout ce que je confiai à la terre, la première fois, fut perdu pour avoir mal pris mon temps en le semant justement avant la saison sèche ; de sorte qu'il ne poussa pas, ou poussa tout au moins fort mal. Nous reviendrons là-dessus.

Outre cette orge, il y avait vingt ou trente tiges de riz, que je conservai avec le même soin et dans le même but, c'est-à-dire pour me faire du pain ou plutôt diverses sortes de mets ; j'avais trouvé le moyen de cuire sans four, bien que plus tard j'en aie fait un. Mais retournons à mon journal.

Je travaillai très assidûment pendant ces trois mois et demi à la construction de ma muraille. Le 14 avril je la fermai, me réservant de pénétrer dans mon enceinte au moyen d'une échelle, et non point d'une porte, afin qu'aucun signe extérieur ne pût trahir mon habitation.

Le 16. – Je terminai mon échelle, dont je me servais ainsi : d'abord je montais sur le haut de la palissade, puis je l'amenais à moi et la replaçais en dedans. Ma demeure me parut alors complète; car j'y avais assez de place dans l'intérieur, et rien ne pouvait venir à moi du dehors, à moins de d'abord passer par-dessus ma muraille.

Juste le lendemain que cet ouvrage fut achevé, je faillis à voir tous mes travaux renversés d'un seul coup, et à perdre moi-même la vie. Voici comment : j'étais occupé derrière ma tente, à l'entrée de ma grotte, lorsque je fus horriblement effrayé par une chose vraiment affreuse; tout à coup la terre s'éb'ula de la voûte de ma grotte et du flanc de la montagne qui me dominait, et deux des poteaux que j'avais placés dans ma grotte craquèrent effroyablement. Je fus remué jusque dans les entrailles; mais, ne soupçonnant pas la cause réelle de ce fracas, je pensai seulement que c'était la voûte de ma grotte qui croulait, comme elle avait déjà croulé en partie. De peur d'être englouti je courus vers mon échelle, et, ne m'y croyant pas encore en sûreté, je passai par-dessus ma muraille, pour échapper à des quartiers de rocher que je m'attendais à voir fondre sur moi. Sitôt que j'eus posé le pied hors de ma palissade, je reconnus qu'il y avait un épouvantable tremblement de terre. Le sol sur lequel j'étais s'ébranla trois fois à environ huit minutes de distance, et ces trois secousses furent si violentes, qu'elles auraient pu renverser l'édifice le plus solide qui ait jamais été. Un fragment énorme se détacha de la cime d'un rocher situé proche de la mer, à environ un demi-mille de moi, et tomba avec un tel bruit que, de ma vie, je n'en avais

entendu de pareil. L'Océan même me parut violemment agité. Je pense que les secousses avaient été plus fortes encore sous les flots que dans l'île.

N'ayant jamais rien senti de semblable, ne sachant pas même que cela existât, je fus tellement atterré que je restai là comme mort ou stupéfié, et le mouvement de la terre me donna des nausées comme à quelqu'un ballotté sur la mer. Mais le bruit de la chute du rocher me réveilla, m'arracha à ma stupeur, et me remplit d'effroi. Mon esprit n'entrevit plus alors que l'écroulement de la montagne sur ma tente et l'anéantissement de tous mes biens ; et cette idée replongea une seconde fois mon âme dans la torpeur.

Après que la troisième secousse fut passée, et qu'il se fut écoulé quelque temps sans que j'eusse rien senti de nouveau, je commençai à reprendre courage ; pourtant je n'osais pas encore repasser par-dessus ma muraille, de peur d'être enterré tout vif : je demeurais immobile, assis à terre, profondément abattu et désolé, ne sachant que résoudre et que faire. Durant tout ce temps je n'eus pas une seule pensée sérieuse de religion, si ce n'est cette banale invocation : « Seigneur aie pitié de moi », qui cessa en même temps que le péril.

Tandis que j'étais dans cette situation, je m'aperçus que le ciel s'obscurcissait et se couvrait de nuages comme s'il allait pleuvoir ; bientôt après le vent se leva par degrés, et en moins d'une demi-heure un terrible ouragan se déclara. La mer se couvrit tout à coup d'écume, les flots inondèrent le rivage, les arbres se déracinèrent : bref ce fut une affreuse tempête. Elle dura près de trois heures, ensuite elle alla en diminuant ; et au bout de deux autres heures tout était rentré dans le calme, et il commença à pleuvoir abondamment.

Cependant j'étais toujours étendu sur la terre, dans la terreur et l'affliction, lorsque soudain je fis réflexion que ces vents et cette pluie étant la conséquence du tremblement de terre, il devait être passé, et que je pouvais me hasarder à retourner à ma grotte. Cette pensée ranima mes esprits ; et, la pluie aidant aussi à me persuader, j'allai m'asseoir dans ma tente ; mais la violence de l'orage menaçant de la renverser, je fus contraint de me retirer dans ma grotte, quoique j'y fusse fort mal à l'aise, tremblant qu'elle ne s'écroulât sur ma tête.

Cette pluie excessive m'obligea à un nouveau travail, c'est-à-dire à pratiquer une rigole au travers de mes fortifications, pour donner un écoulement aux eaux, qui, sans cela, auraient inondé mon habitation. Après être resté quelque temps dans ma grotte sans éprouver de nouvelles secousses, je commençai à être un peu plus rassuré ; et, pour ranimer mes sens, qui avaient grand besoin de l'être, j'allai à ma petite provision, et je pris une petite goutte de *rum ;* alors, comme toujours, j'en usai très sobrement, sachant bien qu'une fois bu il ne me serait pas possible d'en avoir d'autre.

Il continua de pleuvoir durant toute la nuit et une grande partie du lendemain, ce qui m'empêcha de sortir. L'esprit plus calme, je me mis à réfléchir sur ce que j'avais de mieux à faire. Je conclus que l'île étant sujette aux tremblements de terre, je ne devais pas vivre dans une caverne, et qu'il me fallait songer à construire une petite hutte dans un lieu découvert, que, pour ma sûreté, j'entourerais également d'un mur ; persuadé qu'en restant où j'étais, je serais un jour ou l'autre enterré tout vif.

Ces pensées me déterminèrent à éloigner ma tente de l'endroit qu'elle occupait justement au-dessous d'une montagne menaçante qui, sans nul doute, l'ensevelirait à la première secousse. Je passai les deux jours suivants, les 19 et 20 avril, à chercher où et comment je transporterais mon habitation.

La crainte d'être englouti vivant m'empêchait de dormir tranquille, et la crainte de coucher dehors, sans aucune défense, était presque aussi grande ; mais quand, regardant autour de moi, je voyais le bel ordre où j'avais mis toute chose, et combien j'étais agréablement caché et à l'abri de tout danger, j'éprouvais la plus grande répugnance à déménager.

Dans ces entrefaites, je réfléchis que l'exécution de ce projet me demanderait beaucoup de temps, et qu'il me fallait, malgré les risques, rester où j'étais, jusqu'à ce que je me fusse fait un campement, et que je l'eusse rendu assez sûr pour aller m'y fixer. Cette décision me tranquillisa pour un temps, et je résolus de me mettre à l'ouvrage avec toute la diligence possible, pour me bâtir dans un cercle, comme la première fois, un mur de pieux, de câbles, etc., et d'y établir ma tente quand il serait fini, mais de rester où j'étais jusqu'à ce que cet enclos fût terminé et prêt à me recevoir. C'était le 21.

Le 22. – Dès le matin j'avisai au moyen de réaliser mon dessein, mais j'étais dépourvu d'outils. J'avais trois grandes haches et une grande quantité de hachettes – car nous avions emporté des hachettes pour trafiquer avec les Indiens –, mais à force d'avoir coupé et taillé des bois durs et noueux, elles étaient émoussées et ébréchées. Je possédais bien une pierre à aiguiser, mais je ne pouvais la faire tourner en même temps que je repassais. Cette difficulté me coûta autant de réflexions qu'un homme d'État pourrait en dépenser sur un grand point de politique, ou un juge sur une question de vie ou de mort. Enfin j'imaginai une roue à laquelle j'attachai un cordon, pour la mettre en mouvement au moyen de mon pied tout en conservant mes deux mains libres.

Nota : Je n'avais jamais vu ce procédé mécanique en Angleterre, ou du moins je ne l'avais point remarqué, quoique j'aie observé depuis qu'il y est très commun ; en outre, cette pierre était très grande et très lourde, et je passai une semaine entière à amener cette machine à perfection.

Les 28 et 29. – J'employai ces deux jours à aiguiser mes outils, le procédé pour faire tourner ma pierre allant très bien.

Le 30. – M'étant aperçu depuis longtemps que

ma provision de biscuits diminuait, j'en fis la revue et je me réduisis à un biscuit par jour, ce qui me rendit le cœur très chagrin.

MAI

Le 1ᵉʳ. – Le matin, en regardant du côté de la mer, à la marée basse, j'aperçus par extraordinaire sur le rivage quelque chose de gros qui ressemblait assez à un tonneau ; quand je m'en fus approché, je vis que c'était un baril et quelques débris du vaisseau qui avaient été jetés sur le rivage par le dernier ouragan. Portant alors mes regards vers la carcasse du vaisseau, il me sembla qu'elle sortait au-dessus de l'eau plus que de coutume. J'examinai le baril qui était sur la grève, je reconnus qu'il contenait de la poudre à canon, mais qu'il avait pris l'eau et que cette poudre ne formait plus qu'une masse aussi dure qu'une pierre. Néanmoins, provisoirement, je le roulai plus loin sur le rivage, et je m'avançai sur les sables le plus près possible de la coque du navire, afin d'essayer d'en trouver d'autre.

Quand je fus descendu tout proche, je trouvai sa position étonnamment changée. Le château de proue, qui d'abord était enfoncé dans le sable, était alors élevé de six pieds au moins, et la poupe, que la violence de la mer avait brisée et séparée du reste peu de temps après que j'y eus fait mes dernières recherches, avait été lancée, pour ainsi dire, et jetée sur le côté. Le sable s'était tellement amoncelé près de l'arrière, que là où auparavant une grande étendue d'eau m'empêchait d'approcher à plus d'un quart de mille sans me mettre à la nage, je pouvais marcher jusqu'au vaisseau quand la marée était basse. Je fus d'abord surpris de cela, mais bientôt je conclus que le tremblement de terre devait en être la cause ; et, comme il avait augmenté le bris du vaisseau, chaque jour il venait au rivage quantité de choses que la mer avait détachées, et que les vents et les flots roulaient par degrés jusqu'à terre.

Ceci vint me distraire totalement de mon dessein de changer d'habitation, et ma principale affaire, ce jour-là, fut de chercher à pénétrer dans le vaisseau; mais je vis que c'était une chose que je ne devais point espérer, car son intérieur était encombré de sable. Néanmoins, comme j'avais appris à ne désespérer de rien, je résolus d'en arracher par morceaux ce que je pourrais, persuadé que tout ce que j'en tirerais me serait de quelque utilité.

Le 3. – Je commençai par scier un bau qui maintenait la partie supérieure proche le gaillard d'arrière, et, quand je l'eus coupé, j'ôtai tout ce que je pus du sable qui embarrassait la portion la plus élevée; mais, la marée venant à monter, je fus obligé de m'en tenir là pour cette fois.

Le 4. – J'allai à la pêche, mais je ne pris aucun poisson que j'osasse manger; ennuyé de ce passe-temps, j'étais sur le point de me retirer, quand j'attrapai un petit dauphin. Je m'étais fait une grande ligne avec du fil de caret, mais je n'avais point d'hameçons; néanmoins je prenais assez de poisson et tout autant que je m'en souciais. Je l'exposais au soleil et je le mangeais sec.

Le 5. – Je travaillai sur la carcasse; je coupai un second bau, et je tirai des ponts trois grandes planches de sapin; je les liai ensemble, et les fis flotter vers le rivage quand vint le flot de la marée.

Le 6. – Je travaillai sur la carcasse; j'en arrachai quantité de chevilles et autres ferrures; ce fut une rude besogne. Je rentrai chez moi très fatigué, et j'eus envie de renoncer à ce sauvetage.

Le 7. – Je retournai à la carcasse, mais non dans l'intention d'y travailler; je trouvai que par son propre poids elle s'était affaissée depuis que les baux étaient sciés, et que plusieurs pièces du bâtiment semblaient se détacher. Le fond de la cale était tellement entrouvert, que je pouvais voir dedans : elle était presque emplie de sable et d'eau.

Le 8. – J'allai à la carcasse, et je portai avec moi une pince pour démanteler le pont, qui pour lors était entièrement débarrassé d'eau et de sable ; j'enfonçai deux planches que j'amenai aussi à terre avec la marée. Je laissai là ma pince pour le lendemain.

Le 9. – J'allai à la carcasse, et avec mon levier je pratiquai une ouverture dans la coque du bâtiment ; je sentis plusieurs tonneaux, que j'ébranlai avec la pince sans pouvoir les défoncer. Je sentis également le rouleau de plomb d'Angleterre ; je le remuai, mais il était trop lourd pour que je pusse le transporter.

Les 10, 11, 12, 13 et 14. – J'allai chaque jour à la carcasse, et j'en tirai beaucoup de pièces de charpente, des bordages, des planches et deux ou trois cents livres de fer.

Le 15. – Je portai deux haches, pour essayer si je ne pourrais point couper un morceau du rouleau de plomb en y appliquant le taillant de l'une, que j'enfoncerais avec l'autre ; mais, comme il était recouvert d'un pied et demi d'eau environ, je ne pus frapper aucun coup qui portât.

Le 16. – Il avait fait un grand vent durant la nuit, la carcasse paraissait avoir beaucoup souffert de la violence des eaux ; mais je restai si longtemps dans les bois à attraper des pigeons pour ma nourriture, que la marée m'empêcha d'aller au bâtiment ce jour-là.

Le 17. – J'aperçus quelques morceaux des débris jetés sur le rivage, à deux milles de moi environ ; je m'assurai de ce que ce pouvait être, et je trouvai que c'était une pièce de l'éperon, trop pesante pour que je l'emportasse.

Le 24. – Chaque jour jusqu'à celui-ci je travaillai sur la carcasse, et j'en ébranlai si fortement plusieurs parties à l'aide de ma pince, qu'à la première grande marée flottèrent plusieurs futailles et deux coffres de matelot; mais, comme le vent soufflait de la côte, rien ne vint à terre ce jour-là, si ce n'est quelques membrures et une barrique pleine de porc du Brésil que l'eau et le sable avaient gâté.

Je continuai ce travail jusqu'au 15 juin, en en exceptant le temps nécessaire pour me procurer des aliments, que je fixai toujours, durant cette occupation, à la marée haute, afin que je pusse être prêt pour le jusant. Alors j'avais assez amassé de charpentes, de planches et de ferrures pour construire un bon bateau si j'eusse su comment. Je parvins aussi à recueillir, en différentes fois et en différents morceaux, près de cent livres de plomb laminé.

JUIN

Le 16. – En descendant sur le rivage je trouvai un grand chélone ou tortue de mer, le premier que je vis. C'était assurément pure mauvaise chance, car ils n'étaient pas rares sur cette terre; et s'il m'était arrivé d'être sur le côté opposé de l'île, j'aurais pu en avoir par centaines tous les jours, comme je le fis plus tard; mais peut-être les aurais-je payés assez cher.

Le 17. – J'employai ce jour à faire cuire ma tortue : je trouvai dedans soixante œufs, et sa chair me parut la plus agréable et la plus savoureuse que j'eusse goûtée de ma vie, n'ayant eu d'autre viande que celle de chèvre ou d'oiseau depuis que j'avais abordé à cet horrible séjour.

Le 18. – Il plut toute la journée, et je ne sortis pas. La pluie me semblait froide, j'étais transi, chose extraordinaire dans cette latitude.

Le 19. – J'étais fort mal, et je grelottais comme si le temps eût été froid.

Le 20. — Je n'eus pas de repos de toute la nuit, mais la fièvre et de violentes douleurs dans la tête.

Le 21. — Je fus très mal, et effrayé presque à la mort par l'appréhension d'être en ma triste situation, malade et sans secours. Je priai Dieu pour la première fois depuis la tourmente essuyée au large de Hull ; mais je savais à peine ce que je disais ou pourquoi je le disais : toutes mes pensées étaient confuses.

Le 22. — J'étais un peu mieux, mais dans l'affreuse transe de faire une maladie.

Le 23. — Je fus derechef fort mal ; j'étais glacé et frissonnant et j'avais une violente migraine.

Le 24. – Beaucoup de mieux.

Le 25. – Fièvre violente; l'accès, qui me dura sept heures, était alternativement froid et chaud et accompagné de sueurs affaiblissantes.

Le 26. – Il y eut du mieux; et, comme je n'avais point de vivres, je pris mon fusil, mais je me sentis très faible. Cependant je tuai une chèvre, que je traînai jusque chez moi avec beaucoup de difficulté; j'en grillai quelques morceaux, que je mangeai. J'aurais désiré les faire bouillir pour avoir du consommé, mais je n'avais point de pot.

Le 27. – La fièvre redevint si aiguë que je restai au lit tout le jour, sans boire ni manger. Je mourais de soif, mais j'étais si affaibli que je n'eus pas la force de me lever pour aller chercher de l'eau. J'invoquai Dieu de nouveau, mais j'étais dans le délire; et quand il fut passé, j'étais si ignorant que je ne savais que dire; seulement j'étais étendu et je criai : « Seigneur, jette un regard sur moi! Seigneur, aie pitié de moi! Seigneur, fais-moi miséricorde! » Je suppose que je ne fis rien autre chose pendant deux ou trois heures, jusqu'à ce que, l'accès ayant cessé, je m'endormis pour ne me réveiller que fort avant dans la nuit. A mon réveil, je me sentis soulagé, mais faible et excessivement altéré. Néanmoins, comme je n'avais point d'eau dans toute mon habitation, je fus forcé de rester couché jusqu'au matin, et je me rendormis. Dans ce second sommeil j'eus ce terrible songe :

Il me semblait que j'étais étendu sur la terre, en dehors de ma muraille, à la place où je me trouvais quand après le tremblement de terre éclata l'ouragan, et que je voyais un homme qui, d'une nuée épaisse et noire, descendait à terre au milieu d'un tourbillon éclatant de lumière et de feu. Il était de pied en cap resplendissant comme une flamme, tellement que je ne pouvais le fixer du regard. Sa contenance était vraiment effroyable : la dépeindre par des mots serait impossible. Quand il posa le pied sur le sol, la terre me parut s'ébranler, juste comme elle avait fait lors du tremblement, et tout l'air sembla, en mon imagination, sillonné de traits de feu.

A peine était il descendu sur la terre qu'il s'avança pour me tuer avec une longue pique qu'il tenait à la main ; et, quand il fut parvenu vers une éminence peu éloignée, il me parla, et j'ouïs une voix si terrible qu'il me serait impossible d'exprimer la terreur qui s'empara de moi ; tout ce que je puis dire, c'est que j'entendis ceci :

— Puisque toutes ces choses ne t'ont point porté au repentir, tu mourras !

A ces mots il me sembla qu'il levait sa lance pour me tuer.

Que nul de ceux qui liront jamais cette relation ne s'attende à ce que je puisse dépeindre les angoisses de mon âme lors de cette terrible vision, qui me fit souffrir même durant mon rêve ; et il ne me serait pas plus possible de rendre l'impression qui resta gravée dans mon esprit après mon réveil, après que j'eus reconnu que ce n'était qu'un songe.

J'avais, hélas ! perdu toute connaissance de Dieu ; ce que je devais aux bonnes instructions de mon père avait été effacé par huit années successives de cette vie licencieuse que mènent les gens de mer, et par la constante et seule fréquentation de tout ce qui était, comme moi, pervers et libertin au plus haut degré. Je ne me souviens pas d'avoir eu pendant tout ce temps une seule pensée qui tendît à m'élever à Dieu ou à me faire descendre en moi-même pour réfléchir sur ma conduite. Sans désir du bien, sans conscience du mal, j'étais plongé dans une sorte de stupidité d'âme. Je valais tout au juste ce qu'on pourrait supposer valoir le plus endurci, le plus insouciant, le plus impie d'entre tous nos marins, n'ayant pas le moindre sentiment, ni de crainte de Dieu dans les dangers, ni de gratitude après la délivrance.

En se remémorant la portion déjà passée de mon histoire, on répugnera moins à me croire lorsque j'ajouterai qu'à travers la foule de misères qui jusqu'à ce jour m'étaient advenues je n'avais pas eu une seule fois la pensée que c'était la main de Dieu qui me frappait, que c'était un juste châtiment pour ma faute, pour ma conduite rebelle à mon père, pour l'énormité de mes péchés présents, ou pour le cours général de ma coupable vie. Lors de mon expédition désespérée sur la côte déserte d'Afrique, je n'avais jamais songé à ce qu'il adviendrait de moi, ni souhaité que Dieu me dirigeât dans ma course, ni qu'il me gardât des dangers qui vraisemblablement m'environnaient, soit de la voracité des bêtes, soit de la cruauté des sauvages. Je ne prenais aucun souci de Dieu ou de la Providence; j'obéissais purement, comme la brute, aux mouvements de ma nature, et c'était tout au plus si je suivais les principes du sens commun.

Quand je fus délivré et recueilli en mer par le capitaine portugais, qui en usa si bien avec moi et me traita avec tant d'équité et de bienveillance, je n'eus pas le moindre sentiment de gratitude. Après mon second naufrage, après que j'eus été ruiné et en danger de périr à l'abord de cette île, bien loin d'avoir quelques remords et de regarder ceci comme un châtiment du Ciel, seulement je me disais souvent que j'étais un malheureux chien, né pour être toujours misérable.

Il est vrai qu'aussitôt que j'eus pris terre et que j'eus vu que tout l'équipage était noyé et moi seul épargné, je tombai dans une sorte d'extase et de ravissement d'âme qui, fécondés de la grâce de

Dieu, auraient pu aboutir à une sincère reconnaissance ; mais cet élancement passa comme un éclair, et se termina en un commun mouvement de joie de se retrouver en vie, sans la moindre réflexion sur la bonté signalée de la main qui m'avait préservé, qui m'avait mis à part pour être préservé, tandis que tout le reste avait péri ; je ne me demandai pas même pourquoi la Providence avait eu ainsi pitié de moi. Ce fut une joie toute semblable à celle qu'éprouvent communément les marins qui abordent à terre après un naufrage, dont ils noient le souvenir dans le premier bol de punch, et qu'ils oublient presque aussitôt qu'il est passé. Et tout le cours de ma vie avait été comme cela !

Même, lorsque dans la suite des considérations obligées m'eurent fait connaître ma situation, et en quel horrible lieu j'avais été jeté hors de toute société humaine, sans aucune espérance de secours, et sans aucun espoir de délivrance, aussitôt que j'entrevis la possibilité de vivre et que je ne devais point périr de faim, tout le sentiment de mon affliction s'évanouit ; je commençai à être fort aise : je me mis à travailler à ma conservation et à ma subsistance, bien éloigné de m'affliger de ma position comme d'un jugement du Ciel, et de penser que le bras de Dieu s'était appesanti sur moi. De semblables pensées n'avaient pas accoutumé de me venir à l'esprit.

La croissance du blé, dont j'ai fait mention dans mon journal, eut premièrement une petite influence sur moi ; elle me toucha assez fortement aussi longtemps que j'y crus voir quelque chose de miraculeux ; mais dès que cette idée tomba, l'impression que j'en avais reçue tomba avec elle, ainsi que je l'ai déjà dit.

Il en fut de même du tremblement de terre, quoique rien en soi ne saurait être plus terrible, ni conduire plus immédiatement à l'idée de la puissance invisible qui seule gouverne de si grandes choses ; néanmoins, à peine la première frayeur passée, l'impression qu'il avait faite sur moi s'en alla aussi : je n'avais pas plus le sentiment de Dieu ou de ses jugements et encore moins que ma présente affliction était l'œuvre de ses mains, que si j'avais été dans l'état le plus prospère de la vie.

Mais quand je tombai malade et que l'image des misères de la mort vint peu à peu se placer devant moi, quand mes esprits commencèrent à s'affaisser sous le poids d'un mal violent et que mon corps fut épuisé par l'ardeur de la fièvre, ma conscience, si longtemps endormie, se réveilla ; je me reprochai ma vie passée, dont l'insigne perversité avait provoqué la justice de Dieu à m'infliger des châtiments inouïs et à me traiter d'une façon si cruelle.

Ces réflexions m'oppressèrent dès le deuxième ou le troisième jour de mon indisposition, et dans la violence de la fièvre et des âpres reproches de ma conscience, elles m'arrachèrent quelques paroles qui ressemblaient à une prière adressée à Dieu. Je ne puis dire cependant que ce fut une prière faite avec ferveur et confiance, ce fut plutôt un cri de frayeur et de détresse. Le désordre de mes esprits, mes remords cuisants, l'horreur de mourir dans un si déplorable état et de poignantes appréhensions, me faisaient monter des vapeurs au cerveau, et, dans ce trouble de mon âme, je ne savais ce que ma langue articulait ; ce dut être toutefois quelque exclamation comme celle-ci : « Seigneur ! quelle misérable créature je suis ! Si je viens à être malade, assurément je mourrai faute de secours ! Seigneur, que deviendrai-je ? » Alors des larmes coulèrent en abondance de mes yeux, et il se passa un long temps avant que je pusse en proférer davantage.

Dans cet intervalle me revinrent à l'esprit les

bons avis de mon père, et sa prédiction, dont j'ai parlé au commencement de cette histoire, que si je faisais ce coup de tête Dieu ne me bénirait point, et que j'aurais dans la suite tout le loisir de réfléchir sur le mépris que j'aurais fait de ses conseils lorsqu'il n'y aurait personne qui pût me prêter assistance.

– Maintenant, dis-je à haute voix, les paroles de mon cher père sont accomplies, la justice de Dieu m'a atteint, et je n'ai personne pour me secourir ou m'entendre. J'ai méconnu la voix de la Providence, qui m'avait généreusement placé dans un état et dans un rang où j'aurais pu vivre dans l'aisance et dans le bonheur ; mais je n'ai point voulu concevoir cela, ni apprendre de mes parents à connaître les biens attachés à cette condition. Je les ai délaissés pleurant sur ma folie ; et maintenant, abandonné, je pleure sur les conséquences de cette folie. J'ai refusé leur aide et leur appui, qui auraient pu me produire dans le monde et m'y rendre toute chose facile ; maintenant j'ai des difficultés à combattre contre lesquelles la nature même ne prévaudrait pas, et je n'ai ni assistance, ni aide, ni conseil, ni réconfort.

Et je m'écriai alors :

– Seigneur, viens à mon aide, car je suis dans une grande détresse !

Ce fut la première prière, si je puis l'appeler ainsi, que j'eusse faite depuis plusieurs années. Mais je retourne à mon journal.

Le 28. – Un tant soit peu soulagé par le repos que j'avais pris, et mon accès étant tout à fait passé, je me levai. Quoique je fusse encore plein de l'effroi et de la terreur de mon rêve je fis réflexion cependant que l'accès de fièvre reviendrait le jour suivant, et qu'il fallait en ce moment me procurer de quoi me rafraîchir et me soutenir quand je serais malade. La première chose que je fis, ce fut de mettre de l'eau

dans une grande bouteille carrée et de la placer sur
ma table, à portée de mon lit; puis, pour enlever la
crudité fiévreuse de l'eau, j'y versai et mêlai environ un quart de pinte de rhum. J'avais alors un
morceau de viande de bouc, je le fis griller sur des
charbons, mais je n'en pus manger que fort peu. Je
sortis pour me promener; mais j'étais très faible et
très mélancolique, j'avais le cœur navré de ma
misérable condition et j'appréhendais le retour de
mon mal pour le lendemain. A la nuit je fis mon
souper de trois œufs de tortue, que je fis cuire sous
la cendre, et que je mangeai à la coque, comme on
dit. Ce fut là, autant que je puis m'en souvenir, le
premier morceau pour lequel je demandai la bénédiction de Dieu depuis qu'il m'avait donné la vie.

Après avoir mangé, j'essayai de me promener;
mais je me trouvai si affaibli que je pouvais à peine
porter mon mousquet – car je ne sortais jamais sans
lui. Aussi je n'allai pas loin, et je m'assis à terre,
contemplant la mer qui s'étendait devant moi

calme et douce. Tandis que j'étais là, il me vint à l'esprit ces pensées :

« Qu'est-ce que la terre et la mer, dont j'ai vu tant de régions ? d'où cela a-t-il été produit ? que suis-je moi-même ? que sont toutes les créatures, sauvages ou policées, humaines ou brutes ? d'où sortons-nous ?

« Sûrement nous avons tous été faits par quelque secrète puissance, qui a formé la terre et l'océan, l'air et les cieux ; mais quelle est-elle ? »

J'inférai donc naturellement de ces propositions que c'est Dieu qui a créé tout cela.

« Bien ! Mais si Dieu a fait toutes ces choses, il les guide et les gouverne toutes, ainsi que tout ce qui les concerne ; car l'Être qui a pu engendrer toutes ces choses doit certainement avoir la puissance de les conduire et de les diriger.

« S'il en est ainsi, rien ne peut arriver dans le grand département de ces œuvres sans sa connaissance ou sans son ordre.

« Et si rien ne peut arriver sans qu'il le sache, il sait que je suis ici dans une affreuse condition ; et si rien n'arrive sans son ordre, il a ordonné que tout ceci m'advînt. »

Il ne se présenta rien à mon esprit qui pût combattre une seule de ces conclusions ; c'est pourquoi je demeurai convaincu que Dieu avait ordonné tout ce qui m'était survenu, et que c'était par sa volonté que j'avais été amené à cette affreuse situation, Dieu seul étant le maître non seulement de mon sort, mais de toutes choses qui se passent dans le monde ; et il s'ensuivit immédiatement cette réflexion :

« Pourquoi Dieu a-t-il agi ainsi envers moi ? Qu'ai-je fait pour être ainsi traité ? »

Alors ma conscience me retint court devant cet examen, comme si j'avais blasphémé, et il me sembla qu'une voix me criait : « Malheureux ! tu demandes ce que tu as fait ? Jette un regard en arrière sur ta vie coupable et dissipée, et demande-toi ce que tu n'as pas fait ! Demande pourquoi tu n'as pas été anéanti il y a longtemps ? pourquoi tu n'as pas été noyé dans la rade d'Yarmouth ? pourquoi tu n'as pas été tué dans le combat, lorsque le corsaire de Sallé captura le vaisseau ? pourquoi tu n'as pas été dévoré par les bêtes féroces de la côte d'Afrique, ou englouti là, quand tout l'équipage périt excepté toi ? Et après cela te rediras-tu : Qu'ai-je donc fait ? »

Ces réflexions me stupéfièrent ; je ne trouvai pas un mot à dire, pas un mot à me répondre. Triste et pensif, je me relevai, je rebroussai vers ma retraite, et je passai par-dessus ma muraille, comme pour aller me coucher ; mais mon esprit était péniblement agité, je n'avais nulle envie de dormir. Je m'assis sur une chaise, et j'allumai ma lampe, car il commençait à faire nuit. Comme j'étais alors fortement préoccupé du retour de mon indisposition, il me revint en la pensée que les Brésiliens, dans toutes leurs maladies, ne prennent d'autres remèdes que leur tabac, et que dans un de mes coffres j'en avais un bout de rouleau tout à fait préparé, ce quelque peu de vert non complètement trié.

J'allai à ce coffre, conduit par le Ciel sans doute, car j'y trouvai tout à la fois la guérison de mon corps et de mon âme. Je l'ouvris et j'y trouvai ce que je cherchais, le tabac ; et, comme le peu de livres que j'avais sauvés y étaient aussi renfermés, j'en tirai une des bibles dont j'ai parlé plus haut, et que jusqu'alors je n'avais pas ouvertes, soit faute de loisir, soit par indifférence. J'avais donc une bible, et je l'apportai avec le tabac sur ma table.

Je ne savais quel usage faire de ce tabac, ni s'il était convenable ou contraire à ma maladie ; pourtant j'en fis plusieurs essais, comme si j'avais décidé qu'il devait être bon d'une façon ou d'une autre. J'en mis d'abord un morceau de feuille dans ma bouche et je le chiquai : cela m'engourdit de suite le cerveau, parce que ce tabac était vert et fort, et que je n'y étais pas très accoutumé. J'en fis ensuite infuser pendant une heure ou deux dans un peu de rhum pour prendre cette potion en me couchant ; enfin j'en fis brûler sur un brasier, et je me tins le nez au-dessus aussi près et aussi longtemps que la chaleur et la virulence purent me le permettre ; j'y restai presque jusqu'à suffocation.

Durant ces opérations je pris la Bible et je commençai à lire ; mais j'avais alors la tête trop troublée par le tabac pour supporter une lecture. Seulement, ayant ouvert le livre au hasard, les pre-

mières paroles que je rencontrai furent celles-ci : « Invoque-moi au jour de ton affliction, et je te délivrerai, et tu me glorifieras. »

Ces paroles étaient tout à fait applicables à ma situation ; elles firent quelque impression sur mon esprit au moment où je les lus, moins pourtant qu'elles n'en firent par la suite ; car le mot délivrance n'avait pas de son pour moi, si je puis m'exprimer ainsi. C'était chose si éloignée et à mon sentiment si impossible, que je commençai à parler comme le firent les enfants d'Israël quand il leur fut promis de la chair à manger : « Dieu peut-il dresser une table dans le désert ? » Moi je disais : « Dieu lui-même peut-il me tirer de ce lieu ? » Et, comme ce ne fut qu'après de longues années que quelque lueur d'espérance brilla, ce doute prévalait très souvent dans mon esprit ; mais, quoi qu'il en soit, ces paroles firent une très grande impression sur moi, et je méditai sur elles fréquemment.

Cependant il se faisait tard, et le tabac m'avait, comme je l'ai dit, tellement appesanti la tête qu'il me prit envie de dormir, de sorte que, laissant ma lampe allumée dans ma grotte, de crainte que je n'eusse besoin de quelque chose pendant la nuit, j'allai me mettre au lit ; mais avant de me coucher, je fis ce que je n'avais fait de ma vie, je m'agenouillai et je priai Dieu d'accomplir pour moi la promesse de me délivrer si je l'invoquais au jour de ma détresse. Après cette prière brusque et incomplète, je bus le rhum dans lequel j'avais fait tremper le tabac ; mais il en était si chargé et si fort que ce ne fut qu'avec beaucoup de peine que je l'avalai. Là-dessus je me mis au lit et je sentis aussitôt cette potion me porter violemment à la tête ; mais je tombai dans un si profond sommeil que je ne m'éveillai que le lendemain vers trois heures de l'après-midi, autant que j'en pus juger par le soleil ;

je dirai plus, je suis à peu près d'opinion que je dormis tout le jour, toute la nuit suivante et une partie du surlendemain; car autrement je ne sais comment j'aurais pu oublier une journée dans mon calcul des jours de la semaine, ainsi que je le reconnus quelques années après. Si j'avais commis cette erreur en traçant et retraçant la même ligne, j'aurais dû oublier plus d'un jour. Un fait certain, c'est que j'eus ce mécompte, et que je ne sus jamais d'où il était provenu.

Quoi qu'il en soit, quand je me réveillai je me trouvai parfaitement rafraîchi, et l'esprit dispos et joyeux. Lorsque je fus levé, je me sentis plus fort que la veille; mon estomac était mieux, j'avais faim; bref, je n'eus pas d'accès le lendemain, et je continuai d'aller de mieux en mieux. Ceci se passa le 29.

Le 30. – C'était mon bon jour, mon jour d'intermittence. Je sortis avec mon mousquet, mais j'eus le soin de ne point trop m'éloigner. Je tuai un ou deux oiseaux de mer, assez semblables à des oies sauvages; je les apportai au logis; mais je ne fus point tenté d'en manger, et je me contentai de quelques œufs de tortue, qui étaient fort bons. Le soir je réitérai la médecine, que je supposais m'avoir fait du bien – je veux dire le tabac infusé dans du rhum – seulement j'en bus moins que la première fois; je n'en mâchai point et je ne pris pas de fumigation. Néanmoins, le jour suivant, qui était le 1er juillet, je ne fus pas aussi bien que je l'avais espéré, j'eus un léger ressentiment de frisson, mais ce ne fut que peu de chose.

JUILLET

Le 2. – Je réitérai ma médecine des trois manières; je me l'administrai comme la première fois, et je doublai la quantité de ma potion.

Le 3. – La fièvre me quitta pour tout de bon; cependant je ne recouvrai entièrement mes forces que quelques semaines après. Pendant cette convalescence, je réfléchis beaucoup sur cette parole : « Je te délivrerai »; et l'impossibilité de ma délivrance se grava si avant en mon esprit, qu'elle lui défendit tout espoir. Mais, tandis que je me décourageais avec de telle pensées, tout à coup j'avisai que j'étais si préoccupé de la délivrance de ma grande affliction, que je méconnaissais la faveur que je venais de recevoir, et je m'adressai alors moi-même ces

questions : « N'ai-je pas été miraculeusement délivré d'une maladie, de la plus déplorable situation
qui puisse être et qui était si épouvantable pour
moi ? Quelle attention ai-je fait à cela ? Comment
ai-je rempli mes devoirs ? Dieu m'a délivré et je ne
l'ai point glorifié ; c'est-à-dire je n'ai point été
reconnaissant, je n'ai point confessé cette délivrance ; comment en attendrais-je une plus grande
encore ? »

Ces réflexions pénétrèrent mon cœur ; je me jetai
à genoux, et je remerciai Dieu à haute voix de
m'avoir sauvé de cette maladie.

Le 4. – Dans la matinée je pris la Bible, et,
commençant par le Nouveau Testament, je m'appliquai sérieusement à sa lecture, et je m'imposai la
loi d'y vaquer chaque matin et chaque soir, sans
m'astreindre à certain nombre de chapitres, mais
en poursuivant aussi longtemps que je le pourrais.
Au bout de quelque temps que j'observais reli-
gieusement cette pratique, je sentis mon cœur sincèrement et profondément contrit de la perversité
de ma vie passée. L'impression de mon songe se
raviva, et ces paroles : « Toutes ces choses ne t'ont
point amené à repentance », m'affectèrent réellement l'esprit. C'est cette repentance que je demandais instamment à Dieu, lorsqu'un jour, lisant la
Sainte Écriture, je tombai providentiellement sur ce
passage : « Il est exalté prince et sauveur pour donner repentance et pour donner rémission. » Je laissai choir le livre, et, élevant mon cœur et mes mains
vers le ciel dans une sorte d'extase de joie, je
m'écriai : « Jésus, fils de David, Jésus, toi sublime
prince et sauveur, donne-moi repentance ! »

Ce fut là réellement la première fois de ma vie
que je fis une prière ; car je priai alors avec le sentiment de ma misère et avec une espérance toute
biblique fondée sur la parole consolante de Dieu, et
dès lors je conçus l'espoir qu'il m'exaucerait.

Le passage « Invoque-moi, et je te délivrerai » me parut enfin contenir un sens que je n'avais point saisi ; jusque-là je n'avais eu notion d'aucune chose qui pût être appelée délivrance, si ce n'est l'affranchissement de la captivité où je gémissais ; car, bien que je fusse dans un lieu étendu, cependant cette île était vraiment une prison pour moi, et cela dans le pire sens de ce mot. Mais alors j'appris à voir les choses sous un autre jour : je jetai un regard en arrière sur ma vie passée avec une telle horreur, et mes péchés me parurent si énormes que mon âme n'implora plus de Dieu que la délivrance du fardeau de ses fautes, qui l'oppressait. Quant à ma vie solitaire, ce n'était plus rien ; je ne priais seulement pas Dieu de m'en affranchir, je n'y pensais pas : tous mes autres maux n'étaient rien au prix de celui-ci. J'ajoute enfin ceci pour bien faire entendre à quiconque lira cet écrit qu'à prendre le vrai sens des choses, c'est une plus grande bénédiction d'être délivré du poids d'un crime que d'une affliction. Mais laissons cela, et retournons à mon journal.

Quoique ma vie fût matériellement toujours aussi misérable, ma situation morale commençait cependant à s'améliorer. Mes pensées étant dirigées par une constante lecture de l'Écriture sainte, et par la prière vers des choses d'une nature plus élevée, j'y puisais mille consolations qui m'avaient été jusqu'alors inconnues ; et comme ma santé et ma vigueur revenaient, je m'appliquais à me pourvoir de tout ce dont j'avais besoin et à me faire une habitude de vie aussi régulière qu'il m'était possible.

Du 4 au 14. – Ma principale occupation fut de me promener avec mon fusil à la main ; mais je faisais mes promenades fort courtes, comme un homme qui rétablit ses forces au sortir d'une maladie ; car il serait difficile d'imaginer combien alors j'étais bas, et à quel degré de faiblesse j'étais réduit. Le remède dont j'avais fait usage était tout à fait nouveau, et n'avait peut-être jamais guéri de fièvres auparavant ; aussi ne puis-je recommander à qui que ce soit d'en faire l'expérience : il chassa, il est vrai, mes accès de fièvre, mais il contribua beaucoup à m'affaiblir, et me laissa pour quelque temps des tremblements nerveux et des convulsions dans tous les membres.

J'appris aussi en particulier de cette épreuve que c'était la chose la plus pernicieuse à la santé que de sortir dans la saison pluvieuse, surtout si la pluie était accompagnée de tempêtes et d'ouragans. Or, comme les pluies qui tombaient dans la saison sèche étaient toujours accompagnées de violents orages, je reconnus qu'elles étaient beaucoup plus dangereuses que celles de septembre et d'octobre.

Il y avait près de dix mois que j'étais dans cette île infortunée ; toute possibilité d'en sortir semblait m'être ôtée à toujours, et je croyais fermement que jamais créature humaine n'avait mis le pied en ce lieu. Mon habitation étant alors à mon gré parfaitement mise à couvert, j'avais un grand désir d'entreprendre une exploration plus complète de l'île, et de voir si je ne découvrirais point quelques productions que je ne connaissais point encore.

Ce fut le 15 que je commençai à faire cette visite exacte de mon île. J'allai d'abord à la crique dont j'ai déjà parlé, et où j'avais abordé avec mes radeaux. Quand j'eus fait environ deux milles en la côtoyant, je trouvai que le flot de la marée ne remontait pas plus haut, et que ce n'était plus qu'un petit ruisseau d'eau courante très douce et très bonne. Comme c'était dans la saison sèche, il n'y avait presque point d'eau dans certains endroits, ou au moins point assez pour que le courant fût sensible.

Sur les bords de ce ruisseau je trouvai plusieurs belles savanes ou prairies unies, douces et couvertes de verdures. Dans leurs parties élevées proche des hautes terres qui, selon toute apparence, ne devaient jamais être inondées, je découvris une grande quantité de tabacs verts, qui jetaient de grandes et fortes tiges. Il y avait là diverses autres plantes que je ne connaissais point, et qui peut-être avaient des vertus que je ne pouvais imaginer.

Je me mis à chercher le manioc, dont la racine ou cassave sert à faire du pain aux Indiens de tout ce climat; il me fut impossible d'en découvrir. Je vis d'énormes plantes d'aloès, mais je n'en connaissais pas encore les propriétés. Je vis aussi quelques cannes à sucre sauvages, et, faute de culture, imparfaites. Je me contentai de ces découvertes pour cette fois, et je m'en revins en réfléchissant au moyen par lequel je pourrais m'instruire de la vertu et de la bonté des plantes et des fruits que je découvrirais; mais je n'en vins à aucune conclusion; car j'avais si peu observé pendant mon séjour au Brésil, que je connaissais peu les plantes des champs, ou du moins le peu de connaissance que j'en avais acquis ne pouvait alors me servir de rien dans ma détresse.

Le lendemain, le 16, je repris le même chemin, et, après m'être avancé un peu plus que je n'avais fait la veille, je vis que le ruisseau et les savanes ne s'étendaient pas au-delà, et que la campagne commençait à être plus boisée. Là je trouvai différents fruits, particulièrement des melons en abondance sur le sol, et des raisins sur les arbres, où les vignes s'étaient entrelacées; les grappes étaient juste dans leur primeur, bien fournies et bien mûres. C'était là une surprenante découverte, j'en fus excessivement content; mais je savais par expérience qu'il ne fallait user que modérément de ces fruits; je me ressouvenais d'avoir vu mourir, tandis que j'étais en Barbarie, plusieurs de nos Anglais qui s'y trouvaient esclaves, pour avoir gagné la fièvre et des ténesmes en mangeant des raisins avec excès. Je trouvai cependant moyen d'en faire un excellent usage en les faisant sécher et passer au soleil comme des raisins de garde; je pensai que de cette manière ce serait un manger aussi sain qu'agréable pour la saison où je n'en pourrais avoir de frais : mon espérance ne fut point trompée.

Je passai là tout l'après-midi, et je ne retournai point à mon habitation ; ce fut la première fois que je puis dire avoir couché hors de chez moi. A la nuit, j'eus recours à ma première ressource : je montai sur un arbre, où je dormis parfaitement. Le lendemain au matin, poursuivant mon exploration, je fis près de quatre milles, autant que j'en pus juger par l'étendue de la vallée, et je me dirigeai toujours droit au nord, ayant des chaînes de collines au nord et au sud de moi.

Au bout de cette marche je trouvai un pays découvert, qui semblait porter sa pente vers l'ouest ; une petite source d'eau fraîche, sortant du flanc d'un monticule voisin, courait à l'opposite, c'est-à-dire droit à l'est. Toute cette contrée paraissait si tempérée, si verte, si fleurie, et tout y était si bien dans la primeur du printemps, qu'on l'aurait prise pour un jardin artificiel.

Je descendis un peu sur le coteau de cette délicieuse vallée, la contemplant et songeant, avec une sorte de plaisir secret – quoique mêlé de pensées affligeantes – que tout cela était mon bien, et que j'étais Roi et Seigneur absolu de cette terre, que j'y avais droit de possession, et que je pouvais la transmettre comme si je l'avais eue en héritance, aussi incontestablement qu'un lord d'Angleterre son manoir. J'y vis une grande quantité de cacaoyers, d'orangers, de limoniers et de citronniers, tous sauvages, portant peu de fruits, du moins dans cette saison. Cependant les cédrats verts que je cueillis étaient non seulement fort agréables à manger, mais très sains ; et, dans la suite, j'en mêlai le jus avec de l'eau, ce qui la rendait salubre, très froide et très rafraîchissante.

Je trouvai alors que j'avais une assez belle besogne pour cueillir ces fruits et les transporter chez moi ; car j'avais résolu de faire une provision de raisins, de cédrats et de limons pour la saison pluvieuse, que je savais approcher.

A cet effet je fis d'abord un grand monceau de raisins, puis un moindre, puis un gros tas de citrons et de limons, et, prenant avec moi un peu de l'un et de l'autre, je me mis en route pour ma demeure, bien résolu de revenir avec un sac, ou n'importe ce que je pourrais fabriquer, pour transporter le reste à la maison.

Après avoir employé trois jours à ce voyage, je rentrai donc chez moi – désormais c'est ainsi que j'appellerai ma tente et ma grotte – ; mais avant que j'y fusse arrivé, mes raisins étaient perdus : leur poids et leur jus abondant les avaient affaissés et broyés, de sorte qu'ils ne valaient rien ou peu de chose. Quant aux cédrats, ils étaient en bon état, mais je n'en avais pris qu'un très petit nombre.

Le jour suivant, qui était le 19, ayant fait deux sacs, je retournai chercher ma récolte ; mais en arrivant à mon amas de raisins, qui étaient si beaux et si alléchants quand je les avais cueillis, je fus surpris de les voir tout éparpillés, foulés, traînés çà et là, et dévorés en grande partie. J'en conclus qu'il y avait dans le voisinage quelques créatures sauvages qui avaient fait ce dégât ; mais quelles créatures étaient-ce ? Je l'ignorais.

Quoi qu'il en soit, voyant que je ne pouvais ni les laisser là en monceaux, ni les emporter dans un sac, parce que d'une façon ils seraient dévorés, et que de l'autre ils seraient écrasés par leur propre poids, j'eus recours à un autre moyen ; je cueillis donc une grande quantité de grappes, et je les suspendis à l'extrémité des branches des arbres pour les faire sécher au soleil ; mais quant aux cédrats et aux limons, j'en emportai ma charge.

A mon retour de ce voyage je contemplai avec un grand plaisir la fécondité de cette vallée, les charmes de sa situation à l'abri des vents de mer, et les bois qui l'ombrageaient : j'en conclus que j'avais fixé mon habitation dans la partie la plus ingrate de l'île. En somme, je commençai de songer à changer ma demeure, et à me choisir, s'il était possible, dans ce beau et riche vallon un lieu aussi sûr que celui que j'habitais alors.

Ce projet me roula longtemps dans la tête, et j'en raffolai longtemps, épris de la beauté du lieu ; mais quand je vins à considérer les choses de plus près et à réfléchir que je demeurais proche de la mer, où il était au moins possible que quelque chose à mon avantage y pût advenir ; que la même fatalité qui m'y avait poussé pourrait y jeter d'autres malheureux, et que, bien qu'il fût à peine plausible que rien de pareil y dût arriver, néanmoins m'enfermer au milieu des collines et des bois, dans le centre de l'île, c'était vouloir prolonger ma captivité et rendre un tel événement non seulement improbable, mais impossible, je compris donc qu'il était de mon devoir de ne point changer d'habitation.

Cependant j'étais si enamouré de ce lieu que j'y passai presque tout le reste du mois de juillet, et, malgré qu'après mes réflexions j'eusse résolu de ne point déménager, je m'y construisis pourtant une sorte de tonnelle, que j'entourai à distance d'une forte enceinte formée d'une double haie, aussi haute que je pouvais atteindre, bien palissadée et bien fourrée de broussailles. Là, tranquille, je couchais quelquefois deux ou trois nuits de suite, passant et repassant par-dessus la haie, au moyen d'une échelle, comme je le pratiquais déjà. Dès lors je me figurai avoir ma maison de campagne et ma maison maritime. Cet ouvrage m'occupa jusqu'au commencement d'août.

AOÛT

Comme j'achevais mes fortifications et commençais à jouir de mon labeur, les pluies survinrent et m'obligèrent à demeurer à la maison ; car, bien que dans ma nouvelle habitation j'eusse fait avec un morceau de voile très bien tendu une tente semblable à l'autre, cependant je n'avais point la protection d'une montagne pour me garder des orages, et derrière moi une grotte pour me retirer quand les pluies étaient excessives.

Vers le 1ᵉʳ de ce mois, comme je l'ai déjà dit, j'avais achevé ma tonnelle et commencé à en jouir.

Le 3. – Je trouvai les raisins que j'avais suspendus parfaitement secs ; et, en fait, c'étaient d'excellentes passarilles [1] ; aussi me mis-je à les ôter de dessus les arbres, et ce fut très heureux que j'eusse fait ainsi ; car les pluies qui survinrent les auraient gâtés, et m'auraient fait perdre mes meilleures provisions d'hiver : j'en avais au moins deux cents belles grappes. Je ne les eus pas plus tôt dépendues et transportées en grande partie à ma grotte, qu'il tomba de l'eau. Depuis le 14 il plut chaque jour plus ou moins jusqu'à la mi-octobre, et quelquefois si violemment que je ne pouvais sortir de ma grotte durant plusieurs jours.

Dans cette saison, l'accroissement de ma famille me causa une grande surprise. J'étais inquiet de la perte d'une de mes chattes qui s'en était allée, ou qui, à ce que je croyais, était morte ; et je n'y comptais plus, quand, à mon grand étonnement, vers la fin du mois d'août, elle revint avec trois petits. Cela fut d'autant plus étrange pour moi, que

---

1. Passerelle ou passarille : Variété de cépage blanc, vigoureux et fertile, cultivée dans les départements de la Drôme et de l'Hérault, et dont on emploie les fruits surtout pour la préparation des raisins secs.

l'animal que j'avais tué avec mon fusil et que j'avais appelé chat sauvage, m'avait paru entièrement différent de nos chats d'Europe ; pourtant les petits minets étaient de la race domestique comme ma vieille chatte, et pourtant je n'avais que deux femelles : cela était bien étrange ! Quoi qu'il en soit, de ces trois chats il sortit une si grande postérité de chats, que je fus forcé de les tuer comme des vers ou des bêtes farouches, et de les chasser de ma maison autant que possible.

Depuis le 14 jusqu'au 26, pluie incessante, de sorte que je ne pus sortir ; j'étais devenu très soigneux de me garantir de l'humidité. Durant cet emprisonnement, comme je commençais à me trouver à court de vivres, je me hasardai dehors deux fois : la première fois je tuai un bouc, et la seconde fois, qui était le 26, je trouvai une grosse tortue, qui fut pour moi un grand régal. Mes repas étaient réglés ainsi : à mon déjeuner je mangeai une grappe de raisin, à mon dîner un morceau de chèvre ou de tortue grillé – car, à mon grand chagrin, je n'avais pas de vase pour faire bouillir ou étuver quoi que ce fût. Enfin deux ou trois œufs de tortue faisaient mon souper.

Pendant que la pluie me tint ainsi claquemuré, je travaillai chaque jour deux ou trois heures à agrandir ma grotte, et, peu à peu, dirigeant ma fouille obliquement, je parvins jusqu'au flanc du rocher, où je pratiquai une porte ou une issue qui débouchait un peu au-delà de mon enceinte. Par ce chemin je pouvais entrer et sortir ; toutefois je n'étais pas très aise de me voir ainsi à découvert. Dans l'état de chose précédent, je m'estimais parfaitement en sûreté, tandis qu'alors je me croyais fort exposé, et pourtant je n'avais aperçu aucun être vivant qui pût me donner des craintes, car la plus grosse créature que j'eusse encore vue dans l'île était un bouc.

Le 30. – J'étais arrivé au triste anniversaire de mon débarquement; j'additionnai les hoches de mon poteau, et je trouvai que j'étais sur ce rivage depuis trois cent soixante-cinq jours. Je gardai durant cette journée un jeûne solennel, la consacrant tout entière à des exercices religieux, me prosternant à terre dans la plus profonde humiliation, me confessant à Dieu, reconnaissant la justice de ses jugements sur moi, et l'implorant de me faire miséricorde au nom de Jésus-Christ. Je m'abstins de toute nourriture pendant douze heures jusqu'au coucher du soleil, après quoi je mangeai un biscuit et une grappe de raisin; puis, ayant terminé cette journée comme je l'avais commencée, j'allai me mettre au lit.

Jusque-là je n'avais observé aucun dimanche; parce que, n'ayant eu d'abord aucun sentiment de religion dans le cœur, j'avais omis au bout de quelque temps de distinguer la semaine en marquant une hoche plus longue pour le dimanche; ainsi je ne pouvais plus réellement le discerner des autres jours. Mais, quand j'eus additionné mes jours, comme j'ai dit plus haut, et que j'eus reconnu que j'étais là depuis un an, je divisai cette année en semaines et je pris le septième jour de chacune pour mon dimanche. A la fin de mon calcul je trouvai pourtant un jour ou deux de mécompte.

Peu de temps après je m'aperçus que mon encre allait bientôt me manquer; je me contentai donc d'en user avec un extrême ménagement, et de noter seulement les événements les plus remarquables de ma vie, sans continuer un mémorial journalier de toutes choses.

La saison sèche et la saison pluvieuse commençaient déjà à me paraître régulières ; je savais les diviser et me prémunir contre elles en conséquence. Mais j'achetai chèrement cette expérience, et ce que je vais rapporter est l'école la plus décourageante que j'aie faite de ma vie. J'ai raconté plus haut que j'avais mis en réserve le peu d'orge et de riz que j'avais cru poussés spontanément et merveilleusement ; il pouvait bien y avoir trente tiges de riz et vingt d'orge. Les pluies étant passées et le soleil entrant en s'éloignant de moi dans sa position méridionale, je crus alors le temps propice pour faire mes semailles.

Je bêchai donc une pièce de terre du mieux que je pus avec ma pelle de bois, et, l'ayant divisée en deux portions, je me mis à semer mon grain. Mais, pendant cette opération, il me vint par hasard à la pensée que je ferais bien de ne pas tout semer en une seule fois, ne sachant point si alors le temps était favorable ; je ne risquai donc que les deux tiers de mes grains, réservant à peu près une poignée de chaque sorte. Ce fut plus tard une grande satisfaction pour moi que j'eusse fait ainsi. De tous les grains que j'avais semés pas un seul ne leva ; parce que, les mois suivants étant secs, et la terre ne recevant point de pluie, ils manquèrent d'humidité pour leur germination. Rien ne parut donc jusqu'au retour de la saison pluvieuse, où ils jetèrent des tiges comme s'ils venaient d'être nouvellement semés.

Voyant que mes premières semences ne croissaient point, et devinant facilement que la sécheresse en était cause, je cherchai un terrain plus humide pour faire un nouvel essai. Je bêchai donc une pièce de terre proche de ma nouvelle tonnelle, et je semai le reste de mon grain en février, un peu avant l'équinoxe du printemps. Ce grain, ayant pour l'humecter les mois pluvieux de mars et d'avril, poussa très agréablement et donna une fort bonne récolte. Mais, comme ce n'était seulement qu'une portion du blé que j'avais mis en réserve, n'ayant pas osé aventurer tout ce qui m'en restait encore, je n'eus en résultat qu'une très petite moisson, qui ne montait pas en tout à demi-picotin de chaque sorte.

Toutefois cette expérience m'avait fait passer maître : je savais alors positivement quelle était la saison propre à ensemencer, et que je pouvais faire en une année deux semailles et deux moissons.

Tandis que mon blé croissait, je fis une petite découverte qui me fut très utile par la suite. Aussitôt que les pluies furent passées et que le temps commença à se rassurer, ce qui advint vers le mois de novembre, j'allai faire un tour à ma tonnelle, où, malgré une absence de quelques mois, je trouvai tout absolument comme je l'avais laissé. Le cercle ou la double haie que j'avais faite était non seulement ferme et entière, mais les pieux que j'avais coupés sur quelques arbres qui s'élevaient dans les environs, avaient tous bourgeonné et jeté de grandes branches, comme font ordinairement les saules, qui repoussent la première année après leur étêtement. Je ne saurais comment appeler les arbres qui m'avaient fourni ces pieux. Surpris et cependant enchanté de voir pousser ces jeunes plants, je les élaguai, et je les amenai à croître aussi également que possible. On ne saurait croire la belle figure qu'ils firent au bout de trois ans. Ma haie formait un cercle d'environ trente-cinq verges de diamètre ; cependant, ces arbres, car alors je pouvais les appeler ainsi, la couvrirent bientôt entièrement, et formèrent une salle d'ombrage assez touffue et assez épaisse pour loger dessous durant toute la saison sèche.

Ceci me détermina à couper encore d'autres pieux pour me faire, semblable à celle-ci, une haie en demi-cercle autour de ma muraille, j'entends celle de ma première demeure; j'exécutai donc ce projet, et je plantai un double rang de ces arbres ou de ces pieux à la distance de huit verges de mon ancienne palissade. Ils poussèrent aussitôt, et formèrent un beau couvert pour mon habitation; plus tard ils me servirent aussi de défense, comme je le dirai en son lieu.

J'avais reconnu alors que les saisons de l'année pouvaient en général se diviser, non en été et en hiver, comme en Europe, mais en temps de pluie et de sécheresse, qui généralement se succèdent ainsi :

Moitié de février, Mars, Moitié d'avril :	Pluie, le soleil étant dans ou proche l'équinoxe.
Moitié d'avril, Mai, Juin, Juillet, Moitié d'août,	Sécheresse, le soleil étant alors au nord de la ligne.
Moitié d'août : Septembre, Moitié d'octobre :	Pluie, le soleil étant revenu.
Moitié d'octobre, Novembre, Décembre, Janvier, Moitié de février :	Sécheresse, le soleil étant au sud de la ligne.

La saison pluvieuse durait plus ou moins longtemps, selon les vents qui venaient à souffler; mais c'était une observation générale que j'avais faite. Comme j'avais appris à mes dépens combien il était dangereux de se trouver dehors par les pluies, j'avais le soin de faire mes provisions à l'avance, pour n'être point obligé de sortir; et je restais à la maison autant que possible durant les mois pluvieux.

Pendant ce temps je ne manquais pas de travaux – même très convenables à cette situation –, car j'avais grand besoin de bien des choses, dont je ne pouvais me fournir que par un rude labeur et une constante application. Par exemple, j'essayai de plusieurs manières à me tresser un panier; mais les baguettes que je me procurais pour cela étaient si cassantes, que je n'en pouvais rien faire. Ce fut alors d'un très grand avantage pour moi que, tout enfant, je me fusse plu à m'arrêter chez un vannier de la ville où mon père résidait, et à le regarder faire ses ouvrages d'osier. Officieux, comme le sont

ordinairement les petits garçons, et grand observateur de sa manière d'exécuter ses ouvrages, quelquefois je lui prêtais la main ; j'avais donc acquis par ce moyen une connaissance parfaite des procédés du métier : il ne me manquait que des matériaux. Je réfléchis enfin que les rameaux de l'arbre sur lequel j'avais coupé mes pieux, qui avaient drageonné[1], pourraient bien être aussi flexibles que le saule, le marsault et l'osier d'Angleterre, et je résolus de m'en assurer.

Conséquemment le lendemain j'allai à ma maison de campagne, comme je l'appelais, et, ayant coupé quelques petites branches, je les trouvai aussi convenables que je pouvais le désirer. Muni d'une hache, je revins dans les jours suivants, pour en abattre une bonne quantité que je trouvai sans peine, car il y en avait là en grande abondance. Je les mis en dedans de mon enceinte ou de mes haies pour les faire sécher, et dès qu'elles furent propres à être employées, je les portai dans ma grotte où, durant la saison suivante, je m'occupai à fabriquer – aussi bien qu'il m'était possible – un grand nombre de corbeilles pour porter de la terre, ou pour transporter ou conserver divers objets dont j'avais besoin. Quoique je ne les eusse pas faites très élégamment, elles me furent pourtant suffisamment utiles ; aussi, depuis lors, j'eus l'attention de ne jamais m'en laisser manquer ; et, à mesure que ma vannerie dépérissait, j'en refaisais de nouvelle. Je fabriquai surtout des mannes fortes et profondes, pour y serrer mon grain, au lieu de l'ensacher, quand je viendrais à faire une bonne moisson.

Cette difficulté étant surmontée, ce qui me prit un temps infini, je me tourmentai l'esprit pour voir s'il ne serait pas possible que je suppléasse à deux

1. Drageon : Nouvelle pousse qui naît de la racine d'un végétal tout près de sa tige.

autres besoins. Pour tous vaisseaux qui pussent contenir des liquides, je n'avais que deux barils encore presque pleins de rhum, quelques bouteilles de verre de médiocre grandeur, et quelques flacons carrés destinés à contenir des eaux et des spiritueux. Je n'avais pas seulement un pot pour faire bouillir dedans quoi que ce fût, excepté une chaudière que j'avais sauvée du navire, mais qui était trop grande pour faire du bouillon ou faire étuver un morceau de viande tout seul. La seconde chose que j'aurais bien désiré avoir, c'était une pipe à tabac; mais il m'était impossible d'en fabriquer une. Cependant, à la fin, je trouvai aussi une assez bonne invention pour cela.

Je m'étais occupé tout l'été ou toute la saison sèche à planter mes seconds rangs de palis ou de pieux, quand une autre affaire vint me prendre plus de temps que je n'en avais réservé pour mes loisirs.

J'ai dit plus haut que j'avais une grande envie d'explorer toute l'île, que j'avais poussé ma course jusqu'au ruisseau, puis jusqu'au lieu où j'avais construit ma tonnelle, et d'où j'avais une belle percée jusqu'à la mer, sur l'autre côté de l'île. Je résolus donc d'aller par la traverse jusqu'à ce rivage; et, prenant mon mousquet, ma hache, mon chien, une plus grande provision de poudre que de coutume, et garnissant mon havresac de deux biscuits et d'une grosse grappe de raisin, je commençai mon voyage. Quand j'eus traversé la vallée où se trouvait située ma tonnelle dont j'ai parlé plus haut, je découvris la mer à l'ouest, et, comme il faisait un temps fort clair, je distinguai parfaitement une terre : était-ce une île ou le continent, je ne pouvais le dire; elle était très haute et s'étendait fort loin de l'ouest à l'ouest-sud-ouest, et me paraissait ne pas être éloignée de moins de quinze ou vingt lieues.

Mais quelle contrée du monde était-ce ? Tout ce

qu'il m'était permis de savoir, c'est qu'elle devait nécessairement faire partie de l'Amérique. D'après toutes mes observations, je conclus qu'elle confinait aux possessions espagnoles, qu'elle était peut-être tout habitée par des sauvages, et que si j'y eusse abordé, j'aurais eu à subir un sort pire que n'était le mien. J'acquiesçai donc aux dispositions de la Providence, qui, je commençais à le reconnaître et à le croire, ordonne chaque chose pour le mieux. C'est ainsi que je tranquillisai mon esprit, bien loin de me tourmenter du vain désir d'aller en ce pays.

En outre, après que j'eus bien réfléchi sur cette découverte, je pensai que si cette terre faisait partie du littoral espagnol, je verrais infailliblement, une fois ou une autre, passer et repasser quelques vaisseaux ; et que, si le cas contraire échéait, ce serait une preuve que cette côte faisait partie de celle qui s'étend entre le pays espagnol et le Brésil ; côte habitée par la pire espèce des sauvages, car ils sont cannibales ou mangeurs d'hommes, et ne manquent jamais de massacrer et de dévorer tous ceux qui tombent entre leurs mains.

En faisant ces réflexions je marchais en avant tout à loisir. Ce côté de l'île me parut beaucoup plus agréable que le mien ; les savanes étaient douces, verdoyantes, émaillées de fleurs et semées de bosquets charmants.

Je vis une multitude de perroquets, et il me prit envie d'en attraper un s'il était possible, pour le garder, l'apprivoiser et lui apprendre à causer avec moi. Après m'être donné assez de peine, j'en surpris un jeune, je l'abattis d'un coup de bâton, et, l'ayant relevé, je l'emportai à la maison. Plusieurs années s'écoulèrent avant que je pusse le faire parler ; mais enfin je lui appris à m'appeler familièrement par mon nom. L'aventure qui en résulta, quoique ce ne soit qu'une bagatelle, pourra fort bien être, en son lieu, très divertissante.

Ce voyage me fut excessivement agréable : je trouvai dans les basses terres des animaux que je crus être des lièvres et des renards ; mais ils étaient très différents de toutes les autres espèces que j'avais vues jusqu'alors. Bien que j'en eusse tué plusieurs je ne satisfis point mon envie d'en manger. A quoi bon m'aventurer ; je ne manquais pas d'aliments, et de très bons, surtout de trois sortes : des chèvres, des pigeons et des chélones ou tortues. Ajoutez à cela mes raisins, et le marché de Leadenhall n'aurait pu fournir une table mieux que moi, à proportion des convives. Malgré ma situation, en somme assez déplorable, j'avais pourtant grand sujet d'être reconnaissant ; car, bien loin d'être entraîné à aucune extrémité pour ma subsistance, je jouissais d'une abondance poussée même jusqu'à la délicatesse.

Dans ce voyage je ne marchais jamais plus de deux milles ou environ par jour ; mais je prenais tant de tours et de détours pour voir si je ne ferais point quelque découverte, que j'arrivais assez fatigué au lieu où je décidais de m'établir pour la nuit. Alors j'allais me loger dans un arbre, ou bien je m'entourais de pieux plantés en terre depuis un arbre jusqu'à un autre, pour que les bêtes farouches ne pussent venir à moi sans m'éveiller.

En atteignant à la rive de la mer, je fus surpris de voir que le plus mauvais côté de l'île m'était échu : celle-ci était couverte de tortues tandis que sur mon côté je n'en avais trouvé que trois en un an et demi. Il y avait aussi une foule d'oiseaux de différentes espèces dont quelques-unes m'étaient déjà connues, et pour la plupart fort bons à manger ; mais parmi ceux-là je n'en connaissais aucun de nom, excepté ceux qu'on appelle pingouins.

J'en aurais pu tuer tout autant qu'il m'aurait plu, mais j'étais très ménager de ma poudre et de mon plomb; j'eusse bien préféré tuer une chèvre s'il eût été possible, parce qu'il y aurait eu davantage à manger. Cependant, quoique les boucs fussent en plus grande abondance dans cette portion de l'île que dans l'autre, il était néanmoins beaucoup plus difficile de les approcher, parce que la campagne, étant plate et rase, ils m'apercevaient de bien plus loin que lorsque j'étais sur les collines.

J'avoue que ce canton était infiniment plus agréable que le mien, et pourtant il ne me vint pas le moindre désir de déménager. J'étais fixé à mon habitation, je commençais à m'y faire, et tout le temps que je demeurai par là il me semblait que j'étais en voyage et loin de ma patrie. Toutefois, je marchai le long de la côte vers l'est pendant environ douze milles; puis alors je plantai une grande perche sur le rivage pour me servir de point de repère, et je me déterminai à retourner au logis. A mon voyage suivant je prendrais à l'est de ma demeure, afin de gagner le côté opposé de l'île, et je tournerais jusqu'à ce que je parvienne à mon jalon. Je dirai cela en temps et place.

Je pris pour m'en retourner un autre chemin que celui par où j'étais venu, pensant que je pourrais aisément me reconnaître dans toute l'île, et que je ne pourrais manquer de retrouver ma première demeure en explorant le pays; mais je m'abusais; car, lorsque j'eus fait deux ou trois milles, je me trouvai descendu dans une immense vallée environnée de collines si boisées, que rien ne pouvait me diriger dans ma route, le soleil excepté, encore eût-il fallu au moins que je connusse très bien la position de cet astre à cette heure du jour.

Il arriva que pour surcroît d'infortune, tandis que j'étais dans cette vallée, le temps se couvrit de brumes pour trois ou quatre jours. Comme il ne m'était pas possible de voir le soleil, je rôdai très malencontreusement, et je fus enfin obligé de regagner le bord de la mer, de chercher mon jalon et de reprendre la route par laquelle j'étais venu. Alors je retournai chez moi, mais à petites journées, le soleil étant excessivement chaud, et mon fusil, mes munitions, ma hache et tout mon équipement extrêmement lourds.

Mon chien, dans ce trajet, surprit un jeune chevreau et le saisit. J'accourus aussitôt, je m'en emparai et le sauvai vivant de sa gueule. J'avais un très grand désir de l'amener à la maison s'il était possible ; souvent j'avais songé aux moyens de prendre un cabri ou deux pour former une race de boucs domestiques, qui pourraient fournir à ma nourriture quand ma poudre et mon plomb seraient consommés.

Je fis un collier pour cette petite créature, et, avec un cordon que je tressai avec du fil de caret, que je portais toujours avec moi, je le menai en laisse, non sans difficulté, jusqu'à ce que je fusse arrivé à ma tonnelle, où je l'enfermai et le laissai ; j'étais si impatient de rentrer chez moi après un mois d'absence.

Je ne saurais comment exprimer quelle satisfaction ce fut pour moi de me retrouver dans ma vieille huche, et de me coucher dans mon hamac. Ce petit voyage à l'aventure, sans retraite assurée, m'avait été si désagréable, que ma propre maison — comme je l'appelais en moi-même — me semblait un établissement parfait en comparaison ; et cela me fit si bien sentir le confortable de tout ce qui m'environnait, que je résolus de ne plus m'en éloigner pour un temps aussi long, tant que mon sort me retiendrait sur cette île.

Je me reposai une semaine pour me restaurer et me régaler après mon long pèlerinage. La majeure partie de ce temps fut absorbée par une affaire importante, la fabrication d'une cage pour mon Poll, qui commençait alors à être quelqu'un de la maison et à se familiariser parfaitement avec moi. Je me ressouvins enfin de mon pauvre biquet que j'avais parqué dans mon petit enclos, et je résolus d'aller le chercher et de lui porter quelque nourriture. Je m'y rendis donc, et je le trouvai où je l'avais laissé : – de fait il ne pouvait sortir –, mais il était presque mourant de faim. J'allai couper quelques rameaux aux arbres et quelques branches aux arbrisseaux que je pus trouver, et je les lui jetai. Quand il les eut broutés, je le liai comme j'avais fait auparavant et je l'emmenai; mais il était si maté par l'inanition, que je n'aurais pas même eu besoin de le tenir en laisse : il me suivit comme un chien. Comme je continuai de le nourrir, il devint si aimant, si gentil, si doux, qu'il fut dès lors un de mes serviteurs, et que depuis il ne voulut jamais m'abandonner.

La saison pluvieuse de l'équinoxe automnal était revenue. J'observai l'anniversaire du 30 septembre, jour de mon débarquement dans l'île, avec la même solennité que la première fois. Il y avait alors deux ans que j'étais là, et je n'entrevoyais pas plus ma délivrance que le premier jour de mon arrivée. Je passai cette journée entière à remercier humblement le Ciel de toutes les faveurs merveilleuses dont il avait comblé ma vie solitaire, et sans lesquelles j'aurais été infiniment plus misérable. J'adressai à Dieu d'humbles et sincères actions de grâces de ce qu'il lui avait plu de me découvrir que, même dans cette solitude, je pouvais être plus heureux que je ne l'eusse été au sein de la société et de tous les plaisirs du monde; je le bénis encore de ce qu'il remplissait les vides de mon isolement et la privation de toute compagnie humaine par sa présence et par la communication de sa grâce, assistant, réconfortant et encourageant mon âme à se reposer ici-bas sur sa providence, et à espérer jouir de sa présence éternelle dans l'autre vie.

Ce fut alors que je commençai à sentir profondément combien la vie que je menais, même avec toutes ses circonstances pénibles, était plus heureuse que la maudite et détestable vie que j'avais faite durant toute la portion écoulée de mes jours. Mes chagrins et mes joies étaient changés, mes désirs étaient autres, mes affections n'avaient plus le même penchant, et mes jouissances étaient totalement différentes de ce qu'elles étaient dans les premiers temps de mon séjour, ou de fait pendant les deux années passées.

Autrefois, lorsque je sortais, soit pour chasser, soit pour visiter la campagne, l'angoisse que mon âme ressentait de ma condition se réveillait tout à coup, et mon cœur défaillait en ma poitrine, à la seule pensée que j'étais en ces bois, ces montagnes, ces solitudes, et que j'étais un prisonnier sans rançon, enfermé dans un morne désert par l'éternelle barrière de l'Océan. Au milieu de mes plus grands calmes d'esprit, cette pensée fondait sur moi comme un orage et me faisait tordre mes mains et pleurer comme un enfant. Quelquefois elle me surprenait au fort de mon travail, je m'asseyais aussitôt, je soupirais, et durant une heure ou deux, les yeux fichés en terre, je restais là. Mon mal n'en devenait que plus cuisant. Si j'avais pu débonder en larmes, éclater en paroles, il se serait dissipé, et la douleur, épuisée, se serait elle-même abattue.

Mais alors je commençais à me repaître de nouvelles pensées. Je lisais chaque jour la parole de Dieu, et j'en appliquais toutes les consolations à mon état présent. Un matin que j'étais fort triste, j'ouvris la Bible à ce passage : « Jamais, jamais, je ne te délaisserai ; je ne t'abandonnerai jamais ! »

Immédiatement il me sembla que ces mots s'adres-
saient à moi ; pourquoi autrement m'auraient-ils
été envoyés juste au moment où je me désolais sur
ma situation, comme un être abandonné de Dieu et
des hommes ? – « Eh bien ! me dis-je, si Dieu ne me
délaisse point, que m'importe que tout le monde
me délaisse ! puisque, au contraire, si j'avais le
monde entier, et que je perdisse la faveur et les
bénédictions de Dieu, rien ne pourrait contrebalan-
cer cette perte. »

Dès ce moment-là, j'arrêtai en mon esprit qu'il
m'était possible d'être plus heureux dans cette
condition solitaire que je ne l'eusse jamais été dans
le monde en toute autre position. Entraîné dans
cette pensée, j'allais remercier le Seigneur de
m'avoir relégué en ce lieu.

Mais à cette pensée quelque chose, je ne sais ce
que ce fut, me frappa l'esprit et m'arrêta : « Comment peux-tu être assez hypocrite, m'écriai-je, pour
te prétendre reconnaissant d'une condition dont tu
t'efforces de te satisfaire, bien qu'au fond du cœur
tu prierais plutôt pour en être délivré ? » Ainsi j'en
restai là. Mais quoique je n'eusse pu remercier Dieu
de mon exil, toutefois je lui rendis grâce sincèrement de m'avoir ouvert les yeux par des afflictions
providentielles afin que je pusse reconnaître ma vie
passée, pleurer sur mes fautes et me repentir. Je
n'ouvrais jamais la Bible ni ne la fermais sans
qu'intérieurement mon âme ne bénît Dieu d'avoir
inspiré la pensée à mon ami d'Angleterre d'embal-
ler, sans aucun avis de moi, ce saint livre parmi mes
marchandises, et d'avoir permis que plus tard je le
sauvasse des débris du navire.

Ce fut dans cette disposition d'esprit que je
commençai ma troisième année ; et, quoique je ne
veuille point fatiguer le lecteur d'une relation aussi

circonstanciée de mes travaux de cette année que de ceux de la première, cependant il est bon qu'il soit en général remarqué que je demeurais très rarement oisif. Je répartissais régulièrement mon temps entre toutes les occupations quotidiennes que je m'étais imposées. Tels étaient premièrement mes devoirs envers Dieu et la lecture des Saintes Écritures, auxquels je vaquais sans faute, trois fois par jour; deuxièmement ma promenade avec mon mousquet à la recherche de ma nourriture, ce qui me prenait généralement trois heures de la matinée quand il ne pleuvait pas; troisièmement l'arrangement, l'apprêt, la conservation et la cuisson de ce que j'avais tué ou pris pour ma subsistance. Tout ceci employait en grande partie ma journée. En outre, il doit être considéré que dans le milieu du jour, lorsque le soleil était à son zénith, la chaleur était trop accablante pour agir; en sorte qu'on doit supposer que dans l'après-midi tout mon temps de travail n'était que de quatre heures environ, avec cette variante que parfois je changeais mes heures de travail et de chasse, c'est-à-dire que je travaillais dans la matinée et sortais avec mon mousquet sur le soir.

A cette brièveté du temps fixé pour le travail, veuillez ajouter l'excessive difficulté de ma besogne, et toutes les heures que, par manque d'outils, par manque d'aide et par manque d'habileté, chaque chose que j'entreprenais me faisait perdre. Par exemple je fus quarante-deux jours entiers à me façonner une planche de tablette dont j'avais besoin dans ma grotte, tandis que deux scieurs avec leurs outils et leurs tréteaux, en une demi-journée en auraient tiré six d'un seul arbre.

Voici comment je m'y pris: j'abattis un gros arbre de la largeur que ma planche devait avoir. Il me fallut trois jours pour le couper et deux pour l'ébrancher et en faire une pièce de charpente. A force de hacher et de tailler je réduisis les deux côtés en copeaux, jusqu'à ce qu'elle fût assez légère pour être remuée. Alors je la tournai et je corroyai[1] une de ses faces, comme une planche, d'un bout à l'autre ; puis je tournai ce côté dessous et je la bûchai sur l'autre face jusqu'à ce qu'elle fût réduite à un madrier de trois pouces d'épaisseur environ. Il n'y a personne qui ne puisse juger quelle rude besogne c'était pour mes mains ; mais le travail et la patience m'en faisaient venir à bout comme de bien d'autres choses ; j'ai seulement cité cette particularité pour montrer comment une si grande portion de mon temps s'écoulait à faire si peu d'ouvrage ; c'est-à-dire que telle besogne, qui pourrait n'être rien quand on a de l'aide et des outils, devient un énorme travail, et demande un temps prodigieux pour l'exécuter seulement avec ses mains. Mais, nonobstant, avec de la persévérance et de la peine, j'achevai bien des choses, et, de fait, toutes les choses que ma position exigeait que je fisse, comme il apparaîtra par ce qui suit.

J'étais alors dans les mois de novembre et de décembre, attendant ma récolte d'orge et de riz. Le terrain que j'avais labouré ou bêché n'était pas grand ; car, ainsi que je l'ai fait observer, mes semailles de chaque espèce n'équivalaient pas à un demi-picotin, parce que j'avais perdu toute une moisson pour avoir ensemencé dans la saison sèche. Toutefois, la moisson promettait d'être belle, quand je m'aperçus tout à coup que j'étais en danger de la voir détruite entièrement par divers ennemis dont il était à peine possible de se garder : d'abord par les boucs, et ces animaux sauvages que j'ai nommés lièvres, qui, ayant tâté du goût exquis du blé, s'y tapissaient nuit et jour, et le broutaient à

---

1. Corroyer du bois : Le dégrossir extérieurement.

mesure qu'il poussait, et si près du pied qu'il n'aurait pas eu le temps de monter en épis.

Je ne vis d'autre remède à ce mal que d'entourer mon blé d'une haie, qui me coûta beaucoup de peine, et d'autant plus que cela requérait célérité. Néanmoins, comme ma terre en labour était petite en raison de ma semaille, en trois semaines environ je parvins à la clore totalement. Pendant le jour je faisais feu sur ces maraudeurs, et la nuit je leur opposais mon chien, que j'attachais dehors à un poteau, et qui ne cessait d'aboyer. En peu de temps, les ennemis abandonnèrent donc la place, et ma moisson crût bel et bien, et commença bientôt à mûrir.

Mais si les bêtes avaient ravagé mon blé en herbe, les oiseaux me menacèrent d'une nouvelle ruine quand il fut monté en épis. Un jour que je longeais mon champ pour voir comment cela allait, j'aperçus une multitude d'oiseaux, je ne sais pas de combien de sortes, qui entouraient ma petite moisson, et qui semblaient épier l'instant où je partirais. Je fis aussitôt une décharge sur eux – car je sortais toujours avec mon mousquet. A peine eus-je tiré, qu'une nuée d'oiseaux que je n'avais point vus s'éleva du milieu même des blés.

Je fus profondément navré : je prévis qu'en peu de jours ils détruiraient toutes mes espérances, que je tomberais dans la disette, et que je ne pourrais jamais amener à bien une moisson. Et je ne savais que faire à cela ! Je résolus pourtant de sauver mon grain s'il était possible, quand bien même je devrais faire sentinelle jour et nuit. Avant tout, j'entrai dans la pièce pour reconnaître le dommage déjà existant, et je vis qu'ils en avaient gâté une bonne partie, mais que cependant, comme il était encore trop vert pour eux, la perte n'était pas extrême, et que le reste donnerait une bonne moisson, si je pouvais le préserver.

Je m'arrêtai un instant pour recharger mon mousquet, puis, m'avançant un peu, je pus voir aisément mes larrons branchés sur tous les arbres d'alentour, semblant attendre mon départ, ce que l'événement confirma ; car, m'écartant de quelques pas comme si je m'en allais, je ne fus pas plus tôt hors de leur vue qu'ils s'abattirent de nouveau un à un dans les blés. J'étais si vexé, que je n'eus pas la patience d'attendre qu'ils fussent tous descendus ; je sentais que chaque grain était pour ainsi dire une miche qu'ils me dévoraient. Je me rapprochai de la haie, je fis feu de nouveau et j'en tuai trois. C'était justement ce que je souhaitais ; je les ramassai, et je fis d'eux comme on fait des insignes voleurs en Angleterre, je les pendis à un gibet pour la terreur des autres. On n'imaginerait pas quel bon effet cela produisit : non seulement les oiseaux ne revinrent plus dans les blés, mais ils émigrèrent de toute cette partie de l'île, et je n'en vis jamais un seul aux environs tout le temps que pendirent mes épouvantails.

Je fus extrêmement content de cela, comme on peut en avoir l'assurance ; et sur la fin de décembre, qui est le temps de la seconde moisson de l'année, je fis la récolte de mon blé.

J'étais pitoyablement outillé pour cela ; je n'avais ni faux ni faucille pour le couper ; tout ce que je pus faire ce fut d'en fabriquer une de mon mieux avec un des braquemarts ou coutelas que j'avais sauvés du bâtiment parmi d'autres armes. Mais, comme ma moisson était petite je n'eus pas grande difficulté à la recueillir. Bref, je la fis à ma manière, car je sciai les épis, je les emportai dans une grande corbeille que j'avais tressée, et je les égrenai entre mes mains. A la fin de toute ma récolte, je trouvai que le demi-picotin que j'avais semé m'avait produit près de deux boisseaux de riz et environ deux boisseaux et demi d'orge, autant que je pus en juger, puisque je n'avais alors aucune mesure.

Ceci fut pour moi un grand sujet d'encouragement; je pressentis qu'à l'avenir il plairait à Dieu
que je ne manquasse pas de pain. Toutefois je
n'étais pas encore hors d'embarras: je ne savais
comment moudre ou comment faire de la farine de
mon grain, comment le vanner et le bluter; ni
même, si je parvenais à le mettre en farine, comment je pourrais en faire du pain; et enfin, si je
parvenais à en faire du pain, comment je pourrais
le faire cuire. Toutes ces difficultés, jointes au
désir que j'avais d'avoir une grande quantité de
provisions, et de m'assurer constamment ma subsistance, me firent prendre la résolution de ne

point toucher à cette récolte, de la conserver tout entière pour les semailles de la saison prochaine, et, dans l'entre-temps, de consacrer toute mon application et toutes mes heures de travail à accomplir le grand œuvre de me pourvoir de blé et de pain.

C'est alors que je pouvais dire avec vérité que je travaillais pour mon pain. N'est-ce pas chose étonnante, et à laquelle peu de personnes réfléchissent, l'énorme multitude de petits objets nécessaires pour entreprendre, produire, soigner, préparer, faire et achever ce seul article : le pain.

Moi, qui étais réduit à l'état de pure nature, je sentais que c'était là mon découragement de chaque jour, et d'heure en heure cela m'était devenu plus évident, dès lors même que j'eus recueilli la poignée de blé, qui comme je l'ai dit, avait crû d'une façon si inattendue et si émerveillante.

Premièrement je n'avais point de charrue pour labourer la terre, ni de bêche ou de pelle pour la fouir. Il est vrai que je suppléai à cela en fabriquant une pelle de bois dont j'ai parlé plus haut, mais elle faisait ma besogne grossièrement ; et, quoiqu'elle m'eût coûté un grand nombre de jours, comme la pellâtre n'était point garnie de fer, non seulement elle s'usa plus tôt, mais elle rendait mon travail plus pénible et très imparfait.

Mais, résigné à tout, je travaillais avec patience, et l'insuccès ne me rebutait point. Quand mon blé fut semé, je n'avais point de herse, je fus obligé de passer dessus moi-même et de traîner une grande et lourde branche derrière moi, avec laquelle, pour ainsi dire, j'égratignais la terre plutôt que je ne la hersais ou ratissais.

Quand il fut en herbe ou monté en épis, comme je l'ai déjà fait observer, de combien de choses n'eus-je pas besoin pour l'enclore, le préserver, le faucher, le moissonner, le transporter au logis, le battre, le vanner et le serrer. Ensuite il me fallut un moulin pour le moudre, des sacs pour bluter la farine, du levain et du sel pour pétrir; et enfin un four pour faire cuire le pain, ainsi qu'on pourra le voir dans la suite. Je fus réduit à faire toutes ces choses sans aucun de ces instruments, et cependant mon blé fut pour moi une source de bien-être et de consolation. Ce manque d'instruments, je le répète, me rendait toute opération lente et pénible, mais il n'y avait à cela point de remède. D'ailleurs, mon temps étant divisé, je ne pouvais le perdre entièrement. Une portion de chaque jour était donc affectée à ces ouvrages; et, comme j'avais résolu de ne point faire du pain de mon blé jusqu'à ce que j'en eusse une grande provision, j'avais les six mois prochains pour appliquer tout mon travail et toute mon industrie à me fournir d'ustensiles nécessaires à la manutention des grains que je recueillerais pour mon usage.

Il me fallut d'abord préparer un terrain plus grand; j'avais déjà assez de grains pour ensemencer un acre de terre; mais avant que d'entreprendre ceci, je passai au moins une semaine à me fabriquer une bêche, une triste bêche en vérité, et si pesante que mon ouvrage en était une fois plus pénible.

Néanmoins je passai outre, et j'emblavai deux pièces de terre plates et unies aussi proche de ma maison que je le jugeai convenable, et je les entourai d'une bonne clôture dont les pieux étaient faits du même bois que j'avais déjà planté, et qui drageonnait. Je savais qu'au bout d'une année j'aurais une haie vive qui n'exigerait que peu d'entretien. Cet ouvrage ne m'occupa guère moins de trois mois, parce qu'une grande partie de ce temps se trouva dans la saison pluvieuse, qui ne me permettait pas de sortir.

C'est au logis, tandis qu'il pleuvait et que je ne pouvais mettre le pied dehors, que je m'occupai de la matière qui va suivre, observant toutefois que pendant que j'étais à l'ouvrage je m'amusais à causer avec mon perroquet, et à lui enseigner à parler. Je lui appris promptement à connaître son nom, et à dire assez distinctement Poll, qui fut le premier mot que j'entendis prononcer dans l'île par une autre bouche que la mienne. Ce n'était point là mon travail, mais cela m'aidait beaucoup à le supporter. Alors, comme je l'ai dit, j'avais une grande affaire sur les bras. J'avais songé depuis longtemps à n'importe quel moyen de me façonner quelques vases de terre dont j'avais un besoin extrême ; mais je ne savais pas comment y parvenir. Néanmoins, considérant la chaleur du climat, je ne doutais pas que si je pouvais découvrir de l'argile, je n'arrivasse à fabriquer un pot qui, séché au soleil, serait assez dur et assez fort pour être manié et contenir des choses sèches qui demandent à être gardées ainsi ; et, comme il me fallait des vaisseaux pour la préparation du blé et de la farine que j'allais avoir, je résolus d'en faire quelques-uns aussi grands que je pourrais, et propres à contenir, comme des jarres, tout ce qu'on voudrait y renfermer.

Je ferais pitié au lecteur, ou plutôt je le ferais rire, si je disais de combien de façons maladroites je m'y pris pour modeler cette glaise ; combien je fis de vases difformes, bizarres et ridicules ; combien il s'en affaissa, combien il s'en renversa, l'argile n'étant pas assez ferme pour supporter son propre poids ; combien, pour les avoir exposés trop tôt, se fêlèrent à l'ardeur du soleil ; combien tombèrent en pièces seulement en les bougeant, soit avant comme soit après qu'ils fûrent secs ; en un mot, comment, après que j'eus travaillé si rudement pour trouver de la glaise, pour l'extraire, l'accommoder, la trans-

porter chez moi, et la modeler, je ne pus fabriquer, en deux mois environ, que deux grandes machines de terre grotesques, que je n'ose appeler jarres.

Toutefois, le soleil les ayant bien cuites et bien durcies, je les soulevai très doucement et je les plaçai dans deux grands paniers d'osier que j'avais faits exprès pour qu'elles ne pussent être brisées ; et, comme entre le pot et le panier il y avait du vide, je le remplis avec de la paille de riz et d'orge. Je comptais, si ces jarres restaient toujours sèches, y serrer mes grains et peut-être même ma farine, quand ils seraient égrugés.

Bien que pour mes grands vases je me fusse mécompté grossièrement, je fis néanmoins beaucoup de plus petites choses avec assez de succès, telles que des pots ronds, des assiettes plates, des cruches et des jattes, que ma main modelait et que la chaleur du soleil cuisait et durcissait étonnamment.

Mais tout cela ne répondait point encore à mes fins, qui étaient d'avoir un pot pour contenir un liquide et aller au feu, ce qu'aucun de ceux que j'avais n'aurait pu faire. Au bout de quelque temps il arriva que, ayant fait un assez grand feu pour rôtir de la viande, au moment où je la retirais étant cuite, je trouvai dans le foyer un tesson d'un de mes pots de terre cuit dur comme une pierre et rouge comme une tuile. Je fus agréablement surpris de voir cela, et je me dis qu'assurément ma poterie pourrait se faire cuire en son entier, puisqu'elle cuisait bien en morceaux.

Cette découverte fit que je m'appliquai à rechercher comment je pourrais disposer de mon feu pour y cuire quelques pots. Je n'avais aucune idée du four dont les potiers se servent, ni de leurs vernis, et j'avais pourtant du plomb pour en faire. Je plaçai donc trois grandes cruches et deux ou trois autres pots, en pile les uns sur les autres, sur un gros tas de cendres chaudes, et j'allumai un feu de bois tout à l'entour. J'entretins le feu sur tous les côtés et sur le sommet, jusqu'à ce que j'eusse vu mes pots rouges de part en part et remarqué qu'ils n'étaient point fendus. Je les maintins à ce degré pendant cinq ou six heures environ, au bout desquelles j'en aperçus un qui, sans être fêlé, commençait à fondre et à couler. Le sable, mêlé à la glaise, se liquéfiait par la violence de la chaleur, et se serait vitrifié si j'eusse poursuivi. Je diminuai donc mon brasier graduellement, jusqu'à ce que mes pots perdissent leur couleur rouge. Ayant veillé toute la nuit pour que le feu ne s'abattît point trop promptement, au point du jour je me vis possesseur de trois excellentes... je n'ose pas dire cruches, et deux autres pots aussi bien cuits que je pouvais le désirer. Un d'entre eux avait été parfaitement verni par la fonte du sable.

Après cette épreuve, il n'est pas nécessaire de dire que je ne manquai plus d'aucun vase pour mon usage; mais je dois avouer que leur forme était fort insignifiante, comme on peut le supposer. Je les modelais absolument comme les enfants qui font des boulettes de terre grasse, ou comme une femme qui voudrait faire des pâtés sans avoir jamais appris à pâtisser.

Jamais joie pour une chose si minime n'égala celle que je ressentis en voyant que j'avais fait un pot qui pourrait supporter le feu; et à peine eus-je la patience d'attendre qu'il soit tout à fait refroidi pour le remettre sur le feu avec un peu d'eau dedans pour bouillir de la viande, ce qui me réussit admirablement bien. Je fis un excellent bouillon avec un morceau de chevreau; cependant je manquais de gruau et de plusieurs autres ingrédients nécessaires pour le rendre aussi bon que j'aurais pu l'avoir.

J'eus un nouvel embarras pour me procurer un mortier de pierre où je pusse piler ou écraser mon grain; quant à un moulin, il n'y avait pas lieu de penser qu'avec le seul secours de mes mains je parvinsse jamais à ce degré d'industrie. Pour suppléer à ce besoin, j'étais vraiment très embarrassé, car de tous les métiers du monde, le métier de tailleur de pierre était celui pour lequel j'avais le moins de dispositions; d'ailleurs je n'avais point d'outils pour l'entreprendre. Je passai plusieurs jours à chercher une grande pierre assez épaisse pour la creuser et faire un mortier ; mais je n'en trouvai pas, si ce n'est dans de solides rochers, et que je ne pouvais ni tailler ni extraire. De fait, il n'y avait point de roches dans l'île d'une suffisante dureté, elles étaient toutes d'une nature sablonneuse et friable, qui n'aurait pu résister aux coups d'un pilon pesant, et le blé n'aurait pu s'y broyer sans qu'il s'y mêlât du sable. Après avoir perdu ainsi beaucoup de temps à la recherche d'une pierre, je renonçai, et je me déterminai à chercher un grand billot de bois dur, que je trouvai beaucoup plus aisément. J'en choisis un si gros qu'à peine pouvais-je le remuer, je l'arrondis et je le façonnai à l'extérieur avec ma hache et mon herminette : ensuite, avec une peine infinie, j'y pratiquai un trou, au moyen du feu, comme font les sauvages du Brésil pour creuser leurs pirogues. Je fis enfin une hie ou grand pilon avec de ce bois appelé bois de fer, et je mis de côté ces instruments en attendant ma prochaine récolte, après laquelle je me proposai de moudre mon grain, ou plutôt de l'égruger, pour faire du pain.

Ma difficulté suivante fut celle de faire un sas ou blutoir pour passer ma farine et la séparer du son et de la balle, sans quoi je ne voyais pas possibilité que je pusse avoir du pain ; cette difficulté était si grande que je ne voulais pas même y songer, assuré que j'étais de n'avoir rien de ce qu'il faut pour faire un tamis ; j'entends ni canevas fin et clair, ni étoffe à bluter la farine à travers. J'en restai là pendant plusieurs mois ; je ne savais vraiment que faire. Le linge qui me restait était en haillons ; j'avais bien du poil de chèvre, mais je ne savais ni filer ni tisser ; et, quand même je l'eusse su, il me manquait les instruments nécessaires. Je ne trouvai aucun remède à cela. Seulement je me ressouvins qu'il y avait parmi les hardes de matelots que j'avais emportées du navire quelques cravates de calicot ou de mousseline. J'en pris plusieurs morceaux, et je fis trois petits sas, assez propre à leur usage. Je fus ainsi pourvu pour quelques années. On verra en son lieu ce que j'y substituai plus tard.

J'avais ensuite à songer à la boulangerie, et comment je pourrais faire le pain quand je viendrais à avoir du blé ; car d'abord je n'avais point de levain. Comme rien ne pouvait suppléer à cette absence, je ne m'en embarrassai pas beaucoup. Quant au four, j'étais vraiment en grande peine.

A la fin je trouvai l'expédient que voici : je fis quelques vases de terre très larges et peu profonds, c'est-à-dire qui avaient environ deux pieds de diamètre et neuf pouces seulement de profondeur ; je les cuisis dans le feu, comme j'avais fait des autres, et je les mis ensuite à part. Quand j'avais besoin de cuire, j'allumais d'abord un grand feu sur mon âtre, qui était pavé de briques carrées de ma propre fabrique ; je n'affirmerais pas toutefois qu'elles fussent parfaitement carrées.

Quand le feu de bois était à peu près tombé en cendres et en charbons ardents, je les éparpillais sur l'âtre, de façon à le couvrir entièrement, et je les y laissais jusqu'à ce qu'il fût très chaud. Alors j'en balayais toutes les cendres, je posais ma miche ou mes miches que je couvrais d'une jatte de terre, autour de laquelle je relevais les cendres pour conserver et augmenter la chaleur. De cette manière, aussi bien que dans le meilleur four du monde, je cuisais mes pains d'orge, et devins en très peu de temps un vrai pâtissier ; car je fis des gâteaux de riz et des poudings. Toutefois je n'allai point jusqu'aux pâtés : je n'aurais rien eu à y mettre, supposant que j'en eusse fait, si ce n'est de la chair d'oiseaux et de la viande de chèvre.

On ne s'étonnera point de ce que toutes ces choses me prirent une grande partie de la troisième année de mon séjour dans l'île, si l'on considère que dans l'intervalle de toutes ces choses j'eus à faire mon labourage et une nouvelle moisson. En effet, je récoltai mon blé dans sa saison, je le transportai au logis du mieux que je pouvais, et je le conservai en épis dans une grande manne jusqu'à ce que j'eusse le temps de l'égrener, puisque je n'avais ni aire ni fléau pour le battre.

L'accroissement de mes récoltes me nécessita réellement alors à agrandir ma grange. Je manquais d'emplacement pour les serrer; car mes semailles m'avaient rapporté au moins vingt boisseaux d'orge et tout au moins autant de riz; si bien que dès lors je résolus de commencer à en user à discrétion: mon biscuit depuis longtemps était achevé. Je résolus aussi de m'assurer de la quantité qu'il me fallait pour toute mon année, et si je ne pourrais pas ne faire qu'une seule semaille.

Somme toute, je reconnus que quarante boisseaux d'orge et de riz étaient plus que je n'en pouvais consommer dans un an. Je me déterminai donc à semer chaque année juste la même quantité que la dernière fois, dans l'espérance qu'elle pourrait largement me pourvoir de pain, etc.

Tandis que toutes ces choses se faisaient, mes pensées, comme on peut le croire, se reportèrent plusieurs fois sur la découverte de la terre que j'avais aperçue de l'autre côté de l'île. Je n'étais pas sans quelques désirs secrets d'aller sur ce rivage, imaginant que je voyais la terre ferme et une contrée habitée d'où je pourrais d'une façon ou d'une autre me transporter plus loin, et peut-être trouver enfin quelques moyens de salut.

Mais, dans tout ce raisonnement, je ne tenais aucun compte des dangers d'une telle entreprise ni du cas où je viendrais à tomber entre les mains des sauvages, qui pouvaient être, comme j'aurais eu raison de le penser, plus féroces que les lions et les tigres de l'Afrique. Une fois en leur pouvoir, il y avait mille chances à courir contre une qu'ils me tueraient et sans doute me mangeraient. J'avais ouï dire que les peuples de la côte des Caraïbes étaient cannibales ou mangeurs d'hommes, et je jugeais par la latitude que je ne devais pas être fort éloigné de cette côte. Supposant que ces nations ne fussent point cannibales, elles auraient pu néanmoins me tuer, comme cela était advenu à d'autres Européens qui avaient été pris, quoiqu'ils fussent au nombre de dix et même de vingt, et elles l'auraient pu d'autant plus facilement que j'étais seul, et ne pouvais opposer que peu ou point de résistance. Toutes ces choses, dis-je, que j'aurais dû mûrement considérer et qui plus tard se présentèrent à mon esprit, ne me donnèrent premièrement aucune appréhension, ma tête ne roulait que la pensée d'aborder à ce rivage.

C'est ici que je regrettai mon garçon Xury, et mon long bateau avec sa voile en *épaule de mouton,* sur lequel j'avais navigué plus de neuf cents milles le long de la côte d'Afrique ; mais c'était un regret superflu. Je m'avisai alors d'aller visiter la chaloupe de notre navire, qui, comme je l'ai dit, avait été lancée au loin sur la rive durant la tempête lors de notre naufrage. Elle se trouvait encore à peu de chose près dans la même situation : renversée par la force des vagues et des vents, elle était presque sens dessus dessous sur l'éminence d'une longue dune de gros sable, mais elle n'était point entourée d'eau comme auparavant.

Si j'avais eu quelque aide pour le radouber et le lancer à la mer, ce bateau m'aurait suffi, et j'aurais pu retourner au Brésil assez aisément ; mais j'eusse dû prévoir qu'il ne me serait pas plus possible de le retourner et de le remettre sur son fond que de remuer l'île. J'allai néanmoins dans les bois, et je coupai des leviers et des rouleaux, que j'apportai près de la chaloupe, déterminé à essayer ce que je pourrais faire, et persuadé que si je parvenais à la redresser il me serait facile de réparer le dommage qu'elle avait reçu, et d'en faire une excellente embarcation, dans laquelle je pourrais sans crainte aller à la mer.

En vérité, je n'épargnai point les peines dans cette infructueuse besogne, et j'y employai, je pense, trois ou quatre semaines environ. Enfin, reconnaissant qu'il était impossible à mes faibles forces de la soulever, je me mis à creuser le sable en dessous pour la dégager et la faire tomber ; et je plaçai des pièces de bois pour la retenir et la guider convenablement dans sa chute.

Mais quand j'eus fait cette fouille, je fus encore hors d'état de l'ébranler et de pénétrer en dessous, bien loin de pouvoir la pousser jusqu'à l'eau. Je fus donc forcé de l'abandonner ; et cependant, bien que je désespérasse de cette chaloupe, mon désir de m'aventurer sur mer pour gagner le continent augmentait plutôt qu'il ne décroissait, au fur et à mesure que la chose m'apparaissait plus impraticable.

Cela m'amena enfin à penser s'il ne serait pas possible de me construire, seul et sans outils, avec le tronc d'un grand arbre, une pirogue toute semblable à celles que font les naturels de ces climats. Je reconnus que c'était non seulement faisable, mais aisé. Ce projet me souriait infiniment, avec l'idée surtout que j'avais en main plus de ressources pour l'exécuter qu'aucun Nègre ou Indien ; mais je ne considérais nullement les inconvénients particuliers qui me plaçaient au-dessous d'eux ; par exemple le manque d'aide pour mettre ma pirogue à la mer quand elle serait achevée, obstacle beaucoup plus difficile à surmonter pour moi que toutes les conséquences du manque d'outils ne pouvaient l'être pour les Indiens. Effectivement, que devait me servir d'avoir choisi un gros arbre dans les bois, d'avoir pu à grande peine le jeter bas, si après l'avoir façonné avec mes outils, si après lui avoir donné la forme extérieure d'un canot, l'avoir brûlé ou taillé en dedans pour le creuser, pour en faire une embarcation ; si après tout cela, dis-je, il me fallait l'abandonner dans l'endroit même où je l'aurais trouvé, incapable de le mettre à la mer.

Il est croyable que si j'eusse fait la moindre réflexion sur ma situation tandis que je construisais ma pirogue, j'aurais immédiatement songé au moyen de la lancer à l'eau ; mais j'étais si préoccupé de mon voyage, que je ne considérai pas une seule fois comment je la transporterais ; et vraiment elle était de nature à ce qu'il fût pour moi plus facile de lui faire franchir en mer quarante-cinq milles, que du lieu où elle était quarante-cinq brasses pour la mettre à flot.

J'entrepris ce bateau plus follement que ne fit jamais homme ayant ses sens éveillés. Je me complaisais dans ce dessein, sans déterminer si j'étais capable de le conduire à bonne fin, non pas que la difficulté de le lancer ne me vint souvent en tête ; mais je tranchais court à tout examen par cette réponse insensée que je m'adressais : « Allons, faisons-le d'abord ; à coup sûr je trouverai moyen d'une façon ou d'une autre de le mettre à flot quand il sera fait. »

C'était bien la plus absurde méthode ; mais mon idée opiniâtre prévalait : je me mis à l'œuvre et j'abattis un cèdre. Je doute beaucoup que Salomon en ait eu jamais un pareil pour la construction du temple de Jérusalem. Il avait cinq pieds dix pouces de diamètre près de la souche et quatre pieds onze pouces à la distance de vingt-deux pieds, après quoi il diminuait un peu et se partageait en branches. Ce ne fut pas sans un travail infini que je jetai par terre cet arbre; car je fus vingt jours à le hacher et le tailler au pied, et, avec une peine indicible, quatorze jours à séparer à coups de hache sa tête vaste et touffue. Je passai un mois à le façonner, à le mettre en proportion et à lui faire une espèce de carène semblable à celle d'un bateau, afin qu'il pût flotter droit sur sa quille et convenablement. Il me fallut ensuite près de trois mois pour évider l'intérieur et le travailler de façon à en faire une parfaite embarcation. En vérité je vins à bout de cette opération sans employer le feu, seulement avec un maillet et un ciseau et l'ardeur d'un rude travail qui ne me quitta pas, jusqu'à ce que j'en eusse fait une belle pirogue assez grande pour recevoir vingt-six hommes, et par conséquent bien assez grande pour me transporter moi et toute ma cargaison.

Quand j'eus achevé cet ouvrage j'en ressentis une joie extrême: de fait, c'était la plus grande pirogue d'une seule pièce que j'eusse vue de ma vie. Mais, vous le savez, que de rudes coups ne m'avait-elle pas coûtés! Il ne me restait plus qu'à la lancer à la mer; et, si j'y fusse parvenu, je ne fais pas de doute que je n'eusse commencé le voyage le plus insensé et le plus aventureux qui fût jamais entrepris.

Mais tous mes expédients pour l'amener jusqu'à l'eau avortèrent, bien qu'ils m'eussent aussi coûté un travail infini, et qu'elle ne fût éloignée de la mer que de cent verges tout au plus. Comme premier inconvénient, elle était sur une éminence à pic du côté de la baie. Nonobstant, pour aplanir cet obstacle, je résolus de creuser la surface du terrain en pente douce. Je me mis donc à l'œuvre. Que de sueurs cela me coûta! Mais compte-t-on ses peines quand on a sa liberté en vue? Cette besogne achevée et cette difficulté vaincue, une plus grande existait encore, car il ne m'était pas plus possible de remuer cette pirogue qu'il ne me l'avait été de remuer la chaloupe.

Alors je mesurai la longueur du terrain, et je me déterminai à ouvrir une darse ou canal pour amener la mer jusqu'à la pirogue, puisque je ne pouvais pas amener ma pirogue jusqu'à la mer. Soit ! Je me mis donc à la besogne ; et quand j'eus commencé et calculé la profondeur et la longueur qu'il fallait que je lui donnasse, et de quelle manière j'enlèverais les déblais, je reconnus que, n'ayant de ressources qu'en mes bras et en moi-même, il me faudrait dix ou douze années pour en venir à bout ; car le rivage était si élevé, que l'extrémité supérieure de mon bassin aurait dû être profonde de vingt-deux pieds tout au moins. Enfin, quoique à regret, j'abandonnai donc aussi ce dessein.

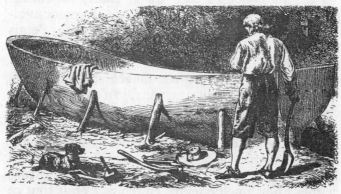

J'en fus vraiment navré, et je compris alors, mais trop tard, quelle folie c'était d'entreprendre un ouvrage avant d'en avoir calculé les frais et d'avoir bien jugé si nos propres forces pourraient le mener à bonne fin.

Au milieu de cette besogne je finis ma quatrième année dans l'île, et j'en célébrai l'anniversaire avec la même dévotion et tout autant de satisfaction que les années précédentes ; car, par une étude constante et une sérieuse application de la parole de Dieu et par le secours de sa grâce, j'acquérais une science bien différente de celle que je possédais autrefois, et j'appréciais tout autrement les choses : je considérais alors le monde comme une terre lointaine où je n'avais rien à souhaiter, rien à désirer ; d'où je n'avais rien à attendre, en un mot avec laquelle je n'avais rien et vraisemblablement ne devais plus rien avoir à faire. Je pense que je le regardais comme peut-être le regarderons-nous après cette vie, je veux dire ainsi qu'un lieu où j'avais vécu, mais d'où j'étais sorti ; et je pouvais bien dire comme notre père Abraham au Mauvais Riche : « Entre toi et moi il y a un abîme profond. »

Là j'étais éloigné de la perversité du monde : je n'avais ni concupiscence de la chair, ni concupiscence des yeux, ni faste de la vie. Je ne convoitais rien, car j'avais alors tout ce dont j'étais capable de jouir ; j'étais seigneur de tout le manoir : je pouvais, s'il me plaisait, m'appeler Roi ou Empereur de toute cette contrée rangée sous ma puissance ; je n'avais point de rivaux, je n'avais point de compétiteur, personne qui disputât avec moi le commandement et la souveraineté. J'aurais pu récolter du blé de quoi charger des navires ; mais, n'en ayant que faire, je n'en semais que suivant mon besoin. J'avais à foison des chélones ou tortues de mer, mais une de temps en temps c'était tout ce que je pouvais consommer ; j'avais assez de bois de charpente pour construire une flotte de vaisseaux, et quand elle aurait été construite j'aurais pu faire d'assez abondantes vendanges pour la charger de passarilles et de vin.

Mais ce dont je pouvais faire usage était seul précieux pour moi. J'avais de quoi manger et de quoi subvenir à mes besoins, que m'importait tout le reste ! Si j'avais tué du gibier au-delà de ma consommation, il m'aurait fallu l'abandonner au chien ou aux vers. Si j'avais semé plus de blé qu'il ne convenait pour mon usage, il se serait gâté. Les arbres que j'avais abattus restaient à pourrir sur la terre ; je ne pouvais les employer qu'au chauffage, et je n'avais besoin de feu que pour préparer mes aliments.

En un mot la nature et l'expérience m'apprirent, après mûre réflexion, que toutes les bonnes choses de l'univers ne sont bonnes pour nous que suivant l'usage que nous en faisons, et qu'on n'en jouit qu'autant qu'on s'en sert ou qu'on les amasse pour les donner aux autres, et pas plus. Le ladre le plus rapace de ce monde aurait été guéri de son vice de convoitise, s'il se fût trouvé à ma place ; car je possédais infiniment plus qu'il ne m'était loisible de dépenser. Je n'avais rien à désirer si ce n'est quelques babioles qui me manquaient et qui pourtant m'auraient été d'une grande utilité. J'avais, comme je l'ai déjà consigné, une petite somme de monnaie, tant en or qu'en argent, environ trente-six livres sterling : hélas ! cette triste vilenie restait là inutile ; je n'en avais que faire, et je pensais souvent en moi-même que j'en donnerais volontiers une poignée pour quelques pipes à tabac ou un moulin à bras pour moudre mon blé ; voire même que je donnerais le tout pour *six penny* (*sic*) de semence de navet et de carotte d'Angleterre, ou pour une poignée de pois et de fèves et une bouteille d'encre. En ma situation, je n'en pouvais tirer ni avantage ni bénéfice : cela restait là dans un tiroir, cela pendant la saison pluvieuse se moisissait à l'humidité de ma grotte. J'aurais eu ce tiroir plein de diamants, que c'eût été la même chose, et ils n'auraient pas eu plus de valeur pour moi, à cause de leur inutilité.

J'avais alors amené mon état de vie à être en soi beaucoup plus heureux qu'il ne l'avait été premièrement, et beaucoup plus heureux pour mon esprit et pour mon corps. Souvent je m'asseyais pour mon repas avec reconnaissance, et j'admirais la main de la divine Providence qui m'avait ainsi dressé une table dans le désert. Je m'étudiais à regarder plutôt le côté brillant de ma condition que le côté sombre, et à considérer ce dont je jouissais plutôt que ce dont je manquais. Cela me donnait quelquefois de secrètes consolations ineffables. J'appuie ici sur ce fait pour le bien inculquer dans l'esprit de ces gens mécontents qui ne peuvent jouir confortablement des biens que Dieu leur a donnés, parce qu'ils tournent leurs regards et leur convoitise vers des choses qu'il ne leur a point départies. Tous nos tourments sur ce qui nous manque me semblent procéder du défaut de gratitude pour ce que nous avons.

Une autre réflexion m'était d'un grand usage et sans doute serait de même pour quiconque tomberait dans une détresse semblable à la mienne : je comparais ma condition présente à celle à laquelle je m'étais premièrement attendu, voir même avec ce qu'elle aurait nécessairement été, si la bonne providence de Dieu n'avait merveilleusement ordonné que le navire fût drossé près du rivage, d'où non seulement j'avais pu l'atteindre, mais où j'avais pu transporter tout ce que j'en avais tiré pour mon soulagement et mon bien-être ; et sans quoi j'aurais manqué d'outils pour travailler, d'armes pour ma défense et de poudre et de plomb pour me procurer ma nourriture.

Je passais des heures entières, je pourrais dire des jours entiers à me représenter sous la plus vive couleur ce qu'il aurait fallu que je fisse, si je n'avais rien sauvé du navire ; à me représenter que j'aurais pu ne rien attraper pour ma subsistance, si ce n'est quelques poissons et quelques tortues ; et toutefois, comme il s'était écoulé un temps assez long avant que j'en eusse rencontré que nécessairement j'aurais dû périr tout d'abord ; ou que si je n'avais pas péri j'aurais dû vivre comme un vrai sauvage ; enfin à me représenter que, si j'avais tué une chèvre ou un oiseau par quelque stratagème, je n'aurais pu le dépecer ou l'ouvrir, l'écorcher, le vider ou le découper ; mais qu'il m'aurait fallu le ronger avec mes dents et le déchirer avec mes griffes comme une bête.

Ces réflexions me rendaient très sensible à la bonté de la Providence envers moi et très reconnaissant de ma condition présente, malgré toutes ses misères et toutes ses disgrâces. Je dois aussi recommander ce passage aux réflexions de ceux qui sont sujets à dire dans leur infortune : « Est-il une affliction semblable à la mienne ? » Qu'ils considèrent combien est pire le sort de tant de gens, et combien le leur aurait pu être pire si la Providence l'avait jugé convenable.

Je faisais encore une autre réflexion qui m'aidait aussi à repaître mon âme d'espérances ; je comparais ma condition présente avec celle que j'avais méritée et que j'avais droit d'attendre de la justice divine. J'avais mené une vie mauvaise, entièrement dépouillée de toute connaissance et de toute crainte de Dieu. J'avais été bien éduqué par mon père et ma mère ; ni l'un ni l'autre n'avaient manqué de m'inspirer de bonne heure un religieux respect de Dieu, le sentiment de mes devoirs et de ce que la nature et ma fin demandaient de moi ; mais, hélas ! tombé bientôt dans la vie de marin, de toutes les vies la plus dénuée de la crainte de Dieu, quoiqu'elle soit souvent face à face avec ses terreurs ; tombé, dis-je, de bonne heure dans la vie et dans la société de marin, tout le peu de religion que j'avais conservé avait été étouffé par les dérisions de mes camarades, par un endurcissement et un mépris des dangers, par la vue de la mort devenue habituelle pour moi, par mon absence de toute occasion de m'entretenir si ce n'était avec mes pareils, ou d'entendre quelque chose qui fût profitable ou qui tendît au bien.

J'étais alors si dépourvu de tout ce qui est bien, du moindre sentiment de ce que j'étais ou devais être, que dans les plus grandes faveurs dont j'avais joui – telles que ma fuite de Sallé, l'accueil du capitaine portugais, le succès de ma plantation au Brésil, la réception de ma cargaison d'Angleterre –, je n'avais pas eu une seule fois ces mots : « Merci, ô mon Dieu ! » ni dans le cœur ni à la bouche. Dans mes plus grandes détresses je n'avais seulement jamais songé à l'implorer ou à lui dire : « Seigneur, aie pitié de moi ! » Je ne prononçais le nom de Dieu que pour jurer et blasphémer.

J'eus en mon esprit de terribles réflexions durant quelques mois, comme je l'ai déjà remarqué, sur l'endurcissement et l'impiété de ma vie passée ; et, quand je songeais à moi, et considérais quelle providence particulière avait pris soin de moi depuis mon arrivée dans l'île, et combien Dieu m'avait traité généreusement, non seulement en me punissant moins que ne le méritait mon iniquité, mais encore en pourvoyant si abondamment à ma subsistance, je concevais alors l'espoir que mon repentir était accepté et que je n'avais pas encore lassé la miséricorde de Dieu.

J'accoutumais mon esprit non seulement à la résignation aux volontés de Dieu dans la disposition des circonstances présentes, mais encore à une sincère gratitude de mon sort, par ces sérieuses réflexions que, moi, qui étais encore vivant, je ne devais pas me plaindre, puisque je n'avais pas reçu le juste châtiment de mes péchés; que je jouissais de bien des faveurs que je n'aurais pu raisonnablement espérer en ce lieu; que, bien loin de murmurer contre ma condition, je devais en être fort aise, et rendre grâce chaque jour du pain quotidien qui n'avait pu m'être envoyé que par une suite de prodiges; que je devais considérer que j'avais été nourri par un miracle aussi grand que celui d'Élie nourri par les corbeaux; voire même par une longue série de miracles! enfin, que je pourrais à peine dans les parties inhabitées du monde nommer un lieu où j'eusse pu être jeté plus à mon avantage; une place où, comme dans celle-ci, j'eusse été privé de toute société, ce qui d'un côté faisait mon affliction, mais où aussi je n'eusse trouvé ni bêtes féroces, ni loups, ni tigres furieux pour menacer ma vie; ni venimeuses, ni vénéneuses créatures dont j'eusse pu manger pour ma perte, ni sauvages pour me massacrer et me dévorer.

En un mot, si d'un côté ma vie était une vie d'affliction, de l'autre c'était une vie de miséricorde; et il ne me manquait pour en faire une vie de bien-être que le sentiment de la bonté de Dieu et du soin qu'il prenait en cette solitude d'être ma consolation de chaque jour. Puis ensuite je faisais une juste récapitulation de toutes ces choses, je secouais mon âme, et je n'étais plus mélancolique.

Il y avait déjà si longtemps que j'étais dans l'île, que bien des choses que j'y avais apportées pour mon soulagement étaient ou entièrement finies ou très usées et proches d'être consommées. Mon encre, comme je l'ai dit plus haut, tirait à sa fin depuis quelque temps, il ne m'en restait que très peu, que de temps à autre j'augmentais avec de l'eau, jusqu'à ce qu'elle devînt si pâle qu'à peine laissait-elle quelque apparence de noir sur le papier.

Tant qu'elle dura j'en fis usage pour noter les jours du mois où quelque chose de remarquable m'arrivait. Ce mémorial du temps passé me fait ressouvenir qu'il y avait un étrange rapport de dates entre les divers événements qui m'étaient advenus, et que si j'avais eu quelque penchant superstitieux à observer des jours heureux et malheureux j'aurais eu lieu de le considérer avec un grand sentiment de curiosité.

D'abord – je l'avais remarqué –, le même jour où je rompis avec mon père et mes parents et m'enfuis à Hull pour m'embarquer, ce même jour, dans la suite, je fus pris par le corsaire de Sallé et fait esclave.

Le même jour de l'année où j'échappai du naufrage dans la rade d'Yarmouth, ce même jour, dans la suite, je m'échappai de Sallé dans un bateau.

Le même jour que je naquis, c'est-à-dire le 30 septembre, le même jour ma vie fut sauvée vingt-six ans après, lorsque je fus jeté sur mon île. Ainsi ma vie coupable et ma vie solitaire ont commencé toutes deux le même jour.

La première chose consommée après mon encre fut le pain, je veux dire le biscuit que j'avais tiré du navire. Je l'avais ménagé avec une extrême réserve, ne m'allouant qu'une seule galette par jour durant à peu près une année. Néanmoins je fus un an entier sans pain avant que d'avoir du blé de mon cru. Et grande raison j'avais d'être reconnaissant d'en avoir, sa venue étant, comme on l'a vu, presque miraculeuse.

Mes habits aussi commençaient à s'user; quant au linge je n'en avais plus depuis longtemps, excepté quelques chemises rayées que j'avais trouvées dans les coffres des matelots, et que je conservais soigneusement, parce que souvent je ne pouvais endurer d'autres vêtements qu'une chemise.

Ce fut une excellente chose pour moi que j'en eusse environ trois douzaines parmi les hardes des marins du navire, où se trouvaient aussi quelques grosses houppelandes de matelots, que je laissais en réserve parce qu'elles étaient trop chaudes pour les porter. Bien qu'il est vrai les chaleurs fussent si violentes que je n'avais pas besoin d'habits, cependant je ne pouvais aller entièrement nu et quand bien même je l'eusse voulu, ce qui n'était pas. Quoique je fusse tout seul, je n'en pouvais seulement supporter la pensée.

La raison pour laquelle je ne pouvais aller tout à fait nu, c'est que l'ardeur du soleil m'était plus insupportable quand j'étais ainsi que lorsque j'avais quelques vêtements. La grande chaleur me faisait même souvent venir des ampoules sur la peau; mais quand je portais une chemise, le vent l'agitait et soufflait par-dessous, et je me trouvais doublement au frais. Je ne pus pas davantage m'accoutumer à aller au soleil sans un bonnet ou un chapeau : ses rayons dardent si violemment dans ces climats, qu'en tombant d'aplomb sur ma tête, ils me donnaient immédiatement des migraines, qui se dissipaient aussitôt que je m'étais couvert.

A ces fins je commençai de songer à mettre un peu d'ordre dans les quelques haillons que j'appelais des vêtements. J'avais usé toutes mes vestes : il me fallait alors essayer à me fabriquer des jaquettes avec de grandes houppelandes et les autres effets semblables que je pouvais avoir. Je me mis donc à faire le métier de tailleur, ou plutôt de ravaudeur, car je faisais de la piteuse besogne. Néanmoins je vins à bout de bâtir deux ou trois casaques, dont j'espérais me servir longtemps. Quant aux caleçons ou hauts-de-chausses, je les fis d'une façon vraiment pitoyable.

J'ai noté que je conservais les peaux de tous les

animaux que je tuais, des bêtes à quatre pattes, veux-je dire. Comme je les étendais au soleil sur des bâtons, quelques-unes étaient devenues si sèches et si dures qu'elles n'étaient bonnes à rien; mais d'autres me furent réellement très profitables. La première chose que je fis de ces peaux fut un grand bonnet, avec le poil tourné en dehors pour rejeter la pluie; et je m'en acquittai si bien qu'aussitôt après j'entrepris un habillement tout entier, c'est-à-dire une casaque et des hauts-de-chausses ouverts aux genoux, le tout fort lâche, car ces vêtements devaient me servir plutôt contre la chaleur que contre le froid. Je dois avouer qu'ils étaient très méchamment faits; si j'étais mauvais charpentier, j'étais encore plus mauvais tailleur. Néanmoins ils me furent d'un fort bon usage; et quand j'étais en course, s'il venait à pleuvoir, le poil de ma casaque et de mon bonnet étant extérieur, j'étais parfaitement garanti.

J'employai ensuite beaucoup de temps et de peine à me fabriquer un parasol, dont véritablement j'avais grand besoin et grande envie. J'en avais vu faire au Brésil, où ils sont d'une très grande utilité dans les chaleurs excessives qui s'y font sentir, et celles que je ressentais en mon île étaient pour le moins tout aussi fortes, puisqu'elle est plus proche de l'équateur. En somme, fort souvent obligé d'aller au loin, c'était pour moi une excellente chose par les pluies comme par les chaleurs. Je pris une peine infinie, et je fus extrêmement longtemps sans rien pouvoir faire qui y ressemblât. Après même que j'eus pensé avoir atteint mon but, j'en gâtai deux ou trois avant d'en trouver à ma fantaisie. Enfin j'en façonnai un qui y répondait assez bien. La principale difficulté fut de le rendre fermant; car si j'eusse pu l'étendre et n'eusse pu le ployer, il m'aurait toujours fallu le porter au-dessus de ma tête, ce qui eût été impraticable. Enfin, ainsi que je le disais, j'en fis un qui m'agréait assez ; je le couvris de peau, le poil en dehors, de sorte qu'il rejetait la pluie comme un auvent, et repoussait si bien le soleil, que je pouvais marcher dans le temps le plus chaud avec plus d'agrément que je ne le faisais auparavant dans le temps le plus frais. Quand je n'en avais pas besoin, je le fermais et le portais sous mon bras.

Je vivais ainsi très confortablement ; mon esprit s'était calmé en se résignant à la volonté de Dieu, et je m'abandonnais entièrement aux dispositions de sa providence. Cela rendait même ma vie meilleure que la vie sociale ; car lorsque je venais à regretter le manque de conversation, je me disais : « Converser ainsi mutuellement avec mes propres pensées et avec mon Créateur lui-même par mes élancements et mes prières, n'est-ce pas bien préférable à la plus grande jouissance de la société des hommes ? »

Je ne saurais dire qu'après ceci, durant cinq années, rien d'extraordinaire me soit advenu. Ma vie suivit le même cours dans la même situation et dans les mêmes lieux qu'auparavant. Outre la culture annuelle de mon orge et de mon riz et la récolte de mes raisins – je gardais de l'un et de l'autre toujours assez pour avoir devant moi une provision d'un an –, outre ce travail annuel, dis-je, et mes sorties journalières avec mon fusil, j'eus une occupation principale, la construction d'une pirogue qu'enfin je terminai, et que, par un canal que je creusai large de six pieds et profond de quatre, j'amenai dans la crique, éloignée d'un demi-mille environ. Pour la première, si démesurément grande, que j'avais entreprise sans considérer d'abord, comme je l'eusse dû faire, si je pourrais la mettre à flot, me trouvant toujours dans l'impossibilité de l'amener jusqu'à l'eau ou d'amener l'eau jusqu'à elle, je fus obligé de la laisser où elle était, comme un commémoratif pour m'enseigner à être plus sage la prochaine fois. De fait, cette prochaine fois, bien que je n'eusse pu trouver un arbre convenable, bien qu'il fût dans un lieu où je ne pouvais conduire l'eau, et, comme je l'ai dit, à une distance d'environ un demi-mille, ne voyant point la chose impraticable, je ne voulus point l'abandonner. Je fus à peu près deux ans à ce travail, dont je ne me plaignais jamais, soutenu par l'espérance d'avoir une barque et de pouvoir enfin gagner la haute mer.

Cependant quand ma petite pirogue fut terminée, sa dimension ne répondit point du tout au dessein que j'avais eu en vue en entreprenant la première, c'est-à-dire de gagner la terre ferme, éloignée d'environ quarante milles. La petitesse de mon embarcation aida donc à mettre fin à ce projet, et je n'y pensai plus ; mais je résolus de faire le tour de l'île. J'étais allé sur un seul point de l'autre côté, en prenant la traverse dans les terres, ainsi que je l'ai déjà narré, et les découvertes que j'avais faites en ce voyage m'avaient rendu très curieux de voir les autres parties des côtes. Comme alors rien ne s'y opposait, je ne songeai plus qu'à faire cette reconnaissance.

Dans ce dessein, et pour que je pusse opérer plus sûrement et plus régulièrement, j'adaptai un petit mât à ma pirogue, et je fis une voile de quelques pièces de celles du navire mises en magasin et que j'avais en grande quantité par-devers moi.

Ayant ajusté mon mât et ma voile, je fis l'essai de ma barque, et je trouvai qu'elle cinglait très bien. A ses deux extrémités je construisis alors de petits équipets et de petits coffres pour enfermer mes provisions, mes munitions, et les garantir de la pluie et des éclaboussures de la mer ; puis je creusai une longue cachette où pouvait tenir mon mousquet, et je la recouvris d'un abattant pour le garantir de toute humidité.

A la poupe, je plaçais mon parasol, fiché dans une carlingue comme un mât, pour me défendre de l'ardeur du soleil et me servir de tendelet ; équipé de la sorte, je faisais de temps en temps une promenade sur mer, mais je n'allais pas loin et ne m'éloignais pas de la crique. Enfin, impatient de connaître la circonférence de mon petit royaume, je me décidai à faire ce voyage, et j'avitaillai ma pirogue en conséquence. J'y embarquai deux douzaines de mes pains d'orge – que je devrais plutôt appeler des gâteaux –, un pot de terre empli de riz sec, dont je faisais une grande consommation, une petite bouteille de rhum, une moitié de chèvre, de la poudre et du plomb pour m'en procurer davantage, et deux grandes houppelandes, de celles dont j'ai déjà fait mention et que j'avais trouvées dans les coffres des matelots. Je les pris, l'une pour me coucher dessus et l'autre pour me couvrir pendant la nuit.

Ce fut le 6 novembre, l'an sixième de mon règne ou de ma captivité, comme il vous plaira, que je me mis en route pour ce voyage, qui fut beaucoup plus long que je ne m'y étais attendu ; car, bien que l'île elle-même ne fût pas très large, quand je parvins à sa côte orientale, je trouvai un grand récif de rochers s'étendant à deux lieues en mer, les uns au-dessus, les autres en dessous l'eau, et par-delà un banc de sable à sec qui se prolongeait à plus d'une demi-lieue ; de sorte que je fus obligé de faire un grand détour pour doubler cette pointe.

Quand je découvris ce récif, je fus sur le point de renoncer à mon entreprise et de rebrousser chemin, ne sachant pas de combien il faudrait m'avancer au large, et par-dessus tout comment je pourrais revenir. Je jetai donc l'ancre, car je m'en étais fait une avec un morceau de grappin brisé que j'avais tiré du navire.

Ayant mis en sûreté ma pirogue, je pris mon mousquet, j'allai à terre, et je gravis sur une colline qui semblait commander ce cap. Là j'en découvris toute l'étendue, et je résolus de m'aventurer.

En examinant la mer du haut de cette éminence, j'aperçus un rapide, je dirai même un furieux courant qui portait à l'est et qui serrait la pointe. J'en pris une ample connaissance, parce qu'il me semblait y avoir quelque péril, et qu'y étant une fois tombé, entraîné par sa violence, je ne pourrais plus regagner mon île. Vraiment, si je n'eusse pas eu la précaution de monter sur cette colline, je crois que les choses se seraient ainsi passées; car le même courant régnait de l'autre côté de l'île, seulement il s'en tenait à une plus grande distance. Je reconnus aussi qu'il y avait un violent remous sous la terre. Je n'avais donc rien autre à faire qu'à éviter le premier courant, pour me trouver aussitôt dans un remous.

Je séjournai cependant deux jours sur cette colline, parce que le vent, qui soufflait assez fort est-sud-est, contrariait le courant et formait de violents brisants contre le cap. Il n'était donc sûr pour moi ni de côtoyer le rivage à cause du ressac, ni de gagner le large à cause du courant.

Le troisième jour au matin, le vent s'étant abattu durant la nuit, la mer étant calme, je m'aventurai. Que ceci soit une leçon pour les pilotes ignorants et téméraires ! A peine eus-je atteint le cap – je n'étais pas éloigné de la terre de la longueur de mon embarcation – que je me trouvai dans les eaux profondes et dans un courant rapide comme l'écluse d'un moulin. Il drossa ma pirogue avec une telle violence, que tout ce que je pus faire ne put la retenir près du rivage, et de plus en plus il m'emporta loin du remous, que je laissai à ma gauche. Comme il n'y avait point de vent pour me seconder, tout ce que je faisais avec mes pagaies ne signifiait rien. Alors je commençai à me croire perdu ; car, les courants régnant des deux côtés de l'île, je n'ignorais pas qu'à la distance de quelques lieues ils devaient se rejoindre, et que là ce serait irrévocablement fait de moi. N'entrevoyant aucune possibilité d'en réchapper, je n'avais devant moi que l'image de la mort, et l'espoir, non d'être submergé, car la mer était assez calme, mais de périr de faim. J'avais trouvé, il est vrai, sur le rivage, une grosse tortue dont j'avais presque ma charge et que j'avais embarquée ; j'avais une grande jarre d'eau douce, une jarre, c'est-à-dire un de mes pots de terre ; mais qu'était tout cela si je venais à être drossé au milieu du vaste Océan, où j'avais l'assurance de ne point rencontrer de terres, ni continent ni île, avant mille lieues tout au moins ?

Je compris alors combien il est facile à la providence de Dieu de rendre pire la plus misérable condition de l'humanité. Je me représentais alors mon île solitaire et désolée comme le lieu le plus séduisant du monde, et l'unique bonheur que souhaitât mon cœur était d'y rentrer. Plein de ce brûlant désir, je tendais mes bras vers elle.

– Heureux désert, m'écriais-je, je ne te verrai donc plus ! O misérable créature ! Où vas-tu ?

Alors je me reprochai mon esprit ingrat. Combien de fois avais-je murmuré contre ma condition solitaire ! Que n'aurais-je pas donné à cette heure pour remettre le pied sur la plage ? Ainsi nous ne voyons jamais le véritable état de notre position avant qu'il n'ait été rendu évident par des fortunes contraires, et nous n'apprécions nos jouissances qu'après que nous les avons perdues. Il serait à peine possible d'imaginer quelle était ma consternation en me voyant loin de mon île bien-aimée – telle elle m'apparaissait alors –, emporté au milieu du vaste Océan. J'en étais éloigné de plus de deux lieues, et je désespérais à tout jamais de la revoir. Cependant je travaillai toujours rudement, jusqu'à ce que mes forces fussent à peu près épuisées, dirigeant du mieux que je pouvais ma pirogue vers le nord, c'est-à-dire au côté du courant où se trouvait le remous. Dans le milieu de la journée lorsque le soleil passa au méridien, je crus sentir sur mon visage une brise légère venant du sud-sud-est. Cela me remit un peu de courage au cœur, surtout quand, au bout d'une demi-heure environ, il s'éleva un joli frais. En ce moment j'étais à une distance effroyable de mon île, et si le moindre nuage ou la moindre brume fût survenue, je me serais égaré dans ma route ; car, n'ayant point à bord de compas de mer, je n'aurais su comment gouverner pour mon île si je l'avais une fois perdue de vue. Mais le temps continuant à être beau, je redressai mon mât, j'aplestai ma voile et portai le cap au nord autant que possible pour sortir du courant.

A peine avais-je dressé mon mât et ma voile, à peine la pirogue commençait-elle à forcer au plus près, que je m'aperçus par la limpidité de l'eau que quelque changement allait survenir dans le courant, car l'eau était trouble dans les endroits les plus violents. En remarquant la clarté de l'eau, je sentis le courant qui s'affaiblissait, et au même instant je vis à l'est, à un demi-mille environ, la mer qui déferlait contre des roches. Ces roches partageaient le courant en deux parties. La plus grande courait encore au sud, laissant les roches au nord-est ; tandis que l'autre, repoussée par l'écueil, formait un remous rapide qui portait avec force vers le nord-ouest.

Ceux qui savent ce que c'est que de recevoir sa grâce sur l'échelle, d'être sauvé de la main des brigands juste au moment d'être égorgé, ou qui se sont trouvés en d'équivalentes extrémités, ceux-là seulement peuvent concevoir ce que fut alors ma surprise de joie, avec quel empressement je plaçai ma pirogue dans la direction de ce remous, avec quelle hâte, la brise fraîchissant, je lui tendis ma voile, et courus joyeusement vent arrière, drossé par un reflux impétueux.

Ce remous me ramena d'une lieue dans mon chemin, directement vers mon île, mais à deux lieues plus au nord que le courant qui m'avait d'abord drossé. De sorte qu'en approchant de l'île je me trouvai vers sa côte septentrionale, c'est-à-dire à son extrémité opposée à celle d'où j'étais parti.

Quand j'eus fait un peu plus d'une lieue à l'aide de ce courant ou de ce remous, je sentis qu'il était passé et qu'il ne me portait plus. Je trouvai toutefois qu'étant entre deux courants, celui au sud qui m'avait entraîné, et celui au nord qui s'éloignait du premier de deux lieues environ sur l'autre côté, je trouvai, dis-je, à l'ouest de l'île, l'eau tout à fait calme et dormante. La brise m'étant toujours favorable, je continuai donc de gouverner directement pour l'île, mais je ne faisais plus un grand sillage, comme auparavant.

Vers quatre heures du soir, étant à une lieue environ de mon île, je trouvai que la pointe de rochers cause de tout ce malencontre, s'avançant vers le sud, comme il est décrit plus haut, et rejetant le courant plus au midi, avait formé d'elle-même un autre remous vers le nord. Ce remous me parut très fort et porter directement dans le chemin de ma course, qui était ouest mais presque plein nord. A la faveur d'un bon frais, je cinglai à travers ce remous, obliquement au nord-ouest, et en une heure j'arrivai à un mille de la côte. L'eau était calme : j'eus bientôt gagné le rivage.

Dès que je fus à terre je tombai à genoux, je remerciai Dieu de ma délivrance, résolu d'abandonner toutes pensées de fuite sur ma pirogue ; et, après m'être rafraîchi avec ce que j'avais de provisions, je la hâlai tout contre le bord, dans une petite anse que j'avais découverte sous quelques arbres, et me mis à sommeiller, épuisé par le travail et la fatigue du voyage.

J'étais fort embarrassé de savoir comment reve-

nir à la maison avec ma pirogue. J'avais couru trop de dangers, je connaissais trop bien le cas, pour penser tenter mon retour par le chemin que j'avais pris en venant; et ce que pouvait être l'autre côté – l'ouest, veux-je dire – je l'ignorais et ne voulais plus courir de nouveaux hasards. Je me déterminai donc, mais seulement dans la matinée, à longer le rivage du côté du couchant, pour chercher une crique où je pourrais mettre ma frégate en sûreté, afin de la retrouver si je venais à en avoir besoin. Ayant côtoyé la terre pendant trois milles ou environ, je découvris une très bonne baie, profonde d'un mille et allant en se rétrécissant jusqu'à l'embouchure d'un petit ruisseau. Là je trouvai pour mon embarcation un excellent port, où elle était comme dans une darse qui eût été faite tout exprès pour elle. Je l'y plaçai, et l'ayant parfaitement abritée, je mis pied à terre pour regarder autour de moi et voir où j'étais.

Je reconnus bientôt que j'avais dépassé seulement de peu le lieu où j'étais allé lors de mon voyage à pied sur ce rivage; et, ne retirant de ma pirogue que mon mousquet et mon parasol, car il faisait excessivement chaud, je me mis en marche. La route était assez agréable, après le trajet que je venais de faire, et j'atteignis sur le soir mon ancienne tonnelle, où je trouvai chaque chose comme je l'avais laissée : je la maintenais toujours en bon ordre, car c'était, ainsi que je l'ai déjà dit, ma maison de campagne.

Je passai par-dessus la palissade, et je me couchai à l'ombre pour reposer mes membres. J'étais harassé, je m'endormis bientôt. Mais jugez si vous le pouvez, vous qui lisez mon histoire, quelle dut être ma surprise quand je fus arraché à mon sommeil par une voix qui m'appela plusieurs fois par mon nom :

– Robin, Robin, Robin Crusoé, pauvre Robin Crusoé ! Où es-tu, Robin Crusoé ? Où es-tu ? Où es-tu allé ?

J'étais si profondément endormi, fatigué d'avoir ramé, ou pagayé comme cela s'appelle, toute la première partie du jour et marché durant toute l'autre, que je ne me réveillai pas entièrement. Je flottais entre le sommeil et le réveil, je croyais songer que quelqu'un me parlait. Comme la voix continuait de répéter : « Robin Crusoé, Robin Crusoé », je m'éveillai enfin tout à fait, horriblement épouvanté et dans la plus grande consternation. Mais à peine eus-je ouvert les yeux que je vis mon Poll perché sur la cime de la haie, et reconnus aussitôt que c'était lui qui me parlait. Car c'était justement le langage lamentable que j'avais coutume de lui tenir et de lui apprendre ; et lui l'avait si bien retenu, qu'il venait se poser sur mon doigt, approcher son bec de mon visage, et crier : « Pauvre Robin Crusoé, où es-tu ? Où es-tu allé ? Comment es-tu venu ici ? » et autres choses semblables que je lui avais enseignées.

Cependant, bien que j'eusse reconnu que c'était le perroquet, et qu'en fait ce ne pouvait être personne autre, je fus assez longtemps à me remettre. J'étais étonné que cet animal fût venu là, et je cherchais quand et comment il y était venu, plutôt qu'ailleurs. Lorsque je fus bien assuré que ce n'était personne autre que mon fidèle Poll, je lui tendis la main, je l'appelai par son nom, Poll ; et l'aimable oiseau vint à moi, se posa sur mon pouce, comme il avait l'habitude de faire, et continua de me dire : « Pauvre Robin Crusoé, comment es-tu venu là, où es-tu allé ? » juste comme s'il eût été enchanté de me revoir ; et je l'emportai ainsi avec moi au logis.

J'avais alors pour quelque temps tout mon content de courses sur mer ; j'en avais bien assez pour demeurer tranquille quelques jours et réfléchir sur les dangers que j'avais courus. J'aurais été fort aise d'avoir ma pirogue sur mon côté de l'île, mais je ne voyais pas qu'il fût possible de l'y amener. Quant à la côte orientale que j'avais parcourue, j'étais payé pour ne plus m'y aventurer ; rien que d'y penser mon cœur se serrait et mon sang se glaçait dans mes veines ; et pour l'autre côté de l'île, j'ignorais ce qu'il pouvait être ; mais, en supposant que le courant portât contre le rivage avec la même force qu'à l'est, je pouvais courir le même risque d'être drossé, et emporté loin de l'île ainsi que je l'avais été déjà. Toutes ces raisons firent que je me résignai à me passer de ma pirogue, quoiqu'elle fût le produit de tant de mois de travail pour la faire et de tant de mois pour la lancer.

Dans cette sagesse d'esprit je vécus près d'un an, d'une vie retirée et sédentaire, comme on peut bien se l'imaginer. Mes pensées étant parfaitement accommodées à ma condition, et m'étant tout à fait consolé en m'abandonnant aux dispensations de la Providence, sauf l'absence de société, je pensais mener une vie réellement heureuse en tous points.

Durant cet intervalle je me perfectionnai dans tous les travaux mécaniques auxquels mes besoins me forçaient de m'appliquer, et je serais porté à croire, considérant surtout combien j'avais peu d'outils, que j'aurais pu faire un très bon charpentier.

J'arrivai en outre à une perfection inespérée en poterie de terre, et j'imaginai assez bien de la fabriquer avec une roue, ce que je trouvai infiniment mieux et plus commode parce que je donnais une forme ronde et bien proportionnée aux mêmes choses que je faisais auparavant hideuses à voir. Mais jamais je ne fus plus glorieux, je pense, de mon propre ouvrage, plus joyeux de quelque découverte, que lorsque je parvins à me façonner une pipe. Quoique fort laide, fort grossière et en terre cuite rouge comme mes autres poteries, elle était cependant ferme et dure, et aspirait très bien, ce dont j'éprouvai une excessive satisfaction, car j'avais toujours eu l'habitude de fumer. A bord de notre navire il se trouvait bien des pipes, mais j'avais premièrement négligé de les prendre, ne sachant pas qu'il y eût du tabac dans l'île ; et plus tard, quand je refouillai le bâtiment, je ne pus mettre la main sur aucune.

Je fis aussi de grands progrès en vannerie ; je tressai, aussi bien que mon invention me le permettait, une multitude de corbeilles nécessaires, qui, bien qu'elles ne fussent pas fort élégantes, ne laissaient pas de m'être fort commodes pour entreposer bien des choses et en transporter d'autres à la maison. Par exemple, si je tuais au loin une chèvre, je la suspendais à un arbre, je l'écorchais, je l'habillais, et je la coupais en morceaux, que j'apportais au logis, dans une corbeille; de même pour une tortue : je l'ouvrais, je prenais ses œufs et une pièce ou deux de sa chair, ce qui était bien suffisant pour moi, je les emportais dans un panier, et j'abandonnais tout le reste. De grandes et profondes corbeilles me servaient de granges pour mon blé, que j'égrenais et vannais toujours aussitôt qu'il était sec, et de grandes mannes me servaient de grainiers.

Je commençai alors à m'apercevoir que ma poudre diminuait considérablement : c'était une perte à laquelle il m'était impossible de suppléer; je me mis à songer sérieusement à ce qu'il faudrait que je fisse quand je n'en aurais plus, c'est-à-dire à ce qu'il faudrait que je fisse pour tuer des chèvres. J'avais bien, comme je l'ai rapporté, dans la troisième année de mon séjour, pris une petite bique, que j'avais apprivoisée, dans l'espoir d'attraper un biquet, mais je n'y pus parvenir par aucun moyen avant que ma bique fût devenue une vieille chèvre. Mon cœur répugna toujours à la tuer : elle mourut de vieillesse.

J'étais alors dans la onzième année de ma résidence, et, comme je l'ai dit, mes munitions commençaient à baisser : je m'appliquai à inventer quelque stratagème pour traquer et empiéger des chèvres, et pour voir si je ne pourrais pas en attraper quelques-unes vivantes. J'avais besoin par-dessus tout d'une bique grosse d'un cabri.

A cet effet je fis des traquenards pour les happer : elles s'y prirent plus d'une fois sans doute; mais, comme les garnitures n'en étaient pas bonnes – je n'avais point de fil d'archal – je les trouvai toujours rompues et mes amorces mangées.

Je résolus d'essayer à les prendre au moyen d'une trappe. Je creusai donc dans la terre plusieurs grandes fosses dans les endroits où elles avaient coutume de paître, et sur ces fosses je plaçai des claies de ma façon, chargées d'un poids énorme. Plusieurs fois j'y semai des épis d'orge et du riz sec sans y pratiquer de bascule, et je reconnus aisément par l'empreinte de leurs pieds que les chèvres y étaient venues. Finalement, une nuit, je dressai trois trappes, et le lendemain matin je les trouvai toutes tendues, bien que les amorces fussent mangées. C'était vraiment décourageant. Néanmoins je changeai mon système de trappe ; et, pour ne point vous fatiguer par trop de détails, un matin, allant visiter mes pièges, je trouvai dans l'un d'eux un vieux bouc énorme et dans un autre trois chevreaux, un mâle et deux femelles.

Quant au vieux bouc, je n'en savais que faire : il était si farouche que je n'osais descendre dans la fosse pour tâcher de l'emmener en vie, ce que pourtant je désirais beaucoup. J'aurais pu le tuer, mais cela n'était point mon affaire et ne répondait point à mes vues. Je le tirai donc à moitié dehors, et il s'enfuit comme s'il eût été fou d'épouvante. Je ne savais pas alors, ce que j'appris plus tard, que la faim peut apprivoiser même un lion. Si je l'avais laissé là trois ou quatre jours sans nourriture, et qu'ensuite je lui eusse apporté un peu d'eau à boire et quelque peu de blé, il se serait privé comme un des biquets, car ces animaux sont pleins d'intelligence et de docilité quand on en use bien avec eux.

Quoi qu'il en soit, je le laissai partir, n'en sachant pas alors davantage. Puis j'allai aux trois chevreaux, et, les prenant un à un, je les attachai ensemble avec des cordons et les amenai au logis, non sans beaucoup de peine.

Il se passa un temps assez long avant qu'ils voulussent manger ; mais le bon grain que je leur jetais les tenta, et ils commencèrent à se familiariser. Je reconnus alors que, pour me nourrir de la viande de chèvre, quand je n'aurais plus ni poudre ni plomb, il me fallait faire multiplier des chèvres apprivoisées, et que par ce moyen je pourrais en avoir un troupeau autour de ma maison.

Mais il me vint incontinent à la pensée que si je ne tenais point mes chevreaux hors de l'atteinte des boucs étrangers, ils redeviendraient sauvages en grandissant, et que, pour les préserver de ce contact, il me fallait avoir un terrain bien défendu par une haie ou palissade, que ceux du dedans ne pourraient franchir et que ceux du dehors ne pourraient forcer.

L'entreprise était grande pour un seul homme, mais une nécessité absolue m'enjoignait de l'exécuter. Mon premier soin fut de chercher une pièce de terre convenable, c'est-à-dire où il y eût de l'herbage pour leur pâture, de l'eau pour les abreuver et de l'ombre pour les garder du soleil.

Ceux qui s'entendent à faire ces sortes d'enclos trouveront que ce fut une maladresse de choisir pour place convenable, dans une prairie ou savane – comme on dit dans nos colonies occidentales –, un lieu plat et ouvert, ombragé à l'une de ses extrémités, et où serpentaient deux ou trois filets d'eau ; ils ne pourront, dis-je, s'empêcher de sourire de ma prévoyance quand je leur dirai que je commençai la clôture de ce terrain de telle manière que ma haie ou ma palissade aurait eu au moins deux milles de circonférence. Ce n'était pas en la dimension de cette palissade que gisait l'extravagance de mon projet, car elle aurait eu dix milles que j'avais assez de temps pour la faire, mais en ce que je n'avais pas considéré que mes chèvres seraient tout aussi sauvages dans un si vaste enclos, que si elles eussent été en liberté dans l'île, et que dans un si grand espace je ne pourrais les attraper.

Ma haie était commencée, et il y en avait bien cinquante verges d'achevées lorsque cette pensée me vint. Je m'arrêtai aussitôt, et je résolus de n'enclore que cent cinquante verges en longueur et cent verges en largeur, espace suffisant pour contenir tout autant de chèvres que je pourrais en avoir pendant un temps raisonnable, étant toujours à même d'agrandir mon parc suivant que mon troupeau s'accroîtrait.

C'était agir avec prudence, et je me mis à l'œuvre avec courage. Je fus trois mois environ à entourer cette première pièce. Jusqu'à ce que ce fût achevé je fis paître les trois chevreaux, avec des entraves aux pieds, dans le meilleur pacage et aussi près de moi que possible, pour les rendre familiers. Très souvent je leur portais quelques épis d'orge et une poignée de riz, qu'ils mangeaient dans ma main. Si bien qu'après l'achèvement de mon enclos, lorsque je les eus débarrassés de leurs liens, ils me suivaient partout, bêlant après moi pour avoir une poignée de grains.

Ceci répondit à mon dessein, et au bout d'un an et demi environ j'eus un troupeau de douze bêtes : boucs, chèvres et chevreaux ; et deux ans après j'en eus quarante-trois, quoique j'en eusse pris et tué plusieurs pour ma nourriture. J'entourai ensuite cinq autres pièces de terre à leur usage, y pratiquant de petits parcs où je les faisais entrer pour les prendre quand j'en avais besoin, et des portes pour communiquer d'un enclos à l'autre.

Ce ne fut pas tout ; car alors j'eus à manger quand bon me semblait, non seulement la viande de mes chèvres, mais leur lait, chose à laquelle je n'avais pas songé dans le commencement, et qui lorsqu'elle me vint à l'esprit me causa une joie vraiment inopinée. J'établis aussitôt ma laiterie, et quelquefois en une journée j'obtins jusqu'à deux gallons de lait. La nature, qui donne aux créatures les aliments qui leur sont nécessaires, leur suggère en même temps les moyens d'en faire usage. Ainsi, moi, qui n'avais jamais trait une vache, encore moins une chèvre, qui n'avais jamais vu faire ni beurre ni fromage, je parvins, après il est vrai beaucoup d'essais infructueux, à faire très promptement et très adroitement et du beurre et du fromage, et depuis je n'en eus jamais faute.

Que notre sublime Créateur peut traiter miséricordieusement ses créatures, même dans ces conditions où elles semblent être plongées dans la désolation ! Qu'il sait adoucir nos plus grandes amertumes, et nous donner occasion de le glorifier du fond même de nos cachots ! Quelle table il m'avait dressée dans le désert, où je n'avais d'abord entrevu que la faim et la mort !

Un stoïcien eût souri de me voir assis à dîner au milieu de ma petite famille. Là régnait ma Majesté le Prince et Seigneur de toute l'île : j'avais droit de vie et de mort sur tous mes sujets ; je pouvais les pendre, les vider, leur donner et leur reprendre leur liberté. Point de rebelles parmi mes peuples !

Seul, ainsi qu'un roi, je dînais entouré de mes courtisans ! Poll, comme s'il eût été mon favori, avait seul la permission de me parler ; mon chien, qui était alors devenu vieux et infirme, et qui n'avait point trouvé de compagne de son espèce pour multiplier sa race, était toujours assis à ma droite ; mes deux chats étaient sur la table, l'un d'un côté et l'autre de l'autre, attendant le morceau que de temps en temps ma main leur donnait comme une marque de faveur spéciale.

Ces deux chats n'étaient pas ceux que j'avais apporté du navire : ils étaient morts et avaient été enterrés de mes propres mains proche de mon habitation ; mais l'un d'eux ayant eu des petits de je ne sais quelle espèce d'animal, j'avais apprivoisé et conservé ces deux-là, tandis que les autres couraient sauvages dans les bois et par la suite me devinrent fort incommodes. Ils s'introduisaient souvent chez moi et me pillaient tellement, que je fus obligé de tirer sur eux et d'en exterminer un grand nombre. Enfin ils m'abandonnèrent, moi et ma Cour, au milieu de laquelle je vivais de cette manière somptueuse, ne désirant rien qu'un peu plus de société : peu de temps après ceci je fus sur le point d'en avoir beaucoup trop.

J'étais assez impatient, comme je l'ai déjà fait observer, d'avoir ma pirogue à mon service, mais je ne me souciais pas de courir de nouveau le hasard ; c'est pour cela que quelquefois je m'ingéniais pour trouver moyen de lui faire faire le tour de l'île, et que d'autres fois je me résignais assez bien à m'en passer. Mais j'avais une étrange envie d'aller à la pointe où, dans ma dernière course, j'avais gravi sur une colline, pour reconnaître la côte et la direction du courant, afin de voir ce que j'avais à faire. Ce désir augmentait de jour en jour; je résolus enfin de m'y rendre par terre en suivant le long du rivage : ce que je fis. Si quelqu'un venait à rencontrer en Angleterre un homme tel que j'étais, il serait épouvanté ou il se pâmerait de rire. Souvent je m'arrêtais pour me contempler moi-même, et je ne pouvais m'empêcher de sourire à la pensée de traverser le Yorkshire dans un pareil équipage. Par l'esquisse suivante on peut se former une idée de ma figure :

J'avais un bonnet grand, haut, informe, et fait de peau de chèvre, avec une basque tombant derrière pour me garantir du soleil et empêcher l'eau de la pluie de me ruisseler dans le cou. Rien n'est plus dangereux en ces climats que de laisser pénétrer la pluie entre sa chair et ses vêtements.

J'avais une jaquette courte, également de peau de chèvre, dont les pans descendaient à mi-cuisse, et une paire de hauts-de-chausses ouverts aux genoux. Ces hauts-de chausses étaient faits de la peau d'un vieux bouc dont le poil pendait si bas de tous côtés, qu'ils me venaient, comme un pantalon, jusqu'à mi-jambe. De bas et souliers, je n'en avais point; mais je m'étais fait une paire de quelque chose, je sais à peine quel nom lui donner, assez semblable à des brodequins, collant à mes jambes et se laçant sur le côté comme des guêtres; c'était, de même que tout le reste de mes vêtements, d'une forme vraiment barbare.

J'avais un large ceinturon de peau de chèvre desséchée, qui s'attachait avec deux courroies au lieu de boucles; en guise d'épée et de dague j'y appendais d'un côté une petite scie et de l'autre une hache. J'avais en outre un baudrier qui s'attachait de la même manière et passait par-dessus mon épaule. A son extrémité, sous mon bras gauche, pendaient deux poches faites aussi de peau de chèvre : dans l'une je mettais ma poudre et dans l'autre mon plomb. Sur mon dos je portais une corbeille, sur mon épaule, un mousquet, et sur ma tête mon grand vilain parasol de peau de bouc, qui pourtant, après mon fusil, était la chose la plus nécessaire de mon équipage.

Quant à mon visage, son teint n'était vraiment pas aussi hâlé qu'on l'aurait pu croire d'un homme qui n'en prenait aucun soin et qui vivait à quelque dix-neuf degrés de l'équateur. J'avais d'abord laissé croître ma barbe jusqu'à la longueur d'un quart d'aune; mais, comme j'avais des ciseaux et des rasoirs, je la coupais alors assez courte, excepté celle qui poussait sur ma lèvre supérieure, et que j'avais arrangée à la manière d'une grosse moustache à la mahométane, telle qu'à Sallé j'en avais vu à plusieurs Turcs; car, bien que les Tucs en aient, les Maures n'en portent point. Je ne dirai pas que cette moustache ou ces crocs étaient assez longs pour y suspendre mon chapeau, mais ils étaient d'une longueur et d'une forme assez monstrueuses pour qu'en Angleterre ils eussent paru effroyables.

Mais que tout ceci soit dit en passant, car ma tenue devait être si peu remarquée, qu'elle n'était pas pour moi une chose importante : je n'y reviendrai plus. Dans cet accoutrement je partis donc pour mon nouveau voyage, qui me retint absent cinq ou six jours. Je marchai d'abord le long du rivage de la mer, droit vers le lieu où la première fois j'avais mis ma pirogue à l'ancre pour gravir sur les roches. N'ayant pas, comme alors, de barque à mettre en sûreté, je me rendis par le plus court che-

min sur la même colline ; d'où, jetant mes regards vers la pointe de rochers que j'avais eu à doubler avec ma pirogue, comme je l'ai narré plus haut, je fus surpris de voir la mer tout à fait calme et douce : là comme en toute autre place point de clapotage, point de mouvement, point de courant.

J'étais étrangement embarrassé pour m'expliquer ce changement, et je résolus de demeurer quelque temps en observation pour voir s'il n'était point occasionné par la marée. Je ne tardai pas à être au fait, c'est-à-dire à reconnaître que le reflux, partant de l'ouest et se joignant au cours des eaux de quelque grand fleuve, devait être la cause de ce courant ; et que, selon la force du vent qui soufflait de l'ouest ou du nord, il s'approchait ou s'éloignait du rivage. Je restai aux aguets jusqu'au soir, et lorsque le reflux arriva, du haut des rochers je revis le courant comme la première fois, mais il se tenait à une demi-lieue de la pointe ; tandis qu'en ma mésaventure il s'était tellement approché du bord qu'il m'avait entraîné avec lui, ce qu'en ce moment il n'aurait pu faire.

Je conclus de cette observation qu'en remarquant le temps du flot et du jusant de la marée, il me serait très aisé de ramener mon embarcation. Mais quand je voulus entamer ce dessein, mon esprit fut pris de terreur au souvenir du péril que j'avais essuyé, et je ne pus me décider à l'entreprendre. Bien au contraire, je pris la résolution, plus sûre mais plus laborieuse, de me construire ou plutôt de me creuser une autre pirogue, et d'en avoir ainsi une pour chaque côté de l'île.

Vous n'ignorez pas que j'avais alors, si je puis m'exprimer ainsi, deux plantations dans l'île : l'une était ma petite forteresse ou ma tente, entourée de sa muraille au pied du rocher, avec son arrière-grotte, que j'avais en ce temps-là agrandie de plusieurs chambres donnant l'une dans l'autre. Dans l'une d'elles, celle qui était la moins humide et la plus grande, et qui avait une porte en dehors de mon retranchement, c'est-à-dire un peu au-delà de l'endroit où il rejoignait le rocher, je tenais les grands pots de terre dont j'ai parlé avec détail, et quatorze ou quinze grandes corbeilles de la contenance de cinq ou six boisseaux, où je conservais mes provisions, surtout mon blé, soit égrené, soit en épis séparés de la paille.

Pour ce qui est de mon enceinte, les longs pieux ou palis dont elle avait été faite autrefois avaient crû comme des arbres et étaient devenus si gros et si touffus qu'il eût été impossible de s'apercevoir qu'ils masquaient une habitation.

Près de cette demeure, mais un peu plus avant dans le pays et dans un terrain moins élevé, j'avais deux pièces de blé, que je cultivais et ensemençais exactement, et qui me rendaient exactement leur moisson en saison opportune. Si j'avais eu besoin d'une plus grande quantité de grains, j'avais d'autres terres adjacentes propres à être emblavées.

Outre cela j'avais ma maison de campagne, qui pour lors était une assez belle plantation. Là se trouvait ma tonnelle, que j'entretenais avec soin, c'est-à-dire que je tenais la haie qui l'entourait constamment émondée à la même hauteur, et son échelle toujours postée en son lieu, sur le côté intérieur de l'enceinte. Pour les arbres, qui d'abord n'avaient été que des pieux, mais qui étaient devenus hauts et forts, je les entretenais et les élaguais de manière à ce qu'ils pussent s'étendre, croître épais et touffus, et former un agréable ombrage, ce qu'ils faisaient tout à fait à mon gré. Au milieu de cette tonnelle ma tente demeurait toujours dressée ; c'était une pièce de voile tendue sur des perches plantées tout exprès, et qui n'avaient jamais besoin d'être réparées ou renouvelées. Sous cette tente je m'étais fait un lit de repos avec les peaux des animaux que j'avais tués, et avec d'autres choses molles sur lesquelles j'avais étendu une couverture provenant des strapontins[1] que j'avais sauvés du vaisseau, et une grande houppelande qui servait à me couvrir. Voilà donc la maison de campagne où je me rendais toutes les fois que j'avais occasion de m'absenter de mon principal manoir.

Adjacent à ceci j'avais mon parc pour mon bétail, c'est-à-dire pour mes chèvres. Comme j'avais pris une peine inconcevable pour l'enceindre et le protéger, désireux de voir sa clôture parfaite, je ne m'étais arrêté qu'après avoir garni le côté extérieur de la haie de tant de petits pieux plantés si près l'un de l'autre, que c'était plus une palissade qu'une haie, et qu'à peine y pouvait-on fourrer la main. Ces pieux, ayant poussé dès la saison pluvieuse qui suivit, avaient rendu avec le temps cette clôture aussi forte, plus forte même que la meilleure muraille.

Ces travaux témoignent que je n'étais pas oisif et que je n'épargnais pas mes peines pour accomplir tout ce qui semblait nécessaire à mon bien-être ; car je considérais que l'entretien d'une race d'animaux domestiques à ma disposition m'assurerait un magasin vivant de viande, de lait, de beurre et de fromage pour tout le temps que je serais en ce lieu, dussé-je y vivre quarante ans ; et que le maintien à portée de cette race dépendait entièrement de la perfection de mes clôtures, qui, somme toute, me réussirent si bien, que dès la première pousse des petits pieux je fus obligé, tant ils étaient plantés dru, d'en arracher quelques-uns.

Dans ce canton croissaient aussi les vignes d'où

1. Strapontin : Se disait des objets de couchage qu'on disposait sur les caissons des matelots pour la nuit.

je tirais pour l'hiver ma principale provision de raisins, que je conservais toujours avec beaucoup de soin, comme le meilleur et le plus délicat de tous mes aliments. C'était un manger non seulement agréable, mais sain, médicinal, nutritif et rafraîchissant au plus haut degré.

Comme d'ailleurs cet endroit se trouvait à mi-chemin de mon autre habitation et du lieu où j'avais laissé ma pirogue, je m'y arrêtais habituellement, et j'y couchais dans mes courses de l'un à l'autre ; car je visitais fréquemment mon embarcation, dont je prenais un grand soin, ainsi que de tout ce qui en dépendait. Quelquefois je la montais et je voguais pour me divertir, mais je ne faisais plus de voyages aventureux ; à peine allais-je à plus d'un ou deux jets de pierre du rivage, tant je redoutais d'être entraîné de nouveau par des courants, le vent ou quelque autre malencontre. Mais me voici arrivé à une nouvelle scène de ma vie.

Il advint qu'un jour, vers midi, comme j'allais à ma pirogue, je fus excessivement surpris en découvrant le vestige humain d'un pied nu parfaitement empreint sur le sable. Je m'arrêtai court, comme frappé de la foudre, ou comme si j'eusse entrevu un fantôme. J'écoutai, je regardai autour de moi, mais je n'entendis rien ni ne vis rien. Je montai sur un tertre pour jeter au loin mes regards, puis je revins sur le rivage et descendis jusqu'à la rive. Elle était solitaire, et je ne pus rencontrer aucun autre vestige que celui-là. J'y retournai encore pour m'assurer s'il n'y en avait pas quelque autre, ou si ce n'était point une illusion ; mais non, le doute n'était point possible : car c'était bien l'empreinte d'un pied, l'orteil, le talon, enfin toutes les parties d'un pied. Comment cela était-il venu là ? je ne le savais ni ne pouvais l'imaginer. Après mille pensées désordonnées, comme un homme confondu, égaré, je m'enfuis à ma forteresse, ne sentant pas, comme on dit, la terre où je marchais. Horriblement épouvanté, je regardais derrière moi tous les deux ou trois pas, me méprenant à chaque arbre, à chaque buisson, et transformant en homme chaque tronc dans l'éloignement. Il n'est pas possible de décrire les formes diverses dont une imagination frappée revêt tous les objets. Combien d'idées extravagantes me vinrent à la tête ! Que d'étranges et d'absurdes bizarreries assaillirent mon esprit durant le chemin !

Quand j'arrivai à mon château, car c'est ainsi que je le nommai toujours depuis lors, je m'y jetai comme un homme poursuivi. Y rentrai-je d'emblée par l'échelle ou par l'ouverture dans le roc que j'appelais une porte, je ne puis me le remémorer, car jamais lièvre effrayé ne se cacha, car jamais renard ne se terra avec plus d'effroi que moi dans cette retraite.

Je ne pus dormir de la nuit. A mesure que je m'éloignais de la cause de ma terreur, mes craintes augmentaient, contrairement à toute loi des choses et surtout à la marche ordinaire de la peur chez les animaux. J'étais toujours si troublé de mes propres imaginations que je n'entrevoyais rien que de sinistre, bien que je fusse alors à bonne distance. Quelquefois je me figurais qu'il fallait que ce fût le diable, et j'appuyais cette supposition sur ce raisonnement : Comment quelque autre chose ayant forme humaine aurait-elle pu parvenir en cet endroit ? Où était le vaisseau qui l'aurait amenée ? Quelle trace y avait-il de quelque autre pas ? et comment était-il possible qu'un homme fût venu là ? Mais d'un autre côté je retombais dans le même embarras quand je me demandais pourquoi Satan se serait incarné en un semblable lieu, sans autre but que celui de laisser une empreinte de son pied, ce qui même n'était pas un but, car il ne pouvait avoir l'assurance que je la rencontrerais. Je considérai d'ailleurs que le diable aurait eu pour m'épouvanter bien d'autres moyens que la simple marque de son pied ; et que, lorsque je vivais tout à fait de l'autre côté de l'île, il n'aurait pas été assez simple pour laisser un vestige dans un lieu où il y avait dix mille à parier contre un que je ne le verrais pas, et qui plus est, sur du sable où la première vague de la mer et la première rafale pouvaient l'effacer totalement. En un mot, tout cela me semblait contradictoire en soi, et avec toutes les idées communément admises sur la subtilité du démon.

Quantité de raisons semblables détournèrent mon esprit de toute appréhension du diable ; et je conclus que ce devaient être de plus dangereuses créatures, c'est-à-dire des sauvages de la terre ferme située à l'opposite, qui, rôdant en mer dans leurs pirogues, avaient été entraînés par les courants ou les vents contraires, et jetés sur mon île ; d'où, après être descendus au rivage, ils étaient repartis, ne se souciant sans doute pas plus de rester sur cette île déserte que je ne me serais soucié moi-même de les y avoir.

Pendant que ces réflexions roulaient en mon esprit, je rendais grâce au Ciel de ce que j'avais été assez heureux pour ne pas me trouver alors dans ces environs, et pour qu'ils n'eussent pas aperçu mon embarcation ; car ils en auraient certainement conclu qu'il y avait des habitants en cette place, ce qui peut-être aurait pu les porter à pousser leurs recherches jusqu'à moi. Puis de terribles pensées assaillaient mon esprit : j'imaginais qu'ayant découvert mon bateau et reconnu par là que l'île était habitée, ils reviendraient assurément en plus grand nombre, et me dévoreraient ; que, s'il advenait que je pusse me soustraire, toutefois, ils trouveraient mon enclos, détruiraient tout mon blé, emmèneraient tout mon troupeau de chèvres : ce qui me condamnerait à mourir de faim.

La crainte bannissait ainsi de mon âme tout mon religieux espoir, toute ma première confiance en Dieu, fondée sur la merveilleuse expérience que j'avais faite de sa bonté ; comme si Celui qui jusqu'à cette heure m'avait nourri miraculeusement n'avait pas la puissance de me conserver les biens que sa libéralité avait amassés pour moi. Dans cette inquiétude, je me reprochai de n'avoir semé du blé que pour un an, que juste ce dont j'avais besoin jusqu'à la saison prochaine, comme s'il ne pouvait point arriver un accident qui détruisît ma moisson en herbe ; et je trouvai ce reproche si mérité que je résolus d'avoir à l'avenir deux ou trois années de blé devant moi, pour n'être pas, quoi qu'il pût advenir, réduit à périr faute de pain.

Quel guillochis œuvré par la Providence que la vie de l'homme ! Par combien de voies secrètes et contraires les circonstances diverses ne précipitent-elles pas nos affections ! Aujourd'hui nous aimons ce que demain nous haïrons ; aujourd'hui nous recherchons ce que nous fuirons demain ; aujourd'hui nous désirons ce qui demain nous fera peur, je dirai même trembler à la seule appréhension ! J'étais alors un vivant et manifeste exemple de cette vérité ; car moi, dont la seule affliction était de me voir banni de la société humaine, seul, entouré par le vaste Océan, retranché de l'humanité et condamné à ce que j'appelais une vie silencieuse ; moi qui étais un homme que le ciel jugeait indigne d'être compté parmi les vivants et de figurer parmi le reste de ses créatures ; moi pour qui la vue d'un être de mon espèce aurait semblé un retour de la mort à la vie, et la plus grande bénédiction qu'après ma félicité éternelle le Ciel lui-même pût m'accorder ; moi, dis-je, je tremblais à la seule idée de voir un homme, et j'étais près de m'enfoncer sous terre à cette ombre, à cette apparence muette qu'un homme avait mis le pied dans l'île !

Voilà les vicissitudes de la vie humaine, voilà ce qui me donna de nombreux et de curieux sujets de méditation quand je fus un peu revenu de ma première stupeur. Je considérai alors que c'était l'infiniment sage et bonne providence de Dieu qui m'avait condamné à cet état de vie ; qu'incapable de pénétrer les desseins de la sagesse divine à mon égard, je ne pouvais pas décliner la souveraineté d'un Être qui, comme mon Créateur, avait le droit incontestable et absolu de disposer de moi à son bon plaisir, et qui pareillement avait le pouvoir judiciaire de me condamner, moi, sa créature, qui l'avais offensé, au châtiment qu'il jugeait convenable ; et que je devais me résigner à supporter sa colère, puisque j'avais péché contre lui.

Puis je fis réflexion que Dieu, non seulement équitable, mais tout-puissant, pouvait me délivrer de même qu'il m'avait puni et affligé quand il l'avait jugé convenable, et que, s'il ne jugeait pas convenable de le faire, mon devoir était de me résigner entièrement et absolument à sa volonté. D'ailleurs, il était aussi de mon devoir d'espérer en lui, de l'implorer, et de me laisser aller tranquillement aux mouvements et aux inspirations de sa providence de chaque jour.

Ces pensées m'occupèrent des heures, des jours, je puis dire même des semaines et des mois, et je n'en saurais omettre cet effet particulier : un matin, de très bonne heure, étant couché dans mon lit, l'âme préoccupée de la dangereuse apparition des sauvages, je me trouvais dans un profond abattement, quand tout à coup me revinrent en l'esprit ces paroles de la Sainte Écriture : « Invoque-moi au jour de ton affliction, et je te délivrerai, et tu me glorifieras. »

Là-dessus, je me levai, non seulement le cœur empli de joie et de courage, mais porté à prier Dieu avec ferveur pour ma délivrance. Lorsque j'eus achevé ma prière, je pris ma Bible, et, en l'ouvrant, le premier passage qui s'offrit à ma vue fut celui-ci : « Sers le Seigneur, et aie bon courage, et il fortifiera ton cœur ; sers, dis-je, le Seigneur. » Il serait impossible d'exprimer combien ces paroles me réconfortèrent. Plein de reconnaissance, je posai le livre, et je ne fus plus triste au moins en cette occasion.

Au milieu de ces pensées, de ces appréhensions et de ces méditations, il me vint un jour en l'esprit que je m'étais créé des chimères, et que le vestige de ce pas pouvait bien être une empreinte faite sur le rivage par mon propre pied en me rendant à ma pirogue. Cette idée contribua aussi à me ranimer : je commençai à me persuader que ce n'était qu'une illusion, et que ce pas était réellement le mien. N'avais-je pas pu prendre ce chemin, soit en allant à ma pirogue soit en revenant. D'ailleurs je reconnus qu'il me serait impossible de me rappeler si cette route était ou n'était pas celle que j'avais prise ; et je compris que, si cette marque était bien celle de mon pied, j'avais joué le rôle de ces fous qui s'évertuent à faire des histoires de spectres et d'apparitions dont ils finissent eux-mêmes par être plus effrayés que tout autre.

Je repris donc courage, et je regardai dehors en tapinois. N'étant pas sorti de mon château depuis trois jours et trois nuits, je commençais à languir de besoin : je n'avais plus chez moi que quelques biscuits d'orge et de l'eau. Je songeai alors que mes chèvres avaient grand besoin d'être traites – ce qui était ordinairement ma récréation du soir – et que les pauvres bêtes devaient avoir bien souffert de cet abandon. De fait quelques-unes s'en trouvèrent fort incommodées : leur lait avait tari.

Raffermi par la croyance que ce n'était rien que le vestige de l'un de mes propres pieds – je pouvais donc dire avec vérité que j'avais eu peur de mon ombre –, je me risquai à sortir et j'allai à ma maison des champs pour traire mon troupeau ; mais, à voir avec quelle peur j'avançais, regardant souvent derrière moi, près à chaque instant de laisser là ma corbeille et de m'enfuir pour sauver ma vie, on m'aurait pris pour un homme troublé par une mauvaise conscience, ou sous le coup d'un horrible effroi : ce qui, de fait, était vrai.

Toutefois, ayant fait ainsi cette course pendant deux ou trois jours, sans rien voir, je m'enhardis et me confirmai dans le sentiment que j'avais été dupe de mon imagination. Je ne pouvais cependant me le persuader complètement avant de retourner au rivage, avant d'examiner l'empreinte de ce pas, de le mesurer avec le mien, de m'assurer s'il avait quelque similitude ou quelque conformité, afin que je pusse être convaincu que c'était bien là mon pied. Mais quand j'arrivai au lieu même, je reconnus qu'évidemment, lorsque j'avais abrité ma pirogue, je n'avais pu passer par là ni aux environs. Bien plus, lorsque j'en vins à mesurer la marque, je trouvai qu'elle était de beaucoup plus large que mon pied. Ce double désappointement remplit ma tête de nouvelles imaginations et mon cœur de la plus profonde mélancolie. Un frisson me saisit comme si j'eusse eu la fièvre, et je m'en retournai chez moi, plein de l'idée qu'un homme ou des hommes étaient descendus sur ce rivage, ou que l'île était habitée, et que je pouvais être pris à l'improviste. Mais que faire pour ma sécurité ? je ne savais.

Oh ! quelles absurdes résolutions prend un homme quand il est possédé de la peur ! Elle lui ôte l'usage des moyens de salut que lui offre la raison. La première chose que je me proposai fut de jeter à bas mes clôtures, de rendre à la vie sauvage des bois mon bétail apprivoisé, de peur que l'ennemi, venant à le découvrir, ne se prît à fréquenter l'île, dans l'espoir de trouver un semblable butin. Il va sans dire qu'après cela je devais bouleverser mes deux champs de blé, pour qu'il ne fût point attiré par cet appât, et démolir ma tonnelle et ma tente afin qu'il ne pût trouver nul vestige de mon habitation qui l'eût excité à pousser ses recherches, dans l'espoir de rencontrer les habitants de l'île.

Ce fut là le sujet de mes réflexions pendant la nuit qui suivit mon retour à la maison, quand les appréhensions qui s'étaient emparées de mon esprit étaient encore dans toute leur force, ainsi que les vapeurs de mon cerveau. La crainte du danger est dix mille fois plus effrayante que le danger lui-même, et nous trouvons le poids de l'anxiété plus lourd de beaucoup que le mal que nous redoutons. Mais le pire dans tout cela, c'est que dans mon trouble je ne tirais plus aucun secours de la résignation. J'étais semblable à Saül, qui se plaignait non seulement de ce que les Philistins étaient sur lui, mais que Dieu l'avait abandonné; je n'employais plus les moyens propres à rasséréner mon âme en criant à Dieu dans ma détresse, et en me reposant pour ma défense et mon salut sur sa providence, comme j'avais fait auparavant. Si je l'avais fait, j'aurais au moins supporté plus courageusement cette nouvelle alarme, et peut-être l'aurais-je bravée avec plus de résolution.

Ce trouble de mes pensées me tint éveillé toute la nuit, mais je m'endormis dans la matinée. La fatigue de mon âme et l'épuisement de mes esprits me procurèrent un sommeil très profond, et je me réveillai beaucoup plus calme. Je commençai alors à raisonner de sens rassis, et, après un long débat avec moi-même, je conclus que cette île, si agréable, si fertile et si proche de la terre ferme que j'avais vue, n'était pas aussi abandonnée que je l'avais cru; qu'à la vérité il n'y avait point d'habitants fixes qui vécussent sur ce rivage, mais qu'assurément des embarcations y venaient quelquefois du continent, soit avec dessein, soit poussées par les vents contraires.

Ayant vécu quinze années dans ce lieu, et n'ayant point encore rencontré l'ombre d'une créature humaine, il était donc probable que si quelquefois on relâchait à cette île, on se rembarquait aussitôt que possible, puisqu'on ne l'avait point jugée propre à s'y établir jusqu'alors.

Le plus grand danger que j'avais à redouter c'était donc une semblable descente accidentelle des gens de la terre ferme, qui, selon toute apparence, abordant à cette île contre leur gré, s'en éloignaient avec toute la hâte possible, et n'y passaient que rarement la nuit pour attendre le retour du jour et de la marée. Ainsi je n'avais rien autre à faire qu'à me ménager une retraite sûre pour le cas où je verrais prendre terre à des sauvages.

Je commençai alors à me repentir d'avoir creusé ma grotte et de lui avoir donné une issue qui aboutissait, comme je l'ai dit, au-delà de l'endroit où ma fortification joignait le rocher. Après mûre délibération, je résolus de me faire un second retranchement en demi-cercle, à quelque distance de ma muraille, juste où douze ans auparavant j'avais planté un double rang d'arbres dont il a été fait mention. Ces arbres avaient été placés si près les uns des autres, qu'il n'était besoin que d'enfoncer entre eux quelques poteaux pour en faire aussitôt une muraille épaisse et forte.

De cette manière j'eus un double rempart : celui du dehors était renforcé de pièces de charpente, de vieux câbles, et de tout ce que j'avais jugé propre à le consolider, et percé de sept meurtrières assez larges pour passer le bras. Du côté extérieur je l'épaissis de dix pieds, en amoncelant contre toute la terre que j'extrayais de ma grotte, et en piétinant dessus. Dans les sept meurtrières j'imaginai de placer les mousquets que j'ai dit avoir sauvés du navire, au nombre de sept, et de les monter en guise de canons sur des espèces d'affûts ; de sorte que je pouvais en deux minutes faire feu de toute mon artillerie. Je fus plusieurs grands mois à achever ce rempart, et cependant je ne me crus point en sûreté qu'il ne fût fini.

Cet ouvrage terminé, pour le masquer, je fichai dans tout le terrain environnant et sur un large espace des bâtons ou des pieux de ce bois semblable à l'osier qui croissait si facilement. Je crois que j'en plantai bien près de vingt mille, tout en réservant entre eux et mon rempart une assez grande esplanade pour découvrir l'ennemi et pour qu'il ne pût, à la faveur de ces jeunes arbres, si toutefois il le tentait, se glisser jusqu'au pied de ma muraille extérieure.

Au bout de deux ans j'eus un fourré épais, et au bout de cinq ou six ans j'eus devant ma demeure un bocage qui avait crû si prodigieusement dru et fort, qu'il était vraiment impénétrable. Ame qui vive ne se serait jamais imaginé qu'il y eût quelque chose par-derrière, et surtout une habitation. Comme je ne m'étais point réservé d'avenue, je me servais pour entrer et sortir de deux échelles : avec la première je montais à un endroit peu élevé du rocher, où il y avait place pour poser la seconde ; et quand je les avais retirées toutes les deux, il était de toute impossibilité à un homme de venir à moi sans se blesser ; et quand même il eût pu y parvenir, il se serait encore trouvé au-delà de ma muraille extérieure.

C'est ainsi que je pris pour ma propre conservation toutes les mesures que la prudence humaine pouvait me suggérer, et l'on verra par la suite qu'elles n'étaient pas entièrement dénuées de justes raisons. Je ne prévoyais cependant alors rien de plus que ce que me soufflait la peur.

Durant ces travaux, je n'étais pas tout à fait insouciant de mes autres affaires ; je m'intéressais surtout à mon petit troupeau de chèvres, qui non seulement suppléait à mes besoins présents et commençait à me suffire, sans aucune dépense de poudre et de plomb, mais encore m'exemptait des fatigues de la chasse. Je ne me souciais nullement de perdre de pareils avantages et de rassembler un troupeau sur de nouveaux frais.

Après de longues considérations à ce sujet, je ne pus trouver que deux moyens de le préserver : le premier était de chercher quelque autre emplacement convenable pour creuser une caverne sous terre, où je l'enfermerais toutes les nuits ; et le second d'enclore deux ou trois petits terrains éloignés les uns des autres et aussi cachés que possible, dans chacun desquels je pusse parquer une demi-douzaine de chèvres ; afin que, s'il advenait quelque désastre au troupeau principal, je pusse le rétablir en peu de temps et avec peu de peine. Quoique ce dernier dessein demandât beaucoup plus de temps et de travail, il me parut le plus raisonnable.

En conséquence j'employai quelques jours à parcourir les parties les plus retirées de l'île, et je fis choix d'un lieu aussi caché que je le désirais. C'était un petit terrain humide au milieu de ces bois épais et profonds où, comme je l'ai dit, j'avais failli à me perdre autrefois en essayant à les traverser pour revenir de la côte orientale de l'île. Il y avait là une clairière de près de trois acres, si bien entourée de bois que c'était presque un enclos naturel, qui, pour son achèvement, n'exigeait donc pas autant de travail que les premiers, que j'avais faits si péniblement.

Je me mis aussitôt à l'ouvrage, et en moins d'un mois j'eus si bien enfermé cette pièce de terre, que mon troupeau ou ma harde, appelez-le comme il vous plaira, qui dès lors n'était plus sauvage, pouvait s'y trouver assez bien en sûreté. J'y conduisis sans plus de délai dix chèvres et deux boucs ; après quoi, je continuai à perfectionner cette clôture jusqu'à ce qu'elle fût aussi solide que l'autre. Toutefois, comme je la fis plus à loisir, elle m'emporta beaucoup plus de temps.

La seule rencontre d'un vestige de pied d'homme me coûta tout ce travail : je n'avais point encore aperçu de créature humaine ; et voici que depuis deux ans je vivais dans des transes qui rendaient ma vie beaucoup moins confortable qu'auparavant, et que peuvent seuls imaginer ceux qui savent ce que c'est que d'être perpétuellement dans les réseaux de la peur. Je remarquerai ici avec chagrin que les troubles de mon esprit influaient extrêmement sur mes soins religieux ; car la crainte et la frayeur de tomber entre les mains des sauvages et des cannibales accablaient tellement mon cœur, que je me trouvais rarement en état de m'adresser à mon Créateur, au moins avec ce calme rassis et cette résignation d'âme qui m'avaient été habituels. Je ne priais Dieu que dans un grand abattement et dans une douloureuse oppression, j'étais plein de l'imminence du péril, je m'attendais chaque soir à être massacré et dévoré avant la fin de la nuit. Je puis affirmer par ma propre expérience qu'un cœur rempli de paix, de reconnaissance, d'amour et d'affection, est beaucoup plus propre à la prière qu'un cœur plein de terreur et de confusion ; et que, sous la crainte d'un malheur prochain, un homme n'est pas plus capable d'accomplir ses devoirs envers Dieu qu'il n'est capable de repentance sur le lit de mort. Les troubles affectant l'esprit comme les souffrances affectent le corps, ils doivent être nécessairement un aussi grand empêchement que les maladies : prier Dieu est purement un acte de l'esprit et non du corps.

Mais poursuivons. Après avoir mis en sûreté une partie de ma petite provision vivante, je parcourus toute l'île pour chercher un autre lieu secret propre à recevoir un pareil dépôt. Un jour, m'avançant vers la pointe occidentale de l'île plus que je ne l'avais jamais fait et promenant mes regards sur la mer, je crus apercevoir une embarcation qui voguait à une grande distance. J'avais trouvé une ou deux lunettes d'approche dans un des coffres de matelot que j'avais sauvés de notre navire, mais je ne les avais point sur moi, et l'objet était si éloigné que je ne pus le distinguer, quoique j'y tinsse mes yeux attachés jusqu'à ce qu'ils fussent incapables de regarder plus longtemps. Était-ce ou n'était-ce pas un bateau ? je ne sais ; mais en descendant de la colline où j'étais monté, je perdis l'objet de vue et renonçai à le déterminer ; seulement je pris la résolution de ne plus sortir sans une lunette dans ma poche.

Quand je fus arrivé au bas de la colline, à l'extrémité de l'île, où vraiment je n'étais jamais allé, je fus tout aussitôt convaincu qu'un vestige de pied d'homme n'était pas une chose aussi étrange en ce lieu que je l'imaginais.

Si par une providence spéciale je n'avais pas été jeté sur le côté de l'île où les sauvages ne venaient jamais, il m'aurait été facile de savoir que rien n'était plus ordinaire aux canots du continent, quand il leur advenait de s'éloigner un peu trop en haute mer, de relâcher à cette portion de mon île ; en outre, que souvent ces sauvages se rencontraient dans leurs pirogues, se livraient des combats, et que les vainqueurs menaient leurs prisonniers sur ce rivage, où, suivant l'horrible coutume cannibale, ils les tuaient et s'en repaissaient, ainsi qu'on le verra plus tard.

Quand je fus descendu de la colline, à la pointe sud-ouest de l'île, comme je le disais tout à l'heure, je fus profondément atterré. Il me serait impossible d'exprimer l'horreur qui s'empara de mon âme à l'aspect du rivage, jonché de crânes, de mains, de pieds et autres ossements. Je remarquai surtout une place où l'on avait fait du feu, et un banc creusé en rond dans la terre, comme l'arène d'un combat de coqs, où sans doute ces misérables sauvages s'étaient placés pour leur atroce festin de chair humaine.

Je fus si stupéfié à cette vue qu'elle suspendit pour quelque temps l'idée de mes propres dangers : toutes mes appréhensions étaient étouffées sous les impressions que me donnaient un tel abîme d'infernale brutalité et l'horreur d'une telle dégradation de la nature humaine. J'avais bien souvent entendu parler de cela, mais jusque-là, je n'avais jamais été si près de cet horrible spectacle. J'en détournai la face, mon cœur se souleva, et je serais tombé en faiblesse si la nature ne m'avait soulagé aussitôt par un violent vomissement. Revenu à moi-même, je ne pus rester plus longtemps en ce lieu ; je remontai en toute hâte sur la colline, et je me dirigeai vers ma demeure.

Quand je me fus un peu éloigné de cette partie de l'île, je m'arrêtai tout court comme anéanti. En recouvrant mes sens, dans toute l'affection de mon âme, je levai au ciel mes yeux pleins de larmes, et je remerciai Dieu de ce qu'il m'avait fait naître dans une partie du monde étrangère à d'aussi abominables créatures, et de ce que dans ma condition, que j'avais estimée si misérable, il m'avait donné tant de consolations ; que je devais plutôt l'en remercier que m'en plaindre ; et par-dessus tout de ce que dans mon infortune même j'avais été réconforté par sa connaissance et par l'espoir de ses bénédictions : félicité qui compensait et au-delà toutes les misères que j'avais souffertes et que je pouvais souffrir encore.

Plein de ces sentiments de gratitude, je revins à mon château, et je commençai à être beaucoup plus tranquille sur ma position que je ne l'avais jamais été ; car je remarquai que ces misérables ne venaient jamais dans l'île à la recherche de quelque butin, n'ayant ni besoin ni souci de ce qu'elle pouvait renfermer, et ne s'attendant pas à y trouver quelque chose, après avoir plusieurs fois, sans doute, exploré la partie couverte et boisée sans y rien découvrir à leur convenance. J'avais été plus de dix-huit ans sans rencontrer le moindre vestige d'une créature humaine. Retiré comme je l'étais alors, je pouvais bien encore en passer dix-huit autres, si je ne me trahissais moi-même, ce que je n'avais aucune raison de faire. Ma seule affaire était donc de me tenir toujours parfaitement caché où j'étais, à moins que je ne vinsse à trouver des hommes meilleurs que l'espèce cannibale, des hommes auxquels je pourrais me faire connaître.

Toutefois je conçus une telle horreur de ces exécrables sauvages et de leur atroce coutume de se manger les uns les autres, de s'entre-dévorer, que je restai sombre et pensif, et me séquestrai dans mon propre district durant au moins deux ans. Quand je dis mon propre district, j'entends par cela mes trois plantations : mon château, ma maison de campagne, que j'appelais ma tonnelle, et mes parcs dans les bois, où je n'allais absolument que pour mes chèvres ; car l'aversion que la nature me donnait pour ces abominables sauvages était telle que je redoutais leur vue autant que celle du diable. Je ne visitai pas une seule fois ma pirogue pendant tout ce temps, mais je commençai de songer à m'en faire une autre ; car je n'aurais pas voulu tenter de naviguer autour de l'île pour ramener cette embarcation dans mes parages, de peur d'être rencontré en mer par quelques sauvages : je savais trop bien quel aurait été mon sort si j'eusse eu le malheur de tomber entre leurs mains.

Le temps néanmoins et l'assurance où j'étais de ne courir aucun risque d'être découvert dissipèrent mon anxiété, et je recommençai à vivre tranquillement, avec cette différence que j'usais de plus de précautions, que j'avais l'œil plus au guet, et que j'évitais de tirer mon mousquet, de peur d'être entendu des sauvages s'il s'en trouvait dans l'île.

C'était donc une chose fort heureuse pour moi que je me fusse pourvu d'une race de chèvres domestiques, afin de ne pas être dans la nécessité de chasser au tir dans les bois. Si par la suite j'attrapai encore quelques chèvres, ce ne fut qu'au moyen de trappes et de traquenards, comme j'avais fait au début ; ainsi, je restai bien deux ans sans tirer une seule fois mon mousquet, quoique je ne sortisse jamais sans cette arme. Des trois pistolets que j'avais sauvés du navire, j'en portais toujours au moins deux à ma ceinture de peau de chèvre. J'avais fourbi un de mes grands coutelas que j'avais aussi tirés du vaisseau, et je m'étais fait un ceinturon pour le mettre. J'étais vraiment formidable à voir dans mes sorties, si l'on ajoute à la première description que j'ai faite de moi-même les deux pistolets et le grand sabre qui sans fourreau pendait à mon côté.

Les choses se gouvernèrent ainsi quelque temps. Sauf ces précautions, j'avais repris mon premier genre de vie calme et paisible. Je fus de plus en plus amené à reconnaître combien ma condition était loin d'être misérable au prix de quelques autres, même de beaucoup d'autres qui, s'il eût plu à Dieu, auraient pu être aussi mon sort ; et je fis cette réflexion, qu'il y aurait peu de murmures parmi les hommes, quelle que soit leur situation, s'ils se portaient à la reconnaissance en comparant leur existence avec celles qui sont pires, plutôt que de nourrir leurs plaintes en jetant sans cesse les regards sur de plus heureuses positions.

Comme peu de chose alors me faisait réellement faute, je pense que les frayeurs où m'avaient plongé ces méchants sauvages et le soin que j'avais pris de ma propre conservation avaient émoussé mon esprit imaginatif dans la recherche de mon bien-être. J'avais même négligé un excellent projet qui m'avait autrefois occupé : celui d'essayer à faire de la drêge[1] d'une partie de mon orge et de brasser de

1. Drêge : Orge fermentée dont on a arrêté la germination au moyen de la chaleur et qu'on emploie pour la préparation de la bière.

la bière. C'était vraiment un dessein bizarre, dont je me reprochais souvent la naïveté ; car je voyais parfaitement qu'il me manquerait pour son exécution bien des choses nécessaires auxquelles il me serait impossible de suppléer : d'abord je n'avais point de tonneaux pour conserver ma bière ; et, comme je l'ai déjà fait observer, j'avais employé plusieurs jours, plusieurs semaines, voire même plusieurs mois, à essayer d'en construire, mais tout à fait en vain. En second lieu, je n'avais ni houblon pour la rendre de bonne garde, ni levure pour la faire fermenter, ni chaudron ni chaudière pour la faire bouillir ; et cependant, sans l'appréhension des sauvages, j'aurais entrepris ce travail, et peut-être en serais-je venu à bout ; car j'abandonnais rarement une chose avant de l'avoir accomplie, quand une fois elle m'était entrée dans la tête assez obstinément pour m'y faire mettre la main.

Mais alors mon imagination s'était tournée d'un tout autre côté : je ne faisais nuit et jour que songer aux moyens de tuer quelques-uns de ces monstres au milieu de leurs fêtes sanguinaires et, s'il était possible, de sauver les victimes qu'ils venaient égorger sur le rivage. Je remplirais un volume plus gros que ne le sera celui-ci tout entier, si je consignais tous les stratagèmes que je combinai, ou plutôt que je couvai en mon esprit pour détruire ces créatures ou au moins les effrayer et les dégoûter à jamais de revenir dans l'île ; mais tout avortait ; rien ne pouvait s'effectuer si je n'étais là pour le faire moi-même. Et que pouvait un seul homme contre vingt ou trente sauvages armés de sagaies ou d'arcs et de flèches, dont ils se servaient aussi à coup sûr que je pouvais faire de mon mousquet ?

Quelquefois je songeais à creuser un trou sous l'endroit qui leur servait d'âtre, pour y placer cinq ou six livres de poudre à canon, qui, venant à s'enflammer lorsqu'ils allumeraient leur feu, feraient sauter tout ce qui serait à l'entour. Mais il me fâchait de prodiguer tant de poudre, ma provision n'étant plus alors que d'un baril, sans avoir la certitude que l'explosion se ferait en temps donné pour les surprendre : elle pouvait fort bien ne leur griller que les oreilles et les effrayer, ce qui n'eût pas été suffisant pour leur faire évacuer la place. Je renonçai donc à ce projet, et je me proposai alors de me

poster en embuscade, en lieu convenable, avec mes trois mousquets chargés à deux balles, et de faire feu au beau milieu de leur sanglante cérémonie quand je serais sûr d'en tuer ou d'en blesser deux ou trois peut-être à chaque coup. Fondant ensuite sur eux avec mes trois pistolets et mon sabre, je ne doutais pas, fussent-ils vingt, de les tuer tous. Cette idée me sourit pendant quelques semaines, et j'en étais si plein que j'en rêvais souvent, et que dans mon sommeil je me voyais quelquefois juste au moment de faire feu sur les sauvages.

J'allai si loin dans mon imagination, que j'employai plusieurs jours à chercher des lieux propres à me mettre en embuscade pour les épier, et que même je me rendis fréquemment à l'endroit de leurs festins, avec lequel je commençais à me familiariser, surtout dans ces moments où j'étais rempli des sentiments de vengeance, et de l'idée d'en passer vingt ou trente au fil de l'épée ; mais mon animosité reculait devant l'horreur que je ressentais à cette place et à l'aspect des traces de ces misérables barbares s'entre-dévorant.

Enfin je trouvai un lieu favorable sur le versant de la colline, où je pouvais guetter en sûreté l'arrivée de leurs pirogues, puis, avant même qu'ils n'aient abordé au rivage, me glisser inaperçu dans un massif d'arbres, dont un avait un creux assez grand pour me cacher tout entier. Là je pouvais me poster et observer toutes leurs abominables actions, et les viser à la tête quand ils se trouveraient tous ensemble, et si serrés, qu'il me serait presque impossible de manquer mon coup et de ne pas en blesser trois ou quatre à la première décharge.

Résolu d'accomplir en ce lieu mon dessein, je préparai en conséquence deux mousquets et mon fusil de chasse ordinaire : je chargeai les deux mousquets avec chacun deux lingots et quatre ou cinq balles de calibre de pistolet, mon fusil de chasse d'une poignée de grosses chevrotines et mes pistolets de chacun quatre balles. Dans cet état, bien pourvu de munitions pour une seconde et une troisième charge, je me disposai à me mettre en campagne.

Une fois que j'eus ainsi arrêté le plan de mon expédition et qu'en imagination je l'eus mis en pratique, je me rendis régulièrement chaque matin sur le sommet de la colline éloignée de mon château d'environ trois milles au plus, pour voir si je ne découvrirais pas en mer quelques bateaux abordant à l'île ou faisant route de son côté. Mais après deux ou trois mois de faction assidue, je commençai à me lasser de cette fatigue, m'en retournant toujours sans avoir fait aucune découverte. Durant tout ce temps je n'entrevis pas la moindre chose, non seulement sur ou près le rivage, mais sur la surface de l'Océan, aussi loin que ma vue ou mes lunettes d'approche pouvaient s'étendre de toutes parts.

Aussi longtemps que je fis ma tournée journalière à la colline mon dessein subsista dans toute sa vigueur, et mon esprit me parut toujours être en disposition convenable pour exécuter l'outrageux massacre d'une trentaine de sauvages sans défense, et cela pour un crime dont la discussion ne m'était pas même entrée dans l'esprit, ma colère s'étant tout d'abord enflammée par l'horreur que j'avais conçue de la monstrueuse coutume du peuple de cette contrée, à qui, ce semble, la Providence avait permis, en sa sage disposition du monde, de n'avoir d'autre guide que leurs propres passions perverses et abominables, et qui par conséquent étaient livrés peut-être depuis plusieurs siècles à cette horrible coutume, qu'ils recevaient par tradition, et où rien ne pouvait les porter, qu'une nature entièrement abandonnée du Ciel et entraînée par une infernale dépravation.

Mais lorsque je commençai à me lasser, comme je l'ai dit, de cette infructueuse excursion que je faisais chaque matin si loin et depuis si longtemps, mon opinion elle-même commença aussi à changer, et je considérai avec plus de calme et de sang-froid la mêlée où j'allais m'engager. Quelle autorité, quelle mission avais-je pour me prétendre juge et bourreau de ces hommes criminels, lorsque Dieu avait décrété convenable de les laisser impunis durant plusieurs siècles, pour qu'ils fussent en quelque sorte les exécuteurs réciproques de ses jugements ? Ces peuples étaient loin de m'avoir offensé, de quel droit m'immiscer à la querelle de sang qu'ils vidaient entre eux ? Fort souvent s'élevait en moi ce débat : Comment puis-je savoir ce que Dieu lui-même juge en ce cas tout particulier ? Il est certain que ces peuples ne considèrent pas ceci comme un crime ; ce n'est point réprouvé par leur conscience, leurs lumières ne le leur reprochent point. Ils ignorent que c'est mal, et ne le commettent point pour braver la justice divine, comme nous faisons dans presque tous les péchés dont nous nous rendons coupables. Ils ne pensent pas plus que ce soit un crime de tuer un prisonnier de guerre que nous de tuer un bœuf, et de manger de la chair humaine que nous de manger du mouton.

De ces réflexions il s'ensuivit nécessairement que j'étais injuste, et que ces peuples n'étaient pas plus des meurtriers dans le sens que je les avais d'abord condamnés en mon esprit, que ces chrétiens qui souvent mettent à mort les prisonniers faits dans le combat, ou qui plus souvent encore passent sans quartier des armées entières au fil de l'épée, quoiqu'elles aient mis bas les armes et se soient soumises.

Tout brutal et inhumain que pouvait être l'usage

de s'entre-dévorer, il me vint ensuite à l'esprit que cela réellement ne me regardait en rien : ces peuples ne m'avaient point offensé ; s'ils attentaient à ma vie ou si je voyais que pour ma propre conservation il me fallût tomber sur eux, il n'y aurait rien à redire à cela ; mais étant hors de leur pouvoir, mais ces gens n'ayant aucune connaissance de moi, et par conséquent aucun projet sur moi, il n'était pas juste de les assaillir : c'eût été justifier la conduite des Espagnols et toutes les atrocités qu'ils pratiquèrent en Amérique, où ils ont détruit des millions de ces gens, qui, bien qu'ils fussent idolâtres et barbares, et qu'ils observassent quelques rites sanglants, tels que de faire des sacrifices humains, n'étaient pas moins de fort innocentes personnes par rapport aux Espagnols. Aussi, aujourd'hui, les Espagnols eux-mêmes et toutes les autres nations chrétiennes de l'Europe parlent-ils de cette extermination avec la plus profonde horreur et la plus profonde exécration, et comme d'une boucherie et d'une œuvre monstrueuse de cruauté et de sang, injustifiable devant Dieu et devant les hommes ! Par là le nom d'Espagnol est devenu odieux et terrible pour toute âme pleine d'humanité ou de compassion chrétienne ; comme si l'Espagne était seule vouée à la production d'une race d'hommes sans entrailles pour les malheureux, et sans principes de cette tolérance, marque avérée des cœurs magnanimes.

Ces considérations m'arrêtèrent. Je fis une sorte de halte, et je commençai petit à petit à me détourner de mon dessein et à conclure que c'était une chose injuste que ma résolution d'attaquer les sauvages ; que mon affaire n'était point d'en venir aux mains avec eux, à moins qu'ils ne m'assaillissent les premiers, ce qu'il me fallait prévenir autant que possible. Je savais d'ailleurs quel était mon devoir s'ils venaient à me découvrir et à m'attaquer.

D'un autre côté, je reconnus que ce projet serait le sûr moyen non d'arriver à ma délivrance, mais à ma ruine totale et à ma perte, à moins que je ne fusse assuré de tuer non seulement tous ceux qui seraient alors à terre, mais encore tous ceux qui pourraient y venir plus tard ; car si un seul m'échappait pour aller dire à ses compatriotes ce qui était advenu, ils reviendraient par milliers venger la mort de leurs compagnons, et je n'aurais donc fait qu'attirer sur moi une destruction certaine, dont je n'étais point menacé.

Somme toute, je conclus que, ni en morale ni en politique, je ne devais en aucune façon m'entremettre dans ce démêlé ; que mon unique affaire était par tous les moyens possibles de me tenir caché, et de ne pas laisser la moindre trace qui pût faire conjecturer qu'il y avait dans l'île quelque créature vivante, j'entends de forme humaine.

La religion se joignant à la prudence, j'acquis alors la conviction que j'étais tout à fait sorti de mes devoirs en concertant des plans sanguinaires pour la destruction d'innocentes créatures, j'entends innocentes par rapport à moi. Quant à leurs crimes, ils s'en rendaient coupables les uns envers les autres, je n'avais rien à y faire. Pour les offenses nationales il est des punitions nationales, et c'est à Dieu qu'il appartient d'infliger des châtiments publics à ceux qui l'ont publiquement offensé.

Tout cela me parut si évident, que ce fut une grande satisfaction pour moi d'avoir été préservé de commettre une action qui eût été, je le voyais alors avec raison, tout aussi criminelle qu'un meurtre volontaire. A deux genoux je rendis grâce à Dieu de ce qu'il avait ainsi détourné de moi cette tache de sang, en le suppliant de m'accorder la protection de sa providence, afin que je ne tombasse pas entre les mains des barbares, ou que je ne portasse pas mes mains sur eux à moins d'avoir reçu du Ciel la mission manifeste de le faire pour la défense de ma vie.

Je restai près d'une année entière dans cette disposition. J'étais si éloigné de rechercher l'occasion de tomber sur les sauvages, que durant tout ce temps je ne montai pas une fois sur la colline pour voir si je n'en découvrirais pas, pour savoir s'ils étaient ou n'étaient pas venus sur le rivage, de peur de réveiller mes projets contre eux ou d'être tenté de les assaillir par quelque occasion avantageuse qui se présenterait. Je ramenai seulement mon canot, qui était sur l'autre côté de l'île, et le conduisis à l'extrémité orientale. Là, je le halai dans une petite anse que je trouvai au pied de quelques roches élevées, où je savais qu'en raison des courants les sauvages n'oseraient pas ou au moins ne voudraient pas venir avec leurs pirogues pour quelque raison que ce fût.

J'emportai avec mon canot tout ce qui en dépendait, et que j'avais laissé là, c'est-à-dire un mât, une voile, et cette chose en manière d'ancre, mais qu'au fait je ne saurais appeler ni ancre ni grappin : c'était pourtant ce que j'avais pu faire de mieux. Je transportai toutes ces choses, pour que rien ne pût provoquer une découverte et pour ne laisser aucun indice d'embarcation ou d'habitation dans l'île.

Hors cela je me tins, comme je l'ai dit, plus retiré que jamais, ne sortant guère de ma cellule que pour mes occupations habituelles, c'est-à-dire pour traire mes chèvres et soigner mon petit troupeau dans les bois, qui, parqué tout à fait de l'autre côté de l'île, était à couvert de tout danger ; car il est positif que les sauvages qui hantaient l'île n'y venaient jamais dans le but d'y trouver quelque chose, et par conséquent ne s'écartaient jamais de la côte ; et je ne doute pas qu'après que mes appréhensions m'eurent rendu si précautionneux, ils ne soient descendus à terre plusieurs fois tout aussi bien qu'auparavant. Je ne pouvais réfléchir sans horreur à ce qu'eût été mon sort si je les eusse rencontrés et si j'eusse été découvert autrefois, quand, nu et désarmé, n'ayant pour ma défense qu'un fusil qui souvent n'était chargé que de petit plomb, je parcourais toute mon île, guignant et furetant pour voir si je n'attraperais rien. Quelle eût été alors ma terreur si, au lieu de découvrir l'empreinte d'un pied d'homme, j'eusse aperçu quinze ou vingt sauvages qui m'eussent donné la chasse, et si je n'eusse pu échapper à la vitesse de leur course ?

Quelquefois ces pensées oppressaient mon âme, et affaissaient tellement mon esprit, que je ne pouvais de longtemps recouvrer assez de calme pour songer à ce que j'eusse fait. Non seulement je n'aurais pu opposer quelque résistance, mais je n'aurais même pas eu assez de présence d'esprit pour m'aider des moyens qui auraient été en mon pouvoir, moyens bien inférieurs à ceux que je possédais à cette heure, après tant de considérations et de préparations. Quand ces idées m'avaient sérieusement occupé, je tombais dans une grande mélancolie qui parfois durait fort longtemps, mais qui se résolvait enfin en sentiments de gratitude envers la Providence, qui m'avait délivré de tant de périls invisibles, et préservé de tant de malheurs dont j'aurais été incapable de m'affranchir moi-même, car je n'avais pas le moindre soupçon de leur imminence ou de leur possibilité.

Tout ceci renouvela une réflexion qui m'était souvent venue en l'esprit lorsque je commençai à comprendre les bénignes dispositions du Ciel à l'égard des dangers que nous traversons dans cette vie : Que de fois nous sommes merveilleusement délivrés sans en rien savoir ! Que de fois, quand nous sommes en suspens – comme on dit – dans le doute ou l'hésitation du chemin que nous avons à prendre, un vent secret nous pousse vers une autre route que celle où nous tendions, où nous appelaient nos sens, notre inclination et peut-être même nos devoirs ! Nous ressentons une étrange impression de l'ignorance où nous sommes des causes et du pouvoir qui nous entraînent ; mais nous découvrions ensuite que, si nous avions suivi la route que nous voulions prendre, et que notre imagination nous faisait une obligation de prendre, nous aurions couru à notre ruine et à notre perte. Par ces réflexions et par quelques autres semblables je fus amené à me faire une règle d'obéir à cette inspiration secrète toutes les fois que mon esprit serait dans l'incertitude de faire ou de ne pas faire une chose, de suivre ou de ne pas suivre un chemin, sans en avoir d'autre raison que le sentiment ou l'impression même pesant sur mon âme. Je pourrais donner plusieurs exemples du succès de cette conduite dans tout le cours de ma vie, et surtout dans la dernière partie de mon séjour dans cette île infortunée, sans compter quelques autres occasions que j'aurais probablement observées si j'eusse vu alors du même œil que je vois aujourd'hui. Mais il n'est jamais trop tard pour être sage, et je ne puis que conseiller à tout homme judicieux dont la vie est exposée à des événements extraordinaires comme le fut la mienne, ou même à de moindres événements, de ne jamais mépriser de pareils avertissements intimes de la Providence, ou de n'importe quelle intelligence invisible il voudra. Je ne discuterai pas là-dessus, peut-être ne saurais-je en rendre compte, mais certainement c'est une preuve du commerce et de la mystérieuse communication entre les esprits unis à des corps et ceux immatériels, preuve incontestable que j'aurai occasion de confirmer dans le reste de ma résidence solitaire sur cette terre fatale.

Le lecteur, je pense, ne trouvera pas étrange si j'avoue que ces anxiétés, ces dangers dans lesquels je passais ma vie et le souci qui pesait maintenant sur moi, avaient mis fin à mon industrie et à toutes les améliorations que j'avais projetées pour mon bien-être. J'étais alors plus occupé du soin de ma sûreté que du soin de ma nourriture. De peur que le bruit que je pourrais faire ne s'entendît, je ne me souciais plus alors d'enfoncer un clou, de couper un morceau de bois, et, pour la même raison, encore moins de tirer mon mousquet. Ce n'était qu'avec la plus grande inquiétude que je faisais du feu, à cause de la fumée, qui, dans le jour, étant visible à une grande distance, aurait pu me trahir ; et c'était pour cela que j'avais transporté la fabrication de cette partie de mes objets qui demandaient l'emploi du feu, comme la cuisson de mes pots et de mes pipes, dans ma nouvelle habitation des bois, ou, après être allé quelque temps, je découvris à mon grand ravissement une caverne naturelle, qui s'avançait fort avant dans la terre, et où j'ose dire que jamais sauvage ni quelque homme que ce soit qui serait parvenu à son ouverture n'aurait été assez hardi pour pénétrer, à moins qu'il n'eût eu comme moi un besoin absolu d'une retraite assurée.

L'entrée de cette caverne était au fond d'un grand rocher, où, par un pur hasard – dirais-je si je n'avais mille raisons d'attribuer toutes ces choses à la Providence – je coupais de grosses branches d'arbre pour faire du charbon. Avant de poursuivre, je dois faire savoir pourquoi je faisais ce charbon, ce que voici :

Je craignais de faire de la fumée autour de mon habitation, comme je l'ai dit tantôt ; cependant, comme je ne pouvais vivre sans faire cuire mon pain et ma viande, j'avais donc imaginé de faire brûler du bois sous des mottes de gazon, comme je l'avais vu pratiquer en Angleterre. Quand il était en consomption, j'éteignais le brasier et je conservais le charbon, pour l'emporter chez moi et l'employer sans risque de fumée à tout ce qui réclamait l'usage du feu.

Mais que cela soit dit en passant. Tandis que là j'abattais du bois, j'avais donc aperçu derrière l'épais branchage d'un hallier une espèce de cavité, dont je fus curieux de voir l'intérieur. Parvenu, non sans difficulté, à son embouchure, je trouvai qu'il était assez spacieux, c'est-à-dire assez pour que je pusse m'y tenir debout, moi et peut-être une seconde personne; mais je dois avouer que je me retirai avec plus de hâte que je n'étais entré, lorsque, portant mes regards vers le fond de cet antre, qui était entièrement obscur, j'y vis deux grands yeux brillants. Étaient-ils de diable ou d'homme, je ne savais; mais la sombre lueur de l'embouchure de la caverne s'y réfléchissant, ils étincelaient comme deux étoiles.

Toutefois, après une courte pause, je revins à moi, me traitant mille fois de fou, et me disant que ce n'était pas à celui qui avait vécu vingt ans tout seul dans cette île à s'effrayer du diable, et que je devais croire qu'il n'y avait rien dans cet antre de plus effroyable que moi-même. Là-dessus, reprenant courage, je saisis un tison enflammé et me précipitai dans la caverne avec ce brandon à la main. Je n'y eus pas fait trois pas que je fus presque aussi effrayé qu'auparavant; car j'entendis un profond soupir pareil à celui d'une âme en peine, puis un bruit entrecoupé comme des paroles à demi articulées, puis encore un profond soupir. Je reculai tellement stupéfié, qu'une sueur froide me saisit, et que si j'eusse eu mon chapeau sur ma tête, assurément mes cheveux l'auraient jeté à terre. Mais, rassemblant encore mes esprits du mieux qu'il me fut possible, et ranimant un peu mon courage en songeant que le pouvoir et la présence de Dieu règnent partout et partout pouvaient me protéger, je m'avançai de nouveau, et à la lueur de ma torche, que je tenais au-dessus de ma tête, je vis gisant sur la terre un vieux, un monstrueux et épouvantable bouc, semblant, comme on dit, lutter avec la mort : il se mourait de vieillesse.

Je le poussai un peu pour voir s'il serait possible de le faire sortir ; il essaya de se lever, mais en vain. Alors je pensai qu'il pouvait fort bien rester là, car de même qu'il m'avait effrayé, il pourrait, tant qu'il aurait un souffle de vie, effrayer les sauvages s'il s'en trouvait d'assez hardis pour pénétrer en ce repaire.

Revenu alors de mon trouble, je commençai à regarder autour de moi et je trouvai cette caverne fort petite : elle pouvait avoir environ douze pieds ; mais elle était sans figure régulière, ni ronde ni carrée, car la main de la nature y avait seule travaillé.

Je remarquai aussi sur le côté le plus profond une ouverture qui s'enfonçait plus avant, mais si basse, que je fus obligé de me traîner sur les mains et sur les genoux pour y passer. Où aboutissait-elle, je l'ignorais. N'ayant point de flambeau, je remis la partie à une autre fois, et je résolus de revenir le lendemain pourvu de chandelles, et d'un briquet que j'avais fait avec une batterie de mousquet dans le bassinet de laquelle je mettais une pièce d'artifice.

En conséquence, le jour suivant je revins muni de six grosses chandelles de ma façon – car alors je m'en fabriquais de très bonnes avec du suif de chèvre ; j'allai à l'ouverture étroite, et je fus obligé de ramper à quatre pattes, comme je l'ai dit, à peu près l'espace de dix verges : ce qui, je pense, était une tentative assez téméraire, puisque je ne savais pas jusqu'où ce souterrain pouvait aller, ni ce qu'il y avait au bout. Quand j'eus passé ce défilé je me trouvai sous une voûte d'environ vingt pieds de hauteur. Je puis affirmer que dans toute l'île il n'y avait pas un spectacle plus magnifique à voir que les parois et le berceau de cette voûte ou de cette caverne. Ils réfléchissaient mes deux chandelles de cent mille manières. Qu'y avait-il dans le roc ? Étaient-ce des diamants ou d'autres pierreries, ou de l'or – ce que je suppose plus volontiers ? – je l'ignorais.

Bien que tout à fait sombre, c'était la plus délicieuse grotte qu'on puisse se figurer. L'aire en était unie et sèche et couverte d'une sorte de gravier fin et mouvant. On n'y voyait donc point d'animaux immondes ou venimeux, et il n'y avait ni eau ni humidité sur les parois de la voûte. La seule difficulté, c'était l'entrée ; difficulté que toutefois je considérais comme un avantage, puisqu'elle en faisait une place forte, un abri sûr dont j'avais besoin.

Je fus vraiment ravi de ma découverte, et je résolus de transporter sans délai dans cette retraite tout ce dont la conservation m'importait le plus, surtout ma poudre et toutes mes armes de réserve, c'est-à-dire deux de mes trois fusils de chasse et trois de mes mousquets : j'en avais huit. A mon château je n'en laissai donc que cinq, qui sur ma redoute extérieure demeuraient toujours braqués comme des pièces de canon, et que je pouvais également prendre en cas d'expédition.

Pour ce transport de mes munitions je fus obligé d'ouvrir le baril de poudre que j'avais retiré de la mer et qui avait été mouillé. Je trouvai que l'eau avait pénétré de tous côtés à la profondeur de trois ou quatre pouces, et que la poudre détrempée avait en se séchant formé une croûte qui avait conservé l'intérieur comme un fruit dans sa coque; de sorte qu'il y avait bien au centre du tonneau soixante livres de bonne poudre : ce fut une agréable découverte pour moi en ce moment. Je l'emportai toute à ma caverne, sauf deux ou trois livres que je gardai dans mon château, de peur de n'importe quelle surprise. J'y portai aussi tout le plomb que j'avais réservé pour me faire des balles.

Je me croyais alors semblable à ces anciens géants qui vivaient, dit-on, dans des cavernes et des trous de rocher inaccessibles; car j'étais persuadé que, réfugié en ce lieu, je ne pourrais être dépisté par les sauvages, fussent-ils cinq cents à me pourchasser; ou que, s'ils le faisaient, ils ne voudraient point se hasarder à m'y donner l'attaque.

Le vieux bouc que j'avais trouvé expirant mourut à l'entrée de la caverne le lendemain du jour où j'en fis la découverte. Il me parut plus commode, au lieu de le tirer dehors, de creuser un grand trou, de l'y jeter et de le recouvrir de terre. Je l'enterrai ainsi pour me préserver de toute odeur infecte.

J'étais alors dans la vingt-troisième année de ma résidence dans cette île, et si accoutumé à ce séjour et à mon genre de vie, que si j'eusse eu l'assurance que les sauvages ne viendraient point me troubler, j'aurais volontiers signé la capitulation de passer là le reste de mes jours jusqu'au dernier moment, jusqu'à ce que je fusse gisant, et que je mourusse comme le vieux bouc dans la caverne. Je m'étais ménagé quelques distractions et quelques amusements qui faisaient passer le temps plus vite et plus agréablement qu'autrefois. J'avais, comme je l'ai déjà dit, appris à parler à mon Poll; et il le faisait si familièrement, et il articulait si distinctement, si pleinement, que c'était pour moi un grand plaisir de l'entendre. Il vécut avec moi non moins de vingt-six ans : combien vécut-il ensuite ? Je l'ignore. On prétend au Brésil que ces animaux peuvent vivre cent ans. Peut-être mon bon Poll existe-t-il encore et appelle-t-il encore en ce moment le pauvre Robin Crusoé. Je ne souhaite pas qu'un Anglais ait le malheur d'aborder mon île et de l'y entendre jaser; mais si cela advenait, assurément il croirait que c'est le diable. Mon chien me fut un très agréable et très fidèle compagnon pendant seize ans : il mourut de pure vieillesse. Quant à mes chats, ils multiplièrent, comme je l'ai dit, et à un tel point que je fus d'abord obligé d'en tuer plusieurs pour les empêcher de me dévorer moi et tout ce que j'avais. Mais enfin, après la mort des deux vieux que j'avais apportés du navire, les ayant pendant quelque temps continuellement chassés et laissés sans nourriture, ils s'enfuirent tous dans les bois et devinrent sauvages, excepté deux ou trois favoris que je gardai auprès de moi. Ils faisaient partie de ma famille; mais j'eus toujours grand soin quand ils mettaient bas de noyer tous leurs petits. En outre, je gardai toujours autour de moi deux ou

trois chevreaux domestiques que j'avais accoutu-
més à manger dans ma main, et deux autres perroquets qui jasaient assez bien pour dire Robin Crusoé, pas aussi bien toutefois que le premier : à la
vérité, pour eux je ne m'étais pas donné autant de
peine. J'avais aussi quelques oiseaux de mer apprivoisés dont je ne sais pas les noms ; je les avais
attrapés sur le rivage et leur avais coupé les ailes.
Les petits pieux que j'avais plantés en avant de la
muraille de mon château étant devenus un bocage
épais et touffu, ces oiseaux y nichaient et y pon-

daient parmi les arbrisseaux, ce qui était fort agréable pour moi. En résumé, comme je le disais tantôt, j'aurais été fort content de la vie que je menais si elle n'avait point été troublée par la crainte des sauvages.

Mais il en était ordonné autrement. Pour tous ceux qui liront mon histoire il ne saurait être hors de propos de faire cette juste observation : Que de fois n'arrive-t-il pas, dans le cours de notre vie, que le mal que nous cherchons le plus à éviter, et qui nous paraît le plus terrible quand nous y sommes tombés, soit la porte de notre délivrance, l'unique moyen de sortir de notre affliction ! Je pourrais en trouver beaucoup d'exemples dans le cours de mon étrange vie ; mais jamais cela n'a été plus remarquable que dans les dernières années de ma résidence solitaire dans cette île.

Ce fut au mois de décembre de la vingt-troisième
année de mon séjour, comme je l'ai dit, à l'époque
du solstice méridional – car je ne puis l'appeler
solstice d'hiver –, temps particulier de ma moisson,
qui m'appelait presque toujours aux champs, qu'un
matin, sortant de très bonne heure, avant même le
point de jour, je fus surpris de voir la lueur d'un feu
sur le rivage, à la distance d'environ deux milles,
vers l'extrémité de l'île où j'avais déjà observé que
les sauvages étaient venus; mais ce n'était point
cette fois sur l'autre côté, mais bien, à ma grande
affliction, sur le côté que j'habitais.

À cette vue, horriblement effrayé, je m'arrêtai
court, et n'osai pas sortir de mon bocage, de peur
d'être surpris; encore n'y étais-je pas tranquille : car
j'étais plein de l'appréhension que, si les sauvages
en venaient à trouver ma moisson pendante ou cou-
pée, ou, rôdant, n'importe quels travaux et quelles
cultures, ils en concluraient immédiatement que
l'île était habitée et ne s'arrêteraient point qu'ils ne
m'eussent découvert. Dans cette angoisse je retournai droit à mon château; et, ayant donné à toutes
les choses extérieures un aspect aussi sauvage, aussi
naturel que possible, je retirai mon échelle après
moi.

Alors je m'armai et me mis en état de défense. Je chargeai toute mon artillerie, comme je l'appelais, c'est-à-dire mes mousquets montés sur mon nouveau retranchement, et tous mes pistolets, bien résolu à combattre jusqu'au dernier soupir. Je n'oubliai pas de me recommander avec ferveur à la protection divine et de supplier Dieu de me délivrer des mains des barbares. Dans cette situation, ayant attendu deux heures, je commençai à être fort impatient de savoir ce qui se passait au-dehors : je n'avais point d'espion à envoyer à la découverte.

Après être demeuré là encore quelque temps, et après avoir songé à ce que j'avais à faire en cette occasion, il me fut impossible de supporter davantage l'ignorance où j'étais. Appliquant donc mon échelle sur le flanc du rocher où se trouvait une plate-forme, puis la retirant après moi et la replaçant de nouveau, je parvins au sommet de la colline. Là, couché à plat ventre sur la terre, je pris ma longue-vue, que j'avais apportée à dessein, et je la braquai. Je vis aussitôt qu'il n'y avait pas moins de neuf sauvages assis en rond autour d'un petit feu, non pas pour se chauffer, car la chaleur était extrême, mais, comme je le supposai, pour apprêter quelque atroce mets de chair humaine qu'ils avaient apportée avec eux, ou morte ou vive, c'est ce que je ne pus savoir.

Ils avaient avec eux deux pirogues halées sur le rivage ; et, comme c'était alors le temps du jusant, ils me semblèrent attendre la montée du flot pour s'en retourner. Il n'est pas facile de se figurer le trouble où me jeta ce spectacle, et surtout leur venue si proche de moi et sur mon côté de l'île. Mais quand je considérai que leur débarquement devait toujours avoir lieu au jusant, je commençai à retrouver un peu de calme, certain de pouvoir sortir en toute sûreté pendant le temps du flot, si personne n'avait abordé au rivage auparavant. Cette observation faite, je me remis à travailler à ma moisson avec plus de tranquillité.

La chose arriva comme je l'avais prévue ; car aussitôt que la marée porta à l'ouest, je les vis tous monter dans leurs pirogues et tous ramer ou pagayer, comme cela s'appelle. J'aurais dû faire remarquer qu'une heure environ avant de partir ils s'étaient mis à danser, et qu'à l'aide de ma longue-vue j'avais pu apercevoir leurs postures et leurs gesticulations. Je reconnus, par la plus minutieuse observation, qu'ils étaient entièrement nus, sans le moindre vêtement sur le corps ; mais étaient-ce des hommes ou des femmes ? Il me fut impossible de le distinguer.

Sitôt qu'ils furent embarqués et partis, je sortis avec deux mousquets sur mes épaules, deux pistolets à ma ceinture, mon grand sabre sans fourreau à mon côté, et avec toute la diligence dont j'étais capable je me rendis à la colline où j'avais découvert la première de toutes les traces. Dès que j'y fus arrivé, ce qui ne fut qu'au bout de deux heures – car je ne pouvais aller vite chargé d'armes comme je l'étais –, je vis qu'il y avait eu en ce lieu trois autres pirogues de sauvages ; et, regardant au loin, je les aperçus toutes ensemble faisant route pour le continent.

Ce fut pour moi un terrible spectacle quand en descendant au rivage je vis les traces de leur affreux festin, du sang, des os, des tronçons de chair humaine qu'ils avaient mangée et dévorée avec joie. Je fus si rempli d'indignation à cette vue, que je recommençai à méditer le massacre des premiers que je rencontrerais, quels qu'ils pussent être et quelque nombreux qu'ils fussent.

Il me parut évident que leurs visites dans l'île

devaient être assez rares, car il se passa plus de quinze mois avant qu'ils ne revinssent, c'est-à-dire que durant tout ce temps je n'en revis ni trace ni vestige. Dans la saison des pluies il était sûr qu'ils ne pouvaient sortir de chez eux, du moins pour aller si loin. Cependant durant cet intervalle je vivais misérablement : l'appréhension d'être pris à l'improviste m'assiégeait sans relâche ; d'où je déduis que l'expectative du mal est plus amère que le mal lui-même, quand surtout on ne peut se défaire de cette attente ou de ces appréhensions.

Pendant tout ce temps-là mon humeur meurtrière ne m'abandonna pas, et j'employai la plupart des heures du jour, qui auraient pu être beaucoup mieux dépensées, à imaginer comment je les circonviendrais et les assaillirais à la première rencontre, surtout s'ils étaient divisés en deux parties comme la dernière fois. Je ne considérais nullement que si j'en tuais une bande, je suppose de dix ou douze, et que le lendemain, la semaine ou le mois suivant j'en tuasse encore d'autres, et ainsi de suite à l'infini, je deviendrais aussi meurtrier qu'ils étaient mangeurs d'hommes, et peut-être plus encore.

J'usais ma vie dans une grande perplexité et une grande anxiété d'esprit ; je m'attendais à tomber un jour ou l'autre entre les mains de ces impitoyables créatures. Si je me hasardais quelquefois dehors, ce n'était qu'en promenant mes regards inquiets autour de moi, et avec tout le soin, toute la précaution imaginable. Je sentis alors, à ma grande consolation, combien c'était chose heureuse pour moi que je me fusse pourvu d'un troupeau ou d'une harde de chèvres ; car je n'osais en aucune occasion tirer mon fusil, surtout du côté de l'île fréquenté par les sauvages, de peur de leur donner une alerte. Peut-être se seraient-ils enfuis d'abord ; mais bien certainement ils seraient revenus au bout de quelques jours avec deux ou trois cents pirogues : je savais ce à quoi je devais m'attendre alors.

Néanmoins je fus un an et trois mois avant d'en revoir aucun ; mais comment en revis-je, c'est ce dont il sera parlé bientôt. Il est possible que durant cet intervalle ils soient revenus deux ou trois fois, mais ils ne séjournèrent pas, ou au moins n'en eus-je point connaissance. Ce fut donc, d'après mon plus exact calcul, au mois de mai et dans la vingt-quatrième année de mon isolement que j'eus avec eux l'étrange rencontre dont il sera discouru en son lieu.

La perturbation de mon âme fut très grande pendant ces quinze ou seize mois. J'avais le sommeil inquiet, je faisais des songes effrayants, et souvent je me réveillais en sursaut. Le jour, des troubles violents accablaient mon esprit ; la nuit, je rêvais fréquemment que je tuais des sauvages, et je pesais les raisons qui pouvaient me justifier de cet acte. Mais laissons tout cela pour quelque temps. C'était vers le milieu de mai, le seizième jour, je pense, autant que je pus m'en rapporter à mon pauvre calendrier de bois, où je faisais toujours mes marques ; c'était, dis-je, le seize mai : un violent ouragan souffla tout le jour, accompagné de quantité d'éclairs et de coups de tonnerre. La nuit suivante fut épouvantable. Je ne sais plus quel en était le motif particulier, mais je lisais la Bible, et faisais de sérieuses réflexions sur ma situation, quand je fus surpris par un bruit semblable à un coup de canon tiré en mer.

Ce fut pour moi une surprise d'une nature entièrement différente de toutes celles que j'avais eues jusqu'alors, car elle éveilla en mon esprit de tout autres idées. Je me levai avec toute la hâte imaginable, et en un tour de main j'appliquai mon échelle contre le rocher ; je montai à mi-hauteur,

puis je la retirai après moi, je la replaçai et j'escala-
dai jusqu'au sommet. Au même instant une flamme
me prépara à entendre un second coup de canon,
qui en effet au bout d'une demi-minute frappa mon
oreille. Je reconnus par le son qu'il devait être dans
cette partie de la mer où ma pirogue avait été dros-
sée par les courants.

Je songeai aussitôt que ce devait être un vaisseau
en péril, qui, allant de conserve avec quelque autre
navire, tirait son canon en signal de détresse pour
en obtenir du secours, et j'eus sur-le-champ la présence d'esprit de penser que bien que je ne pusse
l'assister, peut-être lui m'assisterait-il. Je rassemblai
donc tout le bois sec qui se trouvait aux environs et
j'en fis un assez beau monceau que j'allumai sur la
colline. Le bois étant sec, il s'enflamma facilement,

269

et malgré la violence du vent il flamba à merveille : j'eus alors la certitude que, si toutefois c'était un navire, ce feu serait immanquablement aperçu ; et il le fut sans aucun doute : car à peine mon bois se fut-il embrasé que j'entendis un troisième coup de canon, qui fut suivi de plusieurs autres, venant tous du même point. J'entretins mon feu toute la nuit jusqu'à l'aube, et quand il fit grand jour et que l'air se fut éclairci, je vis quelque chose en mer, tout à fait à l'est de l'île. Était-ce un navire ou des débris de navire ? je ne pus le distinguer, voire même avec mes lunettes d'approche, la distance étant trop grande et le temps encore trop brumeux, du moins en mer.

Durant tout le jour je regardai fréquemment cet objet : je m'aperçus bientôt qu'il ne se mouvait pas, et j'en conclus que ce devait être un navire à l'ancre. Brûlant de m'en assurer, comme on peut bien le croire, je pris mon fusil à la main, et je courus vers la partie méridionale de l'île, vers les rochers où j'avais été autrefois entraîné par les courants ; je gravis sur leur sommet, et, le temps étant alors parfaitement clair, je vis distinctement, mais à mon grand chagrin, la carcasse d'un vaisseau échoué pendant la nuit sur les roches à fleur d'eau que j'avais trouvées en me mettant en mer avec ma chaloupe, et qui, résistant à la violence du courant, faisaient cette espèce de contre-courant ou remous par lequel j'avais été délivré de la position la plus désespérée et la plus désespérante où je me sois trouvé de ma vie.

C'est ainsi que ce qui est le salut de l'un fait la perte de l'autre ; car il est probable que ce navire, quel qu'il fût, n'ayant aucune connaissance de ces roches entièrement cachées sous l'eau, y avait été poussé durant la nuit par un vent violent soufflant de l'est et de l'est-nord-est. Si l'équipage avait découvert l'île, ce que je ne puis supposer, il aurait nécessairement tenté de se sauver à terre dans la chaloupe. Les coups de canon qu'il avait tirés, surtout en voyant mon feu, comme je l'imaginais, me remplirent la tête d'une foule de conjectures : tantôt je pensais qu'apercevant mon fanal il s'était jeté dans la chaloupe pour tâcher de gagner le rivage ; mais que la lame étant très forte, il avait été emporté ; tantôt je m'imaginais qu'il avait commencé par perdre sa chaloupe, ce qui arrive souvent lorsque les flots, se brisant sur un navire,

forcent les matelots à défoncer et à mettre en pièces leur embarcation ou à la jeter par-dessus le bord. D'autres fois je me figurais que le vaisseau ou les vaisseaux qui allaient de conserve avec celui-ci, avertis par les signaux de détresse, avaient recueilli et emmené cet équipage. Enfin, dans d'autres moments, je pensais que tous les hommes du bord étaient descendus dans leur chaloupe, et que, drossés par le courant qui m'avait autrefois entraîné, ils avaient été emportés dans le grand Océan, où ils ne trouveraient rien que la misère et la mort, où peut-être ils seraient réduits par la faim à se manger les uns les autres.

Mais, comme cela n'était que des conjectures, je ne pouvais, en ma position, que considérer l'infortune de ces pauvres gens et m'apitoyer. Ce qui eut sur moi la bonne influence de me rendre de plus en plus reconnaissant envers Dieu, dont la providence avait pris dans mon malheur un soin si généreux de moi, que, de deux équipages perdus sur ces côtes, moi seul avais été préservé. J'appris de là encore qu'il est rare que Dieu nous plonge dans une condition si basse, dans une misère si grande, que nous ne puissions trouver quelque sujet de gratitude, et trouver de nos semblables jetés dans des circonstances pires que les nôtres.

Tel était le sort de cet équipage, dont il n'était pas probable qu'aucun homme eût échappé – rien ne pouvant faire croire qu'il n'avait pas péri tout entier –, à moins de supposer qu'il eût été sauvé par quelque autre bâtiment allant avec lui de conserve ; mais ce n'était qu'une pure possibilité ; car je n'avais vu aucun signe, aucune apparence de rien de semblable.

Je ne puis trouver d'assez énergiques paroles pour exprimer l'ardent désir, l'étrange envie que ce naufrage éveilla en mon âme et qui souvent s'en exhalait ainsi : « Oh ! si une ou deux, une seule âme avait pu être sauvée du navire, avait pu en réchapper, afin que je pusse avoir un compagnon, un semblable, pour parler et pour vivre avec moi ! »

Dans tout le cours de ma vie solitaire je ne désirai jamais si ardemment la société des hommes, et je n'éprouvai jamais un plus profond regret d'en être séparé.

Il y a dans nos passions certaines sources secrètes qui, lorsqu'elles sont vivifiées par des objets présents ou absents, mais rendus présents à notre esprit par la puissance de notre imagination, entraînent notre âme avec tant d'impétuosité vers les objets de ses désirs, que la non-possession en devient vraiment insupportable.

Telle était l'ardeur de mes souhaits pour la conservation d'un seul homme, que je répétai, je crois, mille fois ces mots : « Oh ! qu'un homme ait été sauvé, oh ! qu'un seul homme ait été sauvé ! »

J'étais si violemment irrité par ce désir en prononçant ces paroles, que mes mains se saisissaient, que mes doigts pressaient la paume de mes mains et avec tant de rage que si j'eusse tenu quelque chose de fragile je l'eusse brisé involontairement ; mes dents claquaient dans ma bouche et se serraient si fortement que je fus quelque temps avant de pouvoir les séparer.

Que les naturalistes expliquent ces choses, leur raison et leur nature ; quant à moi, je ne puis que consigner ce fait, qui me parut toujours surprenant et dont je ne pus jamais me rendre compte. C'était sans doute l'effet de la fougue de mon désir et de l'énergie de mes idées me représentant toute la consolation que j'aurais puisée dans la société d'un chrétien comme moi.

Mais cela ne devait pas être : leur destinée ou la mienne ou toutes deux peut-être l'interdisaient ; car jusqu'à la dernière année de mon séjour dans l'île j'ai ignoré si quelqu'un s'était ou ne s'était pas sauvé du naufrage; j'eus seulement quelques jours après l'affliction de voir le corps d'un jeune garçon noyé jeté sur le rivage, à l'extrémité de l'île, proche le vaisseau naufragé. Il n'avait pour tout vêtement qu'une veste de matelot, un caleçon de toile ouvert aux genoux et une chemise bleue. Rien ne put me faire deviner quelle était sa nation : il n'avait dans ses poches que deux pièces de huit et une pipe à tabac qui avait dix fois plus de valeur pour moi.

La mer était calme alors, et j'avais grande envie de m'aventurer dans ma pirogue jusqu'au navire. Je ne doutais nullement que je pusse trouver à bord quelque chose pour mon utilité; mais ce n'était pas là le motif qui m'y portait le plus : j'y étais entraîné par la pensée que je trouverais peut-être quelque créature dont je pourrais sauver la vie, et par là réconforter la mienne au plus haut degré. Cette pensée me tenait tellement au cœur, que je n'avais de repos ni jour ni nuit, et qu'il fallut que je me risquasse à aller à bord de ce vaisseau. Je m'abandonnai donc à la providence de Dieu, persuadé que j'étais qu'une impulsion si forte, à laquelle je ne pouvais résister, devait venir d'une invisible direction, et que je serais coupable envers moi si je ne le faisais point.

Sous le coup de cette impression, je regagnai à grands pas mon château, afin de préparer tout pour mon voyage. Je pris une bonne quantité de pain, un grand pot d'eau fraîche, une boussole pour me gouverner, une bouteille de rhum, – j'en avais encore beaucoup en réserve – et une pleine corbeille de raisins. Chargé ainsi, je retournai à ma pirogue, je vidai l'eau qui s'y trouvait, je la mis à flot, et j'y déposai toute ma cargaison. Je revins ensuite chez moi prendre une seconde charge, composée d'un grand sac de riz, de mon parasol – pour placer au-dessus de ma tête et me donner de l'ombre –, d'un second pot d'eau fraîche, de deux douzaines environ de mes petits pains ou gâteaux d'orge, d'une bouteille de lait de chèvre et d'un fromage. Je portai tout cela à mon embarcation, non sans beaucoup de peine et de sueur. Ayant prié Dieu de diriger mon voyage, je me mis en route, et, ramant ou pagayant le long du rivage, je parvins enfin à l'extrême pointe de l'île sur le côté nord-est. Là, il s'agissait de se lancer dans l'Océan, de s'aventurer ou de ne pas s'aventurer. Je regardai les courants rapides qui à quelque distance régnaient des deux côtés de l'île. Le souvenir des dangers que j'avais courus me rendit ce spectacle bien terrible, et le cœur commença à me manquer ; car je pressentis que si un de ces courants m'entraînait, je serais emporté en haute mer, peut-être hors de la vue de mon île ; et qu'alors, comme ma pirogue était fort légère, pour peu qu'un joli frais s'élevât, j'étais inévitablement perdu.

Ces pensées oppressèrent tellement mon âme, que je commençai à abandonner mon entreprise : je halai ma barque dans une crique du rivage, je gagnai un petit tertre et je m'y assis inquiet et pensif, flottant entre la crainte et le désir de faire mon voyage. Tandis que j'étais à réfléchir, je m'aperçus que la marée avait changé et que le flot montait, ce qui rendait pour quelque temps mon départ impraticable. Il me vint alors à l'esprit de gravir sur la butte la plus haute que je pourrais trouver, et d'observer les mouvements de la marée pendant le flux, afin de juger si, entraîné par l'un de ces courants, je ne pourrais pas être ramené par l'autre avec la même rapidité. Cela ne me fut pas plus tôt entré dans la tête, que je jetai mes regards sur un monticule qui dominait suffisamment les deux côtés, et d'où je vis clairement la direction de la marée et la route que j'avais à suivre pour mon retour : le courant du jusant sortait du côté de la pointe sud de l'île, le courant du flot rentrait du côté du nord. Tout ce que j'avais à faire pour opérer mon retour était donc de serrer la pointe septentrionale de l'île.

Enhardi par cette observation, je résolus de partir le lendemain matin avec le commencement de la marée, ce que je fis en effet après avoir reposé la nuit dans mon canot sous la grande houppelande dont j'ai fait mention. Je gouvernai premièrement plein nord, jusqu'à ce que je me sentisse soulevé par le courant qui portait à l'est, et qui m'entraîna à une grande distance, sans cependant me désorienter, ainsi que l'avait fait autrefois le courant sur le côté sud, et sans m'ôter toute la direction de ma pirogue. Comme je faisais un bon sillage avec ma pagaie, j'allai droit au navire échoué, et en moins de deux heures je l'atteignis.

C'était un triste spectacle à voir ! Le bâtiment, qui me parut espagnol par sa construction, était fiché et enclavé entre deux roches ; la poupe et la hanche avaient été mises en pièces par la mer ; et, comme le gaillard d'avant avait donné contre les rochers avec une violence extrême, le grand mât et le mât de misaine s'étaient brisés rez pied ; mais le beaupré était resté en bon état, et l'avant et l'éperon paraissaient fermes.

Lorsque je me fus approché, un chien parut sur le tillac : me voyant venir, il se mit à japper et à aboyer. Aussitôt que je l'appelai, il sauta à la mer pour venir à moi, et je le pris dans ma barque. Le trouvant à moitié mort de faim et de soif, je lui donnai un de mes pains qu'il engloutit comme un loup vorace ayant jeûné quinze jours dans la neige ; ensuite je donnai de l'eau fraîche à cette pauvre bête, qui, si je l'avais laissée faire, aurait bu jusqu'à en crever.

Après cela j'allai à bord. La première chose que j'y rencontrai ce fut dans la cuisine, sur le gaillard d'avant, deux hommes noyés et qui se tenaient embrassés. J'en conclus, cela est au fait probable, qu'au moment où, durant la tempête, le navire avait touché, les lames brisaient si haut, et avec tant de rapidité, que ces pauvres gens n'avaient pu s'en défendre, et avaient été étouffés par la continuelle chute des vagues, comme s'ils eussent été sous l'eau.

Outre le chien, il n'y avait rien à bord qui fût en vie, et toutes les marchandises que je pus voir étaient avariées. Je trouvai cependant, arrimés dans la cale, quelques tonneaux de liqueurs. Était-ce du vin ou de l'eau-de-vie, je ne sais. L'eau en se retirant les avait laissés à découvert, mais ils étaient trop gros pour que je pusse m'en saisir. Je trouvai aussi plusieurs coffres qui me parurent avoir appartenu à des matelots, et j'en portai deux dans ma barque sans examiner ce qu'ils contenaient.

Si la poupe avait été garantie et que la proue eût été brisée, je suis persuadé que j'aurais fait un bon voyage; car, à en juger par ce que je trouvai dans les coffres, il devait y avoir à bord beaucoup de richesses. Je présume par la route qu'il tenait qu'il devait venir de Buenos Ayres ou de Rio de la Plata, dans l'Amérique méridionale, en delà du Brésil, et devait aller à La Havane, dans le golfe du Mexique, et de là peut-être en Espagne. Assurément ce navire recelait un grand trésor, mais perdu à jamais pour tout le monde. Et qu'était devenu le reste de son équipage, je ne le sus pas alors.

Outre ces coffres j'y trouvai un petit tonneau plein d'environ vingt gallons de liqueur, que je transportai dans ma pirogue, non sans beaucoup de difficulté. Dans une cabine je découvris plusieurs mousquets et une grande poire à poudre en contenant environ quatre livres. Quant aux mousquets je n'en avais pas besoin : je les laissai donc, mais je pris le cornet à poudre. Je pris aussi une pelle et des pincettes, qui me faisaient extrêmement faute, deux chaudrons de cuivre, un gril et une chocolatière. Avec cette cargaison et le chien, je me mis en route quand la marée commença à porter vers mon île, que le même soir, à une heure de la nuit environ, j'atteignis, harassé, épuisé de fatigues.

Je reposai cette nuit dans ma pirogue, et le matin je résolus de ne point porter mes acquisitions dans mon château, mais dans ma nouvelle caverne. Après m'être restauré, je débarquai ma cargaison et je me mis à en faire l'inventaire. Le tonneau de liqueur contenait une sorte de rhum, mais non pas de la qualité de celui qu'on boit au Brésil : en un mot, détestable. Quand j'en vins à ouvrir les coffres, je découvris plusieurs choses dont j'avais besoin : par exemple, dans l'un je trouvai un beau coffret renfermant des flacons de forme extraordinaire et remplis d'eaux cordiales fines et très bonnes. Les flacons, de la contenance de trois pintes, étaient tout garnis d'argent. Je trouvai deux pots d'excellentes confitures si bien bouchés que l'eau n'avait pu y pénétrer, et deux autres qu'elle avait tout à fait gâtés. Je trouvai en outre de fort bonnes chemises qui furent les bien venues, et environ une douzaine et demie de mouchoirs de toile blanche et de cravates de couleur. Les mouchoirs furent aussi les biens reçus, rien n'étant plus rafraîchissant pour m'essuyer le visage dans les jours de chaleur. Enfin, lorsque j'arrivai au fond du coffre, je trouvai trois grands sacs de pièces de huit, qui contenaient environ onze cents pièces en tout, et dans l'un de ces sacs six doublons d'or enveloppés dans un papier, et quelques petites barres ou lingots d'or qui, je le suppose, pesaient à peu près une livre.

Dans l'autre coffre il y avait quelques vêtements, mais de peu de valeur. Je fus porté à croire que celui-ci avait appartenu au maître canonnier, par cette raison qu'il ne s'y trouvait point de poudre, mais environ deux livres de pulvérin dans trois flasques, mises en réserve, je suppose, pour charger des armes de chasse dans l'occasion. Somme toute, par ce voyage, j'acquis peu de chose qui me fût d'un très grand usage; car pour l'argent, je n'en avais que faire : il était pour moi comme la boue sous mes pieds; je l'aurais donné pour trois ou quatre paires de bas et de souliers anglais, dont j'avais grand besoin. Depuis bien des années j'étais réduit à m'en passer. J'avais alors, il est vrai, deux paires de souliers que j'avais pris aux pieds des deux hommes noyés que j'avais découverts à bord, et deux autres paires que je trouvai dans l'un des coffres; ce qui me fut fort agréable; mais ils ne valaient pas nos souliers anglais, ni pour la commodité ni pour le service, étant plutôt ce que nous appelons des escarpins que des souliers. Enfin, je tirai du second coffre environ cinquante pièces de huit en réaux, mais point d'or. Il est à croire qu'il avait appartenu à un marin plus pauvre que le premier, qui doit avoir eu quelque officier pour maître.

Je portai néanmoins cet argent dans ma caverne, et je l'y serrai comme le premier que j'avais sauvé de notre bâtiment. Ce fut vraiment grand dommage, comme je le disais tantôt, que l'autre partie du navire n'eût pas été accessible, je suis certain que j'aurais pu en tirer de l'argent de quoi charger plusieurs fois ma pirogue; argent qui, si je fusse jamais parvenu à m'échapper et à m'enfuir en Angleterre, aurait pu rester en sûreté dans ma caverne jusqu'à ce que je revinsse le chercher.

Après avoir tout débarqué et tout mis en lieu sûr, je retournai à mon embarcation. En ramant ou pagayant le long du rivage je la ramenai dans sa rade ordinaire, et je revins en hâte à ma demeure, où je retrouvai tout dans la paix et dans l'ordre. Je me remis donc à vivre selon mon ancienne manière, et à prendre soin de mes affaires domestiques. Pendant un certain temps mon existence fut assez agréable, seulement j'étais encore plus vigilant que de coutume ; je faisais le guet plus souvent et ne mettais plus aussi fréquemment le pied dehors. Si parfois je sortais avec quelque liberté, c'était toujours dans la partie orientale de l'île, où j'avais la presque certitude que les sauvages ne venaient pas, et où je pouvais aller sans tant de précautions, sans ce fardeau d'armes et de munitions que je portais toujours avec moi lorsque j'allais de l'autre côté.

Je vécus près de deux ans encore dans cette situation ; mais ma malheureuse tête, qui semblait faite pour rendre mon corps misérable, fut durant ces deux années toujours emplie de projets et de desseins pour tenter de m'enfuir de mon île. Quelquefois je voulais faire une nouvelle visite au navire échoué, quoique ma raison me criât qu'il n'y restait rien qui valût les dangers du voyage ; d'autres fois je songeais à aller çà et là, tantôt d'un côté, tantôt d'un autre ; et je crois vraiment que si j'avais eu la chaloupe sur laquelle je m'étais échappé de Sallé, je me serais aventuré en mer pour aller n'importe en quel lieu, pour aller je ne sais où.

J'ai été dans toutes les circonstances de ma vie un exemple vivant de ceux qui sont atteints de cette plaie générale de l'humanité, d'où découle gratuitement la moitié de leurs misères : j'entends la plaie de n'être point satisfaits de la position où Dieu et la nature les ont placés. Car sans parler de mon état primitif et de mon opposition aux excellents conseils de mon père, opposition qui fut, si je puis l'appeler ainsi, mon péché originel, n'était-ce pas un égarement de même nature qui avait été l'occasion de ma chute dans cette misérable condition ? Si cette Providence qui m'avait si heureusement établi au Brésil comme planteur eût limité mes désirs, si je m'étais contenté d'avancer pas à pas, j'aurais pu être alors, j'entends au bout du temps que je passai dans mon île, un des plus grands colons du Brésil; car je suis persuadé, par les progrès que j'avais faits dans le peu d'années que j'y vécus et ceux que j'aurais probablement faits si j'y fusse demeuré, que je serais devenu riche à cent mille moidores.

J'avais bien affaire en vérité de laisser là une fortune assise, une plantation bien pourvue, s'améliorant et prospérant, pour m'en aller comme subrécargue chercher des Nègres en Guinée, tandis qu'avec de la patience et du temps, mon capital s'étant accru, j'en aurais pu acheter au seuil de ma porte, à ces gens dont le trafic des Noirs était le seul négoce. Il est vrai qu'ils m'auraient coûté quelque chose de plus, mais cette différence de prix pouvait-elle compenser de si grands hasards ?

La folie est ordinairement le lot des jeunes têtes, et la réflexion sur les folies passées est ordinairement l'exercice d'un âge plus mûr ou d'une expérience payée cher. J'en étais là alors, et cependant l'extravagance avait jeté de si profondes racines dans mon cœur, que je ne pouvais me satisfaire de ma situation, et que j'avais l'esprit appliqué sans cesse à rechercher les moyens et la possibilité de m'échapper de ce lieu. Pour que je puisse, avec le plus grand agrément du lecteur, entamer le reste de mon histoire, il est bon que je donne quelque détail sur la conception de mes absurdes projets de fuite, et que je fasse voir comment et sur quelle fondation j'édifiais.

Qu'on suppose maintenant que je suis retiré dans mon château, après mon dernier voyage au bâtiment naufragé, que ma frégate est désarmée et amarrée sous l'eau comme de coutume, et ma condition est rendue à ce qu'elle était auparavant. J'ai, il est vrai, plus d'opulence; mais je n'en suis pas plus riche, car je ne fais ni plus de cas ni plus d'usage de mon or que les Indiens du Pérou avant l'arrivée des Espagnols.

Par une nuit de la saison pluvieuse de mars, dans la vingt-quatrième année de ma vie solitaire, j'étais couché dans mon lit ou hamac sans pouvoir dormir, mais en parfaite santé; je n'avais de plus qu'à l'ordinaire, ni peine, ni indisposition, ni trouble de corps, ni trouble d'esprit; cependant il m'était impossible de fermer l'œil, du moins pour sommeiller. De toute la nuit je ne m'assoupis pas autrement que comme il suit.

Il serait aussi impossible que superflu de narrer la multitude innombrable de pensées qui durant cette nuit me passèrent par la mémoire, ce grand chemin du cerveau. Je me présentai toute l'histoire de ma vie en miniature ou en raccourci, pour ainsi dire, avant et après ma venue dans l'île. Dans mes réflexions sur ce qu'était ma condition depuis que j'avais abordé cette terre, je vins à comparer l'état heureux de mes affaires pendant les premières années de mon exil, à cet état d'anxiété, de crainte et de précautions dans lequel je vivais depuis que j'avais vu l'empreinte d'un pied d'homme sur le sable. Il n'est pas croyable que les sauvages n'eussent pas fréquenté l'île avant cette époque: peut-être y étaient-ils descendus au rivage par centaines; mais, comme je n'en avais jamais rien su et n'avais pu en concevoir aucune appréhension, ma sécurité était parfaite, bien que le péril fût le même. J'étais aussi heureux en ne connaissant point les dangers qui m'entouraient que si je n'y eusse réellement point été exposé. Cette vérité fit naître en mon esprit beaucoup de réflexions profitables, et particulièrement celle-ci : Combien est infiniment bonne cette Providence qui dans sa sagesse a posé des bornes étroites à la vue et à la conscience de l'homme ! Quoiqu'il marche au milieu de mille dangers dont le spectacle, s'ils se découvraient à lui, troublerait son âme et terrasserait son courage, il garde son calme et sa sérénité, parce que l'issue des choses est cachée à ses regards, parce qu'il ne sait rien des dangers qui l'environnent.

Après que ces pensées m'eurent distrait quelque temps, je vins à réfléchir sérieusement sur les dangers réels que j'avais courus durant tant d'années dans cette île même où je me promenais dans la plus grande sécurité, avec toute la tranquillité possible, quand peut-être il n'y avait que la pointe d'une colline, un arbre, ou les premières ombres de la nuit, entre moi et le plus affreux de tous les sorts, celui de tomber entre les mains des sauvages, des cannibales, qui se seraient saisis de moi dans le même but que je le faisais d'une chèvre ou d'une tortue, et n'auraient pas plus pensé faire un crime en me tuant et en me dévorant, que moi en mangeant un pigeon ou un courlis. Je serais injustement mon propre détracteur, si je disais que je ne rendis pas sincèrement grâce à mon divin Conservateur pour toutes les délivrances inconnues qu'avec la plus grande humilité je confessais devoir à sa toute particulière protection, sans laquelle je serais inévitablement tombé entre ces mains impitoyables.

Ces considérations m'amenèrent à faire des réflexions sur la nature de ces sauvages, et à examiner comment il se faisait qu'en ce monde le sage

Dispensateur de toutes choses eût abandonné quelques-unes de ses créatures à une telle inhumanité, au-dessous de la brutalité même, qu'elles vont jusqu'à se dévorer dans leur propre espèce. Mais comme cela n'aboutissait qu'à des spéculations, vaines pour le moment, je me pris à rechercher dans quel endroit du monde ces malheureux vivaient ; à quelle distance était la côte d'où ils venaient ; pourquoi ils s'aventuraient si loin de chez eux ; quelle sorte de bateaux ils avaient, et pourquoi je ne pourrais pas en ordonner de moi et de mes affaires de façon à être à même d'aller à eux aussi bien qu'ils venaient à moi.

Je ne me mis nullement en peine de ce que je ferais de moi quand je serais parvenu là, de ce que je deviendrais si je tombais entre les mains des sauvages ; comment je leur échapperais s'ils m'entreprenaient, comment il me serait possible d'aborder à la côte sans être attaqué par quelqu'un d'eux de manière à ne pouvoir me délivrer moi-même. Enfin, s'il advenait que je ne tombasse point en leur pouvoir, comment je me procurerais des provisions et vers quel lieu je dirigerais ma course. Aucune de ces pensées, dis-je, ne se présenta à mon esprit : mon idée de gagner la terre ferme dans ma pirogue l'absorbait. Je regardais ma position d'alors comme la plus misérable qui pût être, et je ne voyais pas que je pusse rencontrer rien de pire, sauf la mort. Ne pouvais-je pas trouver du secours en atteignant le continent, ou ne pouvais-je le côtoyer, comme le rivage d'Afrique, jusqu'à ce que je parvinsse à quelque pays habité où l'on me prêterait assistance. Après tout, n'était-il pas possible que je rencontrasse un bâtiment chrétien qui me prendrait à son bord ; et enfin, le pire du pire advenant, je ne pouvais que mourir, ce qui tout d'un coup mettrait fin à toutes mes misères. Notez, je vous prie, que tout ceci était le fruit du désordre de mon âme et de mon esprit véhément, exaspéré, en quelque sorte, par la continuité de mes souffrances et par le désappointement que j'avais eu à bord du vaisseau naufragé, où j'avais été si près d'obtenir ce dont j'étais ardemment désireux, c'est-à-dire quelqu'un à qui parler, quelqu'un qui pût me donner quelque connaissance du lieu où j'étais et m'enseigner des moyens probables de délivrance. J'étais donc, dis-je, totalement bouleversé par ces pensées. Le calme de mon esprit, puisé dans ma résignation à la Providence et ma soumission aux volontés du Ciel, semblait être suspendu ; et je n'avais pas en quelque sorte la force de détourner ma pensée de ce projet de voyage, qui m'assiégeait de désirs si impétueux qu'il était impossible d'y résister.

Après que cette passion m'eut agité pendant deux heures et plus, avec une telle violence que mon sang bouillonnait et que mon pouls battait comme si la ferveur extraordinaire de mes désirs m'eût donné la fièvre, la nature fatiguée, épuisée, me jeta dans un profond sommeil. On pourrait croire que mes songes roulèrent sur le même projet, mais non pas, mais sur rien qui s'y rapportât. Je rêvai que, sortant un matin de mon château comme de coutume, je voyais sur le rivage deux canots et onze sauvages débarquant et apportant avec eux un autre sauvage pour le tuer et le manger. Tout à coup, comme ils s'apprêtaient à égorger ce sauvage, il bondit au loin et se prit à fuir pour sauver sa vie. Alors je crus voir dans mon rêve que, pour se cacher, il accourait vers le bocage épais masquant mes fortifications ; puis, que, m'apercevant qu'il était seul et que les autres ne le cherchaient point par ce chemin, je me découvrais à lui en lui souriant et l'encourageant ; et qu'il s'agenouillait devant moi et semblait implorer mon assistance. Sur ce je lui montrais mon échelle, je l'y faisais monter et je l'introduisais dans ma grotte, et il devenait mon serviteur. Sitôt que je me fus acquis cet homme je me dis : « Maintenant je puis certainement me risquer à gagner le continent, car ce compagnon me servira de pilote, me dira ce qu'il faut faire, me dira où aller pour avoir des provisions ou ne pas aller de peur d'être dévoré ; bref, les lieux à aborder et ceux à fuir. » Je me réveillai avec cette idée ; j'étais encore sous l'inexprimable impression de joie qu'en rêve j'avais ressentie à l'aspect de ma délivrance ; mais en revenant à moi et en trouvant que ce n'était qu'un songe, je ressentis un désappointement non moins étrange et qui me jeta dans un grand abattement d'esprit.

J'en tirai toutefois cette conclusion, que le seul moyen d'effectuer quelque tentative de fuite, c'était de m'acquérir un sauvage, surtout, si c'était possible, quelque prisonnier condamné à être mangé et amené à terre pour être égorgé. Mais une difficulté s'élevait encore. Il était impossible d'exécuter ce dessein sans assaillir et massacrer toute une caravane : vrai coup de désespoir qui pouvait si facilement manquer ! D'un autre côté j'avais de grands scrupules sur la légitimité de cet acte, et mon cœur bondissait à la seule pensée de verser tant de sang, bien que ce fût pour ma délivrance. Il n'est pas besoin de répéter ici les arguments qui venaient plaider contre ce bon sentiment : ce sont les mêmes que ceux dont il a été déjà fait mention ; mais, quoique j'eusse encore d'autres raisons à exposer alors, c'est-à-dire que ces hommes étaient mes ennemis et me dévoreraient s'il leur était possible ; que c'était réellement pour ma propre conservation que je devais me délivrer de cette mort dans la vie, et que j'agissais pour ma propre défense tout aussi bien que s'ils m'attaquaient ; quoique, dis-je, toutes ces raisons militassent pour moi, cependant la pensée de verser du sang humain pour ma délivrance m'était si terrible, que j'eus beau faire, je ne pus de longtemps me concilier avec elle.

Néanmoins, enfin, après beaucoup de délibérations intimes, après de grandes perplexités – car tous ces arguments pour et contre s'agitèrent longtemps dans ma tête –, mon véhément désir prévalut et étouffa tout le reste, et je me déterminai, coûte que coûte, à m'emparer de quelqu'un de ces sauvages. La question était alors de savoir comment m'y prendre, et c'était chose difficile à résoudre; mais, comme aucun moyen probable ne se présentait à mon choix, je résolus donc de faire seulement sentinelle pour guetter quand ils débarqueraient, de n'arrêter mes mesures que dans l'occasion, de m'abandonner à l'événement, de le laisser être ce qu'il voudrait.

Plein de cette résolution, je me mis en vedette aussi souvent que possible, si souvent même que je m'en fatiguai profondément; car pendant un an et demi je fis le guet et allai une grande partie de ce temps au moins une fois par jour à l'extrémité ouest et sud-ouest de l'île pour découvrir des canots, mais sans que j'aperçusse rien. C'était vraiment décourageant, et je commençai à m'inquiéter beaucoup, bien que je ne puisse dire qu'en ce cas mes désirs se soient émoussés comme autrefois. Ma passion croissait avec l'attente. En un mot je n'avais pas été d'abord plus soigneux de fuir la vue des sauvages et d'éviter d'être aperçu par eux, que j'étais alors désireux de les entreprendre.

Alors je me figurais même que si je m'emparais de deux ou trois sauvages, j'étais capable de les gouverner de façon à m'en faire des esclaves, à me les assujettir complètement et à leur ôter à jamais tout moyen de me nuire. Je me complaisais dans cette idée, mais toujours rien ne se présentait : toutes mes volontés, tous mes plans n'aboutissaient à rien, car il ne venait point de sauvages.

Un an et demi environ après que j'eus conçu ces idées, et que par une longue réflexion j'eus en quelque manière décidé qu'elles demeuraient sans résultat faute d'occasion, je fus surpris un matin, de très bonne heure, en ne voyant pas moins de cinq canots tous ensemble au rivage sur mon côté de l'île. Les sauvages à qui ils appartenaient étaient déjà à terre et hors de ma vue. Le nombre de ces canots rompait toutes mes mesures ; car, n'ignorant pas qu'ils venaient toujours quatre ou six, quelquefois plus, dans chaque embarcation, je ne savais que penser de cela, ni quel plan dresser pour attaquer moi seul vingt ou trente hommes. Aussi demeurai-je dans mon château embarrassé et abattu. Cependant, dans la même attitude que j'avais prise autrefois, je me préparai à repousser une attaque ; j'étais tout prêt à agir si quelque chose se fût présenté. Ayant attendu longtemps et longtemps prêté l'oreille pour écouter s'il se faisait quelque bruit, je m'impatientai enfin ; et, laissant mes deux fusils au pied de mon échelle, je montai jusqu'au sommet du rocher, en deux escalades, comme d'ordinaire. Là, posté de façon à ce que ma tête ne parût point au-dessus de la cime, pour qu'en aucune manière on ne pût m'apercevoir, j'observai à l'aide de mes lunettes d'approche qu'ils étaient au moins au nombre de trente, qu'ils avaient allumé un feu et préparé leur nourriture : quel aliment était-ce et comment l'accommodaient-ils, c'est ce que je ne pus savoir ; mais je les vis tous danser autour du feu, et, suivant leur coutume, avec je ne sais combien de figures et de gesticulations barbares.

Tandis que je regardais ainsi, j'aperçus par ma

longue-vue deux misérables qu'on tirait des pirogues, où sans doute ils avaient été mis en réserve, et qu'alors on faisait sortir pour être massacrés. J'en vis aussitôt tomber un assommé, je pense, avec un casse-tête ou un sabre de bois, selon l'usage de ces nations. Deux ou trois de ces meurtriers se mirent incontinent à l'œuvre et le dépecèrent pour leur cuisine, pendant que l'autre victime demeurait là en attendant qu'ils fussent prêts pour elle. En ce moment même la nature inspira à ce pauvre malheureux, qui se voyait un peu en liberté, quelque espoir de sauver sa vie ; il s'élança, et se prit à courir avec une incroyable vitesse, le long des sables, droit vers moi, j'entends vers la partie de la côte où était mon habitation.

Je fus horriblement effrayé – il faut que je l'avoue – quand je le vis enfiler ce chemin, surtout quand je m'imaginai le voir poursuivi par toute la troupe. Je crus alors qu'une partie de mon rêve allait se vérifier, et qu'à coup sûr il se réfugierait dans mon bocage ; mais je ne comptais pas du tout que le dénouement serait le même, c'est-à-dire que les autres sauvages ne l'y pourchasseraient pas et ne l'y trouveraient point. Je demeurai toutefois à mon poste, et bientôt je recouvrai quelque peu mes esprits lorsque je reconnus qu'ils n'étaient que trois hommes à sa poursuite. Je retrouvai surtout du courage en voyant qu'il les surpassait excessivement à la course et gagnait du terrain sur eux, de manière que s'il pouvait aller de ce train une demi-heure encore il était indubitable qu'il leur échapperait.

Il y avait entre eux et mon château la crique dont j'ai souvent parlé dans la première partie de mon histoire, quand je fis le sauvetage du navire, et je prévis qu'il faudrait nécessairement que le pauvre infortuné la passât à la nage ou qu'il fût pris. Mais lorsque le sauvage échappé eut atteint jusque-là, il ne fit ni une ni deux, malgré la marée haute, il s'y plongea ; il gagna l'autre rive en une trentaine de brassées ou environ, et se reprit à courir avec une force et une vitesse sans pareilles. Quand ses trois ennemis arrivèrent à la crique, je vis qu'il n'y en avait que deux qui sussent nager. Le troisième s'arrêta sur le bord, regarda sur l'autre côté et n'alla pas plus loin. Au bout de quelques instants il s'en retourna pas à pas ; et, d'après ce qui advint, ce fut très heureux pour lui.

Toutefois j'observai que les deux qui savaient nager mirent à passer la crique deux fois plus de temps que n'en avait mis le malheureux qui les fuyait. Mon esprit conçut alors avec feu, et irrésistiblement, que l'heure était venue de m'acquérir un serviteur, peut-être un camarade ou un ami, et que j'étais manifestement appelé par la Providence à sauver la vie de cette pauvre créature. Aussitôt je descendis en toute hâte par mes échelles, je pris les deux fusils que j'y avais laissés au pied, comme je l'ai dit tantôt, et, remontant avec la même précipitation, je m'avançai vers la mer. Ayant coupé au plus court et par un chemin tout en pente, je pus me précipiter entre les poursuivants et le poursuivi, et j'appelai le fuyard. Il se retourna et fut peut-être d'abord tout aussi effrayé de moi que d'eux ; mais je lui fis signe de la main de revenir, et en même temps je m'avançai lentement vers les deux qui accouraient. Tout à coup je me précipitai sur le premier, et je l'assommai avec la crosse de mon fusil. Je ne me souciais pas de faire feu, de peur que la détonation ne fût entendue des autres, quoique à cette distance cela ne se pût guère ; d'ailleurs, comme ils n'auraient pu apercevoir la fumée, ils n'auraient pu aisément savoir d'où cela provenait. Ayant donc assommé celui-ci, l'autre qui le suivait s'arrêta comme s'il eût été effrayé. J'allai à grands pas vers lui; mais quand je m'en fus approché, je le vis armé d'un arc, et prêt à décocher une flèche contre moi. Placé ainsi dans la nécessité de tirer le premier, je le fis et le tuai du coup.

Le pauvre sauvage échappé avait fait halte; mais, bien qu'il vît ses deux ennemis mordre la poussière, il était pourtant si épouvanté du feu et du bruit de mon arme, qu'il demeura pétrifié, n'osant aller ni en avant ni en arrière. Il me parut cependant plutôt disposé à s'enfuir encore qu'à s'approcher. Je l'appelai de nouveau et lui fis signe de venir, ce qu'il comprit facilement. Il fit alors quelques pas et s'arrêta, puis s'avança un peu plus et s'arrêta encore; et je m'aperçus qu'il tremblait comme s'il eût été fait prisonnier et sur le point d'être tué comme ses deux ennemis. Je lui fis signe encore de venir à moi, et je lui donnai toutes les marques d'encouragement que je pus imaginer. De plus près en plus près il se risqua, s'agenouillant à chaque dix ou douze pas pour me témoigner sa reconnaissance de lui avoir sauvé la vie. Je lui souriais, je le regardais aimablement et l'invitais toujours à s'avancer. Enfin il s'approcha de moi; puis, s'agenouillant encore, baisa la terre, mit sa tête sur la terre, prit mon pied et mit mon pied sur sa tête : ce fut, il me semble, un serment juré d'être à jamais mon esclave. Je le relevai, je lui fis des caresses et le rassurai par tout ce que je pus. Mais la besogne n'était pas achevée; car je m'aperçus alors que le sauvage que j'avais assommé n'était pas tué, mais seulement étourdi, et qu'il commençait à se remettre. Je le montrai du doigt à mon sauvage, en lui faisant remarquer qu'il n'était pas mort. Sur ce il me dit quelques mots, qui, bien que je ne les comprisse pas, me furent bien doux à entendre; car c'était le premier son de voix humaine, la mienne exceptée, que j'eusse ouï

depuis vingt-cinq ans. Mais l'heure de m'abandonner à de pareilles réflexions n'était pas venue : le sauvage abasourdi avait recouvré assez de force pour se mettre sur son séant, et je m'apercevais que le mien commençait à s'en effrayer. Quand je vis cela je pris mon second fusil et couchai en joue notre homme, comme si j'eusse voulu tirer sur lui.

Là-dessus, mon sauvage, car dès lors je pouvais l'appeler ainsi, me demanda que je lui prêtasse mon sabre, qui pendait nu à mon côté ; je le lui donnai : il ne l'eut pas plus tôt, qu'il courut à son ennemi et d'un seul coup lui trancha la tête si adroitement qu'il n'y a pas en Allemagne un bourreau qui l'eût fait ni plus vite ni mieux. Je trouvai cela étrange pour un sauvage, que je supposais avec raison n'avoir jamais vu auparavant d'autres sabres que les sabres de bois de sa nation. Toutefois il paraît, comme je l'appris plus tard, que ces sabres sont si affilés, sont si pesants et d'un bois si dur, qu'ils peuvent d'un seul coup abattre une tête ou un bras. Après cet exploit il revint à moi, riant en signe de triomphe, et avec une foule de gestes que je ne compris pas il déposa à mes pieds mon sabre et la tête du sauvage.

Mais ce qui l'intrigua beaucoup, ce fut de savoir comment de si loin j'avais pu tuer l'autre Indien, et, me le montrant du doigt, il me fit des signes pour que je l'y laissasse aller. Je lui répondis donc du mieux que je pus que je le lui permettais. Quand il s'en fut approché, il le regarda et demeura là comme un ébahi ; puis, le tournant tantôt d'un côté et tantôt d'un autre, il examina la blessure. La balle avait frappé juste dans la poitrine et avait fait un trou d'où peu de sang avait coulé : sans doute il s'était épanché intérieurement, car il était bien mort. Enfin il lui prit son arc et ses flèches et s'en revint. Je me mis alors en devoir de partir et je l'invitai à me suivre, en lui donnant à entendre qu'il en pourrait survenir d'autres en plus grand nombre.

Sur ce il me fit signe qu'il voulait enterrer les deux cadavres, pour que les autres, s'ils accouraient, ne pussent les voir. Je le lui permis, et il se jeta à l'ouvrage. En un instant, il eut creusé avec ses mains un trou dans le sable assez grand pour y ensevelir le premier, qu'il y traîna et qu'il recouvrit ; il en fit de même pour l'autre. Je pense qu'il ne mit pas plus d'un quart d'heure à les enterrer tous les deux. Je le rappelai alors, et l'emmenai, non dans mon château, mais dans la caverne que j'avais plus avant dans l'île. Je fis ainsi mentir cette partie de mon rêve, qui lui donnait mon bocage pour abri.

Là je lui offris du pain, une grappe de raisin et de l'eau, dont je vis qu'il avait vraiment grand besoin à cause de sa course. Lorsqu'il se fut restauré, je lui fis signe d'aller se coucher et de dormir, en lui montrant un tas de paille de riz avec une couverture dessus, qui me servait quelquefois de lit. La pauvre créature se coucha donc et s'endormit.

C'était un grand beau garçon, svelte, et bien tourné et à mon estime d'environ vingt-six ans. Il avait un bon maintien, l'aspect ni arrogant ni farouche et quelque chose de très mâle dans la face ; cependant il avait aussi toute l'expression douce et molle d'un Européen, surtout quand il souriait. Sa chevelure était longue et noire, et non pas crépue comme de la laine. Son front était haut et large, ses yeux vifs et pleins de feu. Son teint n'était pas noir, mais très basané, sans rien avoir cependant de ce ton jaunâtre, cuivré et nauséabond des Brésiliens, des Virginiens et autres naturels de l'Amérique ; il approchait plutôt d'une légère couleur d'olive foncée, plus agréable en soi que facile à décrire. Il avait le visage rond et potelé, le nez petit et non pas aplati comme ceux des Nègres, la bouche belle, les lèvres minces, les dents fines, bien rangées et blanches comme ivoire.

Après avoir sommeillé plutôt que dormi environ une demi-heure, il s'éveilla et sortit de la caverne pour me rejoindre ; car j'étais allé traire mes chèvres, parquées dans l'enclos près de là. Quand il m'aperçut il vint à moi en courant, et se jeta à terre avec toutes les marques possibles d'une humble reconnaissance, qu'il manifestait par une foule de grotesques gesticulations. Puis il posa sa tête à plat sur la terre, prit l'un de mes pieds et le posa sur sa tête, comme il avait déjà fait ; puis il m'adressa tous les signes imaginables d'assujettissement, de servitude et de soumission, pour me donner à connaître combien était grand son désir de s'attacher à moi pour la vie. Je le comprenais en beaucoup de choses, et je lui témoignais que j'étais fort content de lui.

En peu de temps je commençai à lui parler et à lui apprendre à me parler. D'abord je lui fis savoir que son nom serait Vendredi, c'était le jour où je lui avais sauvé la vie, et je l'appelai ainsi en mémoire de ce jour. Je lui enseignai également à m'appeler maître, à dire oui et non, et je lui appris ce que ces mots signifiaient. Je lui donnai ensuite du lait dans un pot de terre ; j'en bus le premier, j'y trempai mon pain et lui donnai un gâteau pour qu'il fît de même : il s'en accommoda aussitôt et me fit signe qu'il trouvait cela fort bon.

Je demeurai là toute la nuit avec lui ; mais dès que le jour parut je lui fis comprendre qu'il fallait me suivre et que je lui donnerais des vêtements ; il parut charmé de cela, car il était absolument nu. Comme nous passions par le lieu où il avait enterré les deux hommes, il me le désigna exactement et me montra les marques qu'il avait faites pour le reconnaître, en me faisant signe que nous devrions les déterrer et les manger. Là-dessus je parus fort en colère ; je lui exprimai mon horreur en faisant comme si j'allais vomir à cette pensée, et je lui enjoignis de la main de passer outre, ce qu'il fit sur-le-champ avec une grande soumission. Je l'emmenai alors sur le sommet de la montagne, pour voir si les ennemis étaient partis ; et, braquant ma longue-vue, je découvris parfaitement la place où ils avaient été, mais aucune apparence d'eux ni de leurs canots. Il était donc positif qu'ils étaient partis et qu'ils avaient laissé derrière eux leurs deux camarades sans faire aucune recherche.

Mais cette découverte ne me satisfaisait pas : ayant alors plus de courage et conséquemment plus de curiosité, je pris mon Vendredi avec moi, je lui mis une épée à la main, sur le dos l'arc et les flèches dont je le trouvai très adroit à se servir ; je lui donnai aussi à porter un fusil pour moi ; j'en pris deux moi-même, et nous marchâmes vers le lieu où avaient été les sauvages, car je désirais en avoir de plus amples nouvelles. Quand j'y arrivai mon sang se glaça dans mes veines, et mon cœur défaillit à un horrible spectacle. C'était vraiment chose terrible à voir, du moins pour moi, car cela ne fit rien à Vendredi. La place était couverte d'ossements humains, la terre teinte de sang ; çà et là étaient des morceaux de chair mangés à moitié, déchirés et rôtis, en un mot toutes les traces d'un festin de triomphe qu'ils avaient fait là après une victoire sur leurs ennemis. Je vis trois crânes, cinq mains, les os de trois ou quatre jambes, des os de pieds et une foule d'autres parties du corps. Vendredi me fit entendre par ses signes que les sauvages avaient amené quatre prisonniers pour les manger, que trois l'avaient été, et, en se désignant lui-même, qu'il était le quatrième ; qu'il y avait eu une grande bataille entre eux et un roi leur voisin – dont, ce semble, il était le sujet –, qu'un grand nombre de prisonniers avaient été faits, et conduits en différents lieux par ceux qui les avaient pris dans la déroute, pour être mangés, ainsi que l'avaient été ceux débarqués par ces misérables.

Je commandai ·à Vendredi de ramasser ces crânes, ces os, ces tronçons et tout ce qui restait, de les mettre en un monceau et de faire un grand feu dessus pour les réduire en cendres. Je m'aperçus qu'il avait encore un violent appétit pour cette chair, et que son naturel était encore cannibale ; mais je lui montrai tant d'horreur à cette idée, à la moindre apparence de cet appétit, qu'il n'osa pas le découvrir : car je lui avais fait parfaitement comprendre que s'il le manifestait je le tuerais.

Lorsqu'il eut fait cela, nous nous en retournâmes à notre château, et là je me mis à travailler avec mon serviteur Vendredi. Avant tout je lui donnai une paire de caleçons de toile que j'avais tirée du coffre du pauvre canonnier dont il a été fait mention, et que j'avais trouvée dans le bâtiment naufragé : avec un léger changement, elle lui alla très bien. Je lui fabriquai ensuite une casaque de peau de chèvre aussi bien que me le permit mon savoir : j'étais devenu alors un assez bon tailleur ; puis je lui donnai un bonnet très commode et assez *fashionable,* que j'avais fait avec une peau de lièvre. Il fut ainsi passablement habillé pour le moment, et on ne peut plus ravi de se voir presque aussi bien vêtu que son maître. A la vérité, il eut d'abord l'air fort empêché dans toutes ces choses : ses caleçons étaient portés gauchement, ses manches de casaque le gênaient aux épaules et sous les bras ; mais, ayant élargi les endroits où il se plaignait qu'elles lui faisaient mal, et lui-même s'y accoutumant, il finit par s'en accommoder fort bien.

Le lendemain du jour où je vins avec lui à ma *huche,* je commençai à examiner où je pourrais le loger. Afin qu'il fût commodément pour lui et cependant très convenablement pour moi, je lui élevai une petite cabane dans l'espace vide entre mes deux fortifications, en dedans de la dernière et en dehors de la première. Comme il y avait là une ouverture donnant dans ma grotte, je façonnai une

bonne huisserie et une porte de planches que je posai dans le passage, un peu en dedans de l'entrée. Cette porte était ajustée pour ouvrir à l'intérieur. La nuit je la barrais et retirais aussi mes deux échelles; de sorte que Vendredi n'aurait pu venir jusqu'à moi dans mon dernier retranchement sans faire, en grimpant, quelque bruit qui m'aurait immanquablement réveillé; car ce retranchement avait alors une toiture faite de longues perches couvrant toute ma tente, s'appuyant contre le rocher et entrelacées de branchages, en guise de lattes, chargées d'une couche très épaisse de paille de riz aussi forte que des roseaux. A la place où était le trou que j'avais laissé pour entrer ou sortir avec mon échelle, j'avais posé une sorte de trappe, qui, si elle eût été forcée à l'extérieur, ne se serait point ouverte, mais serait tombée avec un grand fracas. Quant aux armes, je les prenais toutes avec moi pendant la nuit.

Mais je n'avais pas besoin de tant de précautions, car jamais homme n'eut un serviteur plus sincère, plus aimant, plus fidèle que Vendredi. Sans passions, sans obstination, sans volonté, complaisant et affectueux, son attachement pour moi était celui d'un enfant pour son père. J'ose dire qu'il aurait sacrifié sa vie pour sauver la mienne en toute occasion. La quantité de preuves qu'il m'en donna mit cela hors de doute, et je fus bientôt convaincu que pour ma sûreté, il n'était pas nécessaire d'user de précautions à son égard.

Ceci me donna souvent occasion d'observer, et avec étonnement, que si toutefois il avait plu à Dieu, dans sa sagesse et dans le gouvernement des œuvres de ses mains, de détacher un grand nombre de ses créatures du bon usage auquel sont applicables leurs facultés et les puissances de leur âme, il leur avait pourtant accordé les mêmes forces, la même raison, les mêmes affections, les mêmes sentiments d'amitié et d'obligeance, les mêmes passions, le même ressentiment pour les outrages, le même sens de gratitude, de sincérité, de fidélité, enfin toutes les capacités pour faire et recevoir le bien, qui nous ont été données à nous-mêmes ; et que, lorsqu'il plaît à Dieu de leur envoyer l'occasion d'exercer leurs facultés, ces créatures sont aussi disposées, même mieux disposées que nous, à les appliquer au bon usage pour lequel elles leur ont été départies. Je devenais parfois très mélancolique lorsque je réfléchissais au médiocre emploi que généralement nous faisons de toutes ces facultés, quoique notre intelligence soit éclairée par ce flambeau de l'instruction, l'Esprit de Dieu, et que notre entendement soit agrandi par la connaissance de sa parole. Pourquoi, me demandais-je, plaît-il à Dieu de cacher cette connaissance salutaire à tant de millions d'âmes qui, à en juger par ce pauvre sauvage, en auraient fait un meilleur usage que nous ?

De là j'étais quelquefois entraîné si loin que je m'attaquais à la souveraineté de la Providence, et que j'accusais en quelque sorte sa justice d'une disposition assez arbitraire pour cacher la lumière aux uns, la révéler aux autres, et cependant attendre de tous les mêmes devoirs. Mais aussitôt je coupais court à ces pensées et les réprimais par cette conclusion : que nous ignorons selon quelle lumière et quelle loi seront condamnées ces créatures ; que Dieu étant par son essence infiniment saint et équitable, si elles étaient condamnées à ne le point connaître, c'était pour avoir péché contre cette lumière qui, comme dit l'Écriture, était une loi pour elles, et selon des règles que leur propre conscience aurait reconnues être justes, bien que le principe n'en fût point manifeste pour nous ; qu'enfin nous sommes tous « comme l'argile entre les mains du potier, à qui nul vase n'a droit de dire : Pourquoi m'as-tu fait ainsi ? »

Mais retournons à mon nouveau compagnon. J'étais enchanté de lui, et je m'appliquais à lui enseigner à faire tout ce qui était propre à le rendre utile, adroit, entendu, mais surtout à me parler et à me comprendre, et je le trouvai le meilleur écolier qui fût jamais. Il était si gai, si constamment assidu et si content quand il pouvait m'entendre ou se faire entendre de moi, qu'il m'était vraiment agréable de causer avec lui. Alors ma vie commençait à être si douce que je me disais : n'eussé-je pas à redouter les sauvages, je demeurerais volontiers en ce lieu aussi longtemps que je vivrai.

Trois ou quatre jours après mon retour au château je pensai que, pour détourner Vendredi de son horrible nourriture accoutumée et de son appétit cannibale, je devais lui faire goûter d'autre viande : je l'emmenai donc un matin dans les bois. J'y allais, au fait, dans l'intention de tuer un cabri de mon troupeau pour l'apporter et l'apprêter au logis ; mais, chemin faisant, je vis une chèvre couchée à l'ombre, avec deux jeunes chevreaux à ses côtés. Là-dessus j'arrêtai Vendredi. « Holà ! ne bouge pas », lui dis-je en lui faisant signe de ne pas remuer. Au même instant j'épaulai mon fusil, je tirai et je tuai un des chevreaux. Le pauvre diable, qui m'avait vu, il est vrai, tuer à une grande distance le sauvage son ennemi, mais qui n'avait pu imaginer comment cela s'était fait, fut jeté dans une étrange surprise. Il tremblait, il chancelait, et avait l'air si consterné que je pensai le voir tomber en défaillance. Il ne regarda pas le chevreau sur lequel j'avais fait feu ou ne s'aperçut pas que je l'avais tué, mais il arracha sa veste pour s'assurer s'il n'était point blessé lui-même. Il croyait sans doute que j'avais résolu de me défaire de lui ; car il vint s'agenouiller devant moi, et, embrassant mes genoux, il me dit une multitude de choses où je n'entendis rien, sinon qu'il me suppliait de ne pas le tuer.

Je trouvai bientôt un moyen de le convaincre que je ne voulais point lui faire de mal : je le pris par la main et le relevai en souriant, et lui montrant du doigt le chevreau que j'avais atteint, je lui fis signe de l'aller quérir. Il obéit. Tandis qu'il s'émerveillait et cherchait à voir comment cet animal avait été tué, je rechargeai mon fusil, et au même instant j'aperçus, perché sur un arbre à portée de mousquet, un grand oiseau semblable à un faucon. Afin que Vendredi comprît un peu ce que j'allais faire, je le rappelai vers moi en lui montrant l'oiseau; c'était, de fait, un perroquet, bien que je l'eusse pris pour un faucon. Je lui désignai donc le perroquet, puis mon fusil, puis la terre au-dessous du perroquet, pour lui indiquer que je voulais l'abattre et lui donner à entendre que je voulais tirer sur cet oiseau et le tuer. En conséquence je fis feu; je lui ordonnai de regarder, et, sur-le-champ, il vit tomber le perroquet. Nonobstant tout ce que je lui avais dit, il demeura encore là comme un effaré. Je conjecturai qu'il était épouvanté ainsi parce qu'il ne m'avait rien vu mettre dans mon fusil, et qu'il pensait que c'était une source merveilleuse de mort et de destruction propre à tuer hommes, bêtes, oiseaux, ou quoi que ce fût, de près ou de loin.

Son étonnement fut tel, que de longtemps il n'en put revenir; et je crois que si je l'eusse laissé faire il m'aurait adoré moi et mon fusil. Quant au fusil lui-même, il n'osa pas y toucher de plusieurs jours; mais lorsqu'il en était près il lui parlait et l'implorait comme s'il eût pu lui répondre. C'était, je l'appris dans la suite, pour le prier de ne pas le tuer.

Lorsque sa frayeur se fut un peu dissipée, je lui fis signe de courir chercher l'oiseau que j'avais frappé, ce qu'il fit; mais il fut assez longtemps absent, car le perroquet, n'étant pas tout à fait mort, s'était traîné à une grande distance de l'endroit où je l'avais abattu. Toutefois il le trouva, le ramassa et vint me l'apporter. Comme je m'étais aperçu de son ignorance à l'égard de mon fusil, je profitai de son éloignement pour le recharger sans qu'il pût me voir, afin d'être tout prêt s'il se présentait une autre occasion : mais plus rien ne s'offrit alors. J'apportai donc le chevreau à la maison, et le même soir je l'écorchai et je le dépeçai de mon mieux. Comme j'avais un vase convenable, j'en mis bouillir ou consommer quelques morceaux, et je fis un excellent bouillon. Après que j'eus tâté de cette viande, j'en donnai à mon serviteur, qui en parut très content et trouva cela fort de son goût. Mais ce qui le surprit beaucoup, ce fut de me voir manger du sel avec la viande. Il me fit signe que le sel n'était pas bon à manger, et, en ayant mis un peu dans sa bouche, son cœur sembla se soulever, il le cracha et le recracha, puis se rinça la bouche avec de l'eau fraîche. A mon tour je pris une bouchée de viande sans sel, et je me mis à cracher et à crachoter aussi vite qu'il avait fait ; mais cela ne le décida point, et il ne se soucia jamais de saler sa viande ou son bouillon, si ce n'est que fort longtemps après, et encore ce ne fut que très peu.

Après lui avoir fait ainsi goûter du bouilli et du bouillon, je résolus de le régaler le lendemain d'une pièce de chevreau rôti. Pour la faire cuire je la suspendis à une ficelle devant le feu – comme je l'avais vu pratiquer à beaucoup de gens en Angleterre – en plantant deux pieux, un sur chaque côté du brasier, avec un troisième pieu posé en travers sur leur sommet, en attachant la ficelle à cette traverse, et en faisant tourner la viande continuellement. Vendredi s'émerveilla de cette invention ; et quand il vint à manger de ce rôti, il s'y prit de tant de manières pour me faire savoir combien il le trouvait à son goût, que je n'eusse pu ne pas le comprendre. Enfin il me déclara que désormais il ne mangerait plus d'aucune chair humaine, ce dont je fus fort aise.

Le jour suivant je l'occupai à piler du blé et à bluter, suivant la manière que je mentionnai autrefois. Il apprit promptement à faire cela aussi bien que moi, après surtout qu'il eut compris quel en était le but, et que c'était pour faire du pain, car ensuite je lui montrai à pétrir et à cuire au four. En peu de temps, Vendredi devint capable d'exécuter toute ma besogne aussi bien que moi-même.

Je commençai alors à réfléchir qu'ayant deux bouches à nourrir au lieu d'une, je devais me pourvoir de plus de terrain pour ma moisson et semer une plus grande quantité de grain que de coutume. Je choisis donc une plus grande pièce de terre, et me mis à l'enclore de la même façon que mes autres champs, ce à quoi Vendredi travailla non seulement volontiers et de tout cœur, mais très joyeusement. Je lui dis que c'était pour avoir du blé de quoi faire plus de pain, parce qu'il était maintenant avec moi et afin que je pusse en avoir assez pour lui et pour moi-même. Il parut très sensible à cette attention, et me fit connaître qu'il pensait que j'avais beaucoup plus de travail du fait de sa présence, et qu'il travaillerait plus rudement si je voulais lui dire ce qu'il fallait faire.

Cette année fut la plus agréable de toutes celles que je passai dans l'île. Vendredi commençait à parler assez bien et à entendre le nom de presque toutes les choses que j'avais occasion de nommer et de tous les lieux où j'avais à l'envoyer. Il jasait beaucoup, de sorte qu'en peu de temps je recouvrai l'usage de ma langue, qui auparavant m'était fort peu utile, du moins quant à la parole. Outre le plaisir que je puisais dans sa conversation, j'avais à me louer de lui-même tout particulièrement ; sa simple et naïve candeur m'apparaissait de plus en plus chaque jour. Je commençais réellement à aimer cette créature, qui, de son côté, je crois, m'aimait plus que tout ce qu'il lui avait été possible d'aimer jusque-là.

Un jour j'eus envie de savoir s'il n'avait pas quelque penchant à retourner dans sa patrie ; et, comme je lui avais si bien appris l'anglais qu'il pouvait répondre à la plupart de mes questions, je lui demandai si la nation à laquelle il appartenait ne vainquait jamais dans les batailles. A cela il se mit à sourire et me dit :

– Oui, oui, nous toujours se battre le meilleur. Il voulait dire : nous avons toujours l'avantage dans le combat.

Et ainsi nous commençâmes l'entretien suivant :

– Vous toujours se battre le meilleur ; d'où vient alors, Vendredi, que tu as été fait prisonnier ?

VENDREDI. – Ma nation battre beaucoup pour tout cela.

LE MAÎTRE. – Comment battre ! si ta nation les a battus, comment se fait-il que tu aies été pris ?

VENDREDI. – Eux plus que ma nation dans la place où moi étais ; eux prendre un, deux, trois et moi. Ma nation battre eux tout à fait dans la place là-bas où moi n'être pas ; là ma nation prendre un, deux, grand mille.

LE MAÎTRE. – Mais pourquoi alors ne te reprit-elle pas des mains de l'ennemi ?

VENDREDI. – Eux emporter un, deux, trois et moi, et faire aller dans le canot ; ma nation n'avoir pas canot cette fois.

LE MAÎTRE. – Eh bien, Vendredi, que fait ta nation des hommes qu'elle prend ? les emmène-t-elle et les mange-t-elle aussi ?

VENDREDI. – Oui, ma nation manger hommes aussi, manger tous.

LE MAÎTRE. – Où les mène-t-elle ?

VENDREDI. – Aller à autre place où elle pense.

LE MAÎTRE. – Vient-elle ici ?

VENDREDI. – Oui, oui ; elle venir ici, venir autre place.

LE MAÎTRE. – Es-tu venu ici avec vos gens ?

VENDREDI. – Oui, moi venir là. (Il montrait du doigt le côté nord-ouest de l'île qui, à ce qu'il paraît, était le côté qu'ils affectionnaient.)

Par là je compris que mon serviteur Vendredi avait été jadis du nombre des sauvages qui avaient coutume de venir au rivage dans la partie la plus éloignée de l'île, pour manger de la chair humaine qu'ils y apportaient ; et quelque temps après, lorsque je pris le courage d'aller avec lui de ce côté, qui était le même dont je fis mention autrefois, il reconnut l'endroit de prime abord, et me dit que là il était venu une fois, qu'on y avait mangé vingt hommes, deux femmes et un enfant. Il ne savait pas compter jusqu'à vingt en anglais ; mais il mit autant de pierres sur un même rang et me pria de les compter.

J'ai narré ce fait parce qu'il est l'introduction de ce qui suit. Après que j'eus eu cet entretien avec lui, je lui demandai combien il y avait de notre île au continent, et si les canots rarement périssaient. Il me répondit qu'il n'y avait point de danger, que jamais il ne se perdait un canot ; qu'un peu plus avant en mer on trouvait dans la matinée toujours le même courant et le même vent, et dans l'après-midi un vent et un courant opposés.

Je m'imaginai d'abord que ce n'était autre chose que les mouvements de la marée, le jusant et le flot ; mais je compris dans la suite que la cause de cela était le grand flux et reflux de la puissante rivière de l'Orénoque – dans l'embouchure de laquelle, comme je le reconnus plus tard, notre île était située –, et que la terre que je découvrais à l'ouest et au nord-ouest était la grande île de la Trinité, sise à la pointe septentrionale des bouches de ce fleuve.

J'adressai à Vendredi mille questions touchant la contrée, les habitants, la mer, les côtes et les peuples qui en étaient voisins, et il me dit tout ce qu'il savait avec la plus grande ouverture de cœur imaginable. Je lui demandai aussi les noms de ces différentes nations; mais je ne pus obtenir pour toute réponse que Caribs, d'où je déduisis aisément que c'étaient les Caraïbes, que nos cartes placent dans cette partie de l'Amérique qui s'étend de l'embouchure du fleuve de l'Orénoque vers la Guyane et jusqu'à Sainte-Marthe. Il me raconta que bien loin par-delà la lune, il voulait dire par-delà le couchant de la lune, ce qui doit être à l'ouest de leur contrée, il y avait, me montrant du doigt ma grande moustache, dont autrefois je fis mention, des hommes blancs et barbus comme moi, et qu'ils avaient tué beaucoup hommes, ce fut son expression. Je compris qu'il désignait par là les Espagnols, dont les cruautés en Amérique se sont étendues sur tous ces pays, cruautés dont chaque nation garde un souvenir qui se transmet de père en fils.

Je lui demandai encore s'il savait comment je pourrais aller de mon île jusqu'à ces hommes blancs. Il me répondit :

– Oui, oui, pouvoir y aller dans deux canots.

Je n'imaginais pas ce qu'il voulait dire par deux canots. A la fin cependant je compris, non sans grande difficulté, qu'il fallait être dans un grand et large bateau aussi gros que deux pirogues.

Cette partie du discours de Vendredi me fit grand plaisir; et depuis lors je conçus quelque espérance de pouvoir trouver une fois ou autre l'occasion de m'échapper de ce lieu avec l'assistance que ce pauvre sauvage me prêterait.

Durant tout le temps que Vendredi avait passé avec moi, depuis qu'il avait commencé à me parler et à me comprendre, je n'avais pas négligé de jeter dans son âme le fondement des connaissances religieuses. Un jour, entre autres, je lui demandai qui l'avait fait. Le pauvre garçon ne me comprit pas du tout, et pensa que je lui demandais qui était son père. Je donnai donc un autre tour à ma question, et je lui demandai qui avait fait la mer, la terre où il marchait, et les montagnes et les bois. Il me répondit que c'était le vieillard Benamuckée, qui vivait au-delà de tout. Il ne put rien ajouter sur ce grand personnage, sinon qu'il était très vieux ; beaucoup plus vieux, disait-il que la mer ou la terre, que la lune ou les étoiles. Je lui demandai alors, si ce vieux personnage avait fait toutes choses, pourquoi toutes choses ne l'adoraient pas. Il devint très sérieux, et avec un air parfait d'innocence il me repartit :

— Toute chose lui dit : « O ! »

— Mais, repris-je, les gens qui meurent dans ce pays s'en vont-ils quelque part ?

– Oui, répliqua-t-il, eux tous aller vers Benamuckée.

Enfin je lui demandai si ceux qu'on mange y vont de même, et il répondit :

– Oui.

Je pris de là l'occasion de l'instruire dans la connaissance du vrai Dieu. Je lui dis que le Grand Créateur de toutes choses vit là-haut, en lui désignant du doigt le ciel ; qu'il gouverne le monde avec le même pouvoir et la même providence par lesquels il l'a créé ; qu'il est tout-puissant et peut faire tout pour nous, nous donner tout, et nous ôter tout. Ainsi, par degrés, je lui ouvris les yeux. Il m'écoutait avec une grande attention, et recevait avec plaisir la notion de Jésus-Christ – envoyé pour nous racheter – et de notre manière de prier Dieu, qui peut nous entendre, même dans le ciel. Il me dit un jour que si notre Dieu pouvait nous entendre de par-delà le soleil, il devait être un plus grand Dieu que leur Benamuckée, qui ne vivait pas si loin, et cependant ne pouvait les entendre, à moins qu'ils ne vinssent lui parler sur les grandes montagnes, où il faisait sa demeure.

Je lui demandai s'il était jamais allé lui parler. Il me répondit que non ; que les jeunes gens n'y allaient jamais, que personne n'y allait que les vieillards, qu'il nommait leurs Oowookakée, c'est-à-dire, je me le fis expliquer par lui, leurs religieux ou leur clergé, et que ces vieillards allaient lui dire : « O ! » – c'est ainsi qu'il appelait faire des prières –, puis que lorsqu'ils revenaient ils leur rapportaient ce que Benamuckée avait dit. Je remarquai par là qu'il y a des fraudes pieuses même parmi les plus aveugles et les plus ignorants idolâtres du monde, et que la politique de faire une religion secrète, afin de conserver au clergé la vénération du peuple, ne se trouve pas seulement dans le catholicisme, mais peut-être dans toutes les religions de la terre, voire même celles des sauvages les plus brutes et les plus barbares.

Je fis mes efforts pour rendre sensible à mon serviteur Vendredi la supercherie de ces vieillards, en lui disant que leur prétention d'aller sur les montagnes pour dire « O ! » à leur dieu Benamuckée était une imposture, que les paroles qu'ils lui attribuaient l'étaient bien plus encore, et que s'ils recevaient là quelques réponses et parlaient réellement avec quelqu'un, ce devait être avec un mauvais esprit. Alors j'entrai en un long discours touchant le diable, son origine, sa rébellion contre Dieu, sa haine pour les hommes, la raison de cette haine, son penchant à se faire adorer dans les parties obscures du monde au lieu de Dieu et comme Dieu, et la foule de stratagèmes dont il use pour entraîner le genre humain à sa ruine, enfin l'accès secret qu'il se ménage auprès de nos passions et de nos affections pour adapter ses pièges si bien à nos inclinations, qu'il nous rend nos propres tentateurs, et nous fait courir à notre perte par notre propre choix.

Je trouvai qu'il n'était pas aussi facile d'imprimer dans son esprit de justes notions sur le diable qu'il l'avait été de lui en donner sur l'existence d'un Dieu. La nature appuyait tous mes arguments pour lui démontrer même la nécessité d'une grande cause première, d'un suprême pouvoir dominateur, d'une secrète Providence directrice, et l'équité et la justice du tribut d'hommages que nous devons lui payer. Mais rien de tout cela ne se présentait dans la notion d'un esprit malin, de son origine, son existence, sa nature, et principalement son inclination à faire le mal et à nous entraîner à le faire aussi.

Le pauvre garçon m'embarrassa un jour tellement par une question purement naturelle et innocente, que je sus à peine que lui dire. Je lui avais parlé longuement du pouvoir de Dieu, de sa toute-puissance, de sa terrible détestation du péché, du feu dévorant qu'il a préparé pour les ouvriers d'iniquité; enfin, nous ayant tous créés, de son pouvoir de nous détruire, de détruire l'univers en un moment; et tout ce temps il m'avait écouté avec un grand sérieux.

Venant ensuite à lui conter que le démon était l'ennemi de Dieu dans le cœur de l'homme, et qu'il usait toute sa malice et son habileté à renverser les bons desseins de la Providence et à ruiner le royaume de Christ sur la terre.

— Eh bien! interrompit Vendredi, vous dire Dieu est si fort, beaucoup plus puissance que le diable?

— Oui, oui, dis-je, Vendredi; Dieu est plus fort que le diable, Dieu est au-dessus du diable, et c'est pourquoi nous prions Dieu de le mettre sous nos pieds, de nous rendre capables de résister à ses tentations et d'éteindre ses aiguillons de feu.

— Mais, reprit-il, si Dieu beaucoup plus fort, beaucoup plus puissance que le diable, pourquoi Dieu pas tuer le diable pour faire lui non plus méchant?

Je fus étrangement surpris à cette question. De fait, bien que je fusse alors un vieil homme, je n'étais pourtant qu'un jeune docteur, n'ayant guère les qualités requises d'un casuiste ou d'un *résolveur* de difficultés. D'abord, ne sachant que dire, je fis semblant de ne pas l'entendre, et lui demandai ce qu'il disait. Mais il tenait trop à une réponse pour oublier sa question, et il la répéta de même, dans son langage décousu. J'avais eu le temps de me remettre un peu; je lui dis:

— Dieu veut le punir sévèrement à la fin: il le réserve pour le jour du jugement, où l'ennemi sera jeté dans l'abîme sans fond, pour demeurer dans le feu éternel.

Ceci ne satisfit pas Vendredi ; il revint à la charge en répétant mes paroles :

— Réservé à la fin ! moi pas comprendre ; mais pourquoi non tuer le diable maintenant, pourquoi pas tuer grand auparavant ?

— Tu pourrais aussi bien me demander, repartis-je, pourquoi Dieu ne nous tue pas, toi et moi, quand nous faisons des choses méchantes qui l'offensent ; il nous conserve pour que nous puissions nous repentir et puissions être pardonnés.

Après avoir réfléchi un moment à cela :

— Bien, bien, dit-il très affectueusement, cela est bien ; ainsi, vous, moi, diable, tous méchants, tous préserver, tous repentir, Dieu pardonner tous.

Je retombai donc encore dans une surprise extrême, et ceci fut une preuve pour moi que bien que les simples notions de la nature conduisent les créatures raisonnables à la connaissance de Dieu et de l'adoration ou hommage dû à son essence suprême comme la conséquence de notre nature, cependant la divine révélation seule peut amener à la connaissance de Jésus-Christ, et d'une rédemption opérée pour nous, d'un médiateur, d'une nouvelle alliance, et d'un intercesseur devant le trône de Dieu.

Une révélation venant du Ciel peut seule, dis-je, imprimer ces notions dans l'âme ; par conséquent l'Évangile de Notre-Seigneur et Sauveur Jésus-Christ — j'entends la parole divine — et l'Esprit de Dieu promis à son peuple pour guide et sanctificateur, sont les instructeurs essentiels de l'âme des hommes dans la connaissance salutaire de Dieu et les voies du salut.

J'interrompis donc le présent entretien entre moi et mon serviteur en me levant à la hâte, comme si quelque affaire subite m'eût appelé dehors ; et, l'envoyant alors bien loin, sous quelque prétexte, je me mis à prier Dieu ardemment de me rendre capable d'instruire salutairement cet infortuné sauvage en préparant par son Esprit le cœur de cette pauvre ignorante créature à recevoir la lumière de l'Évangile, en la réconciliant à lui, et de me rendre capable de l'entretenir si efficacement de la parole divine, que ses yeux pussent être ouverts, sa conscience convaincue et son âme sauvée.

Quand il fut de retour, j'entrai avec lui dans une longue dissertation sur la rédemption des hommes par le Sauveur du monde, et sur la doctrine de l'Évangile annoncée de la part du Ciel, c'est-à-dire la repentance envers Dieu et la foi en notre Sauveur Jésus. Je lui expliquai de mon mieux pourquoi notre divin Rédempteur n'avait pas revêtu la nature des anges mais bien la race d'Abraham, et comment pour cette raison les anges tombés étaient exclus de la Rédemption, venue seulement pour les brebis égarées de la maison d'Israël.

Il y avait, Dieu le sait, plus de sincérité que de science dans toutes les méthodes que je pris pour l'instruction de cette malheureuse créature, et je dois reconnaître ce que tout autre, je pense, éprouvera en pareil cas, qu'en lui exposant les choses d'une façon évidente, je m'instruisis moi-même en plusieurs choses que j'ignorais ou que je n'avais pas approfondies auparavant, mais qui se présentèrent naturellement à mon esprit quand je me pris à les fouiller pour l'enseignement de ce pauvre sauvage. En cette occasion je mis même à la recherche de ces choses plus de ferveur que je ne m'en étais senti de ma vie. Si bien que j'aie réussi ou non avec cet infortuné, je n'en avais pas moins de fortes raisons pour remercier le Ciel de me l'avoir envoyé. Le chagrin glissait plus légèrement sur moi; mon habitation devenait excessivement confortable; et quand je réfléchissais que, dans cette vie solitaire à laquelle j'avais été condamné, je n'avais pas été seulement conduit à tourner mes regards vers le Ciel et à chercher le bras qui m'avait exilé, mais j'étais devenu un instrument de la Providence pour sauver la vie et sans doute l'âme d'un pauvre sauvage, et pour l'amener à la vraie science de la religion et de la doctrine chrétiennes, afin qu'il pût connaître le Christ Jésus, afin qu'il pût connaître celui qui est la vie éternelle ; quand, dis-je, je réfléchissais sur toutes ces choses, une joie secrète s'épanouissait dans mon âme, et souvent même je me félicitais d'avoir été amené en ce lieu, ce que j'avais tant de fois regardé comme la plus terrible de toutes les afflictions qui eussent pu m'advenir.

Dans cet esprit de reconnaissance j'achevai le reste de mon exil. Mes conversations avec Vendredi employaient si bien mes heures, que je passai les trois années que nous vécûmes là ensemble parfaitement et complètement heureux, si toutefois il est une condition sublunaire qui puisse être appelée bonheur parfait. Le sauvage était alors un bon chrétien, un bien meilleur chrétien que moi ; quoique, Dieu en soit béni ! j'aie quelque raison d'espérer que nous étions également pénitents, et des pénitents consolés et régénérés. Nous avions la parole de Dieu à lire et son Esprit pour nous diriger, tout comme si nous eussions été en Angleterre.

Je m'appliquais constamment à lire l'Écriture et à lui expliquer de mon mieux le sens de ce que je lisais ; et lui, à son tour, par ses examens et ses questions sérieuses, me rendait, comme je le disais tout à l'heure, un docteur bien plus habile dans la connaissance des deux Testaments que je ne l'aurais jamais été si j'eusse fait une lecture privée. Il est encore une chose, fruit de l'expérience de cette portion de ma vie solitaire, que je ne puis passer sous silence : oui, c'est un bonheur infini et inexprimable que la science de Dieu et la doctrine du salut par Jésus-Christ soient si clairement exposées dans les Testaments, et qu'elles soient si faciles à être reçues et entendues, que leur simple lecture put me donner assez le sentiment de mon devoir pour me porter directement au grand œuvre de la repentance sincère de mes péchés, et pour me porter, en m'attachant à un sauveur, source de vie et de salut, à pratiquer une réforme et à me soumettre à tous les commandements de Dieu, et cela sans aucun maître ou précepteur, j'entends humain. Cette simple instruction se trouva de même suffisante pour éclairer mon pauvre sauvage et pour en faire un chrétien tel que, de ma vie, j'en ai peu connu qui le valussent.

Quant aux disputes, aux controverses, aux pointilleries, aux contestations qui furent soulevées dans le monde touchant la religion, soit subtilités de doctrine, soit projets de gouvernement ecclésiastique, elles étaient pour nous tout à fait chose vaine, comme, autant que j'en puis juger, elles l'ont été pour le reste du genre humain. Nous étions sûrement guidés vers le Ciel par les Écritures ; et nous étions éclairés par l'esprit consolateur de Dieu, nous enseignant et nous instruisant par sa parole, nous conduisant à toute vérité et nous rendant l'un et l'autre soumis et obéissants aux enseignements de sa loi. Je ne vois pas que nous aurions pu faire le moindre usage de la connaissance la plus approfondie des points disputés en religion qui répandirent tant de troubles sur la terre, quand bien même nous eussions pu y parvenir. Mais il me faut reprendre le fil de mon histoire et suivre chaque chose dans son ordre.

Après que Vendredi et moi eûmes fait une plus intime connaissance, lorsqu'il put comprendre presque tout ce que je lui disais et parler couramment, quoique en mauvais anglais, je lui fis le récit de mes aventures ou de celles qui se rattachaient à ma venue dans l'île; comment j'y avais vécu et depuis combien de temps. Je l'initiai au mystère – car c'en était un pour lui – de la poudre et des balles, et je lui appris à tirer. Je lui donnai un couteau, ce qui lui fit un plaisir extrême; et je lui ajustai un ceinturon avec un fourreau suspendu, semblable à ceux où l'on porte en Angleterre les couteaux de chasse; mais dans la gaine, au lieu de coutelas, je mis une hachette, qui non seulement était une bonne arme en quelques occasions, mais une arme beaucoup plus utile dans une foule d'autres.

Je lui fis une description des contrées de l'Europe, et particulièrement de l'Angleterre, ma patrie. Je lui contai comment nous vivions, comment nous adorions Dieu, comment nous nous conduisions les uns envers les autres, et comment, dans des vaisseaux, nous trafiquions avec toutes les parties du monde. Je lui donnai une idée du bâtiment naufragé à bord duquel j'étais allé, et lui montrai d'aussi près que je pus la place où il avait échoué; mais depuis longtemps il avait été mis en pièces et avait entièrement disparu.

Je lui montrai aussi les débris de notre chaloupe, que nous perdîmes quand nous nous sauvâmes de notre bord, et qu'avec tous mes efforts, je n'avais jamais pu remuer; mais elle était alors presque entièrement délabrée. En apercevant cette embarcation, Vendredi demeura fort longtemps pensif et sans proférer un seul mot. Je lui demandai ce à quoi il songeait; enfin il me dit :

– Moi voir pareil bateau ainsi venir au lieu à ma nation.

Je fus longtemps sans deviner ce que cela signifiait; mais à la fin, en y réfléchissant bien, je compris qu'une chaloupe pareille avait dérivé sur le rivage qu'il habitait, c'est-à-dire, comme il me l'expliqua, y avait été entraînée par une tempête. Aussitôt j'imaginai que quelque vaisseau européen devait avoir fait naufrage sur cette côte, et que sa chaloupe, s'étant sans doute détachée, avait été jetée à terre ; mais je fus si stupide que je ne songeai pas une seule fois à des hommes s'échappant d'un naufrage ; et ne m'informai pas d'où ces embarcations pouvaient venir. Tout ce que je demandai, ce fut la description de ce bateau.

Vendredi me le décrivit assez bien, mais il me mit beaucoup mieux à même de le comprendre lorsqu'il ajouta avec chaleur :

– Nous sauver hommes blancs de noyer.

– Il y avait donc, lui dis-je, des hommes blancs dans le bateau ?

– Oui, répondit-il, le bateau plein d'hommes blancs.

Je le questionnai sur leur nombre ; il compta sur ses doigts jusqu'à dix-sept.

– Mais, repris-je alors, que sont-ils devenus ?

– Ils vivent, ils demeurent chez ma nation.

Ce récit me mit en tête de nouvelles pensées : j'imaginai aussitôt que ce pouvaient être les hommes appartenant au vaisseau échoué en vue de mon île, comme je l'appelais alors ; que ces gens, après que le bâtiment eut donné contre le rocher, le croyant inévitablement perdu, s'étaient jetés dans leur chaloupe et avaient abordé à cette terre barbare parmi les sauvages.

Sur ce, je m'enquis plus curieusement de ce que ces hommes étaient devenus. Il m'assura qu'ils vivaient encore, qu'il y avait quatre ans qu'ils étaient là, que les sauvages les laissaient tranquilles et leur donnaient de quoi manger. Je lui demandai comment il se faisait qu'ils n'eussent point été tués et mangés.

– Non, me dit-il, eux faire frère avec eux.

C'est-à-dire, comme je le compris, qu'ils avaient fraternisé. Puis il ajouta :

– Eux manger non hommes que quand la guerre fait battre (c'est-à-dire qu'ils ne mangent aucun homme qui ne se soit battu contre eux et n'ait été fait prisonnier de guerre).

Il arriva, assez longtemps après ceci, que, se trouvant sur le sommet de la colline, à l'est de l'île, d'où, comme je l'ai narré, j'avais dans un jour serein découvert le continent de l'Amérique, il arriva, dis-je, que Vendredi, le temps étant fort clair, regarda fixement du côté de la terre ferme, puis, dans une sorte d'ébahissement, qu'il se prit à sauter, et à danser et à m'appeler, car j'étais à quelque distance. Je lui en demandai le sujet :

– O joie ! ô joyeux ! s'écriait-il, là voir mon pays, là ma nation !

Je remarquai un sentiment de plaisir extraordinaire épanoui sur sa face ; ses yeux étincelaient, sa contenance trahissait une étrange passion, comme s'il eût eu un désir véhément de retourner dans sa patrie. Cet air, cette expression éveilla en moi une multitude de pensées qui me laissèrent moins tranquille que je l'étais auparavant sur le compte de mon nouveau serviteur Vendredi ; et je ne mis pas en doute que, si jamais il pouvait retourner chez sa propre nation, non seulement il oublierait toute sa religion, mais toutes les obligations qu'il m'avait, et qu'il ne fût assez perfide pour donner des renseignements sur moi à ses compatriotes, et revenir peut-être, avec quelques centaines des siens, pour faire de moi un festin auquel il assisterait aussi joyeux qu'il avait eu pour habitude de l'être aux festins de ses ennemis faits prisonniers de guerre.

Mais je faisais une violente injustice à cette

pauvre et honnête créature, ce dont je fus très chagrin par la suite. Cependant, comme ma défiance s'accrut et me posséda pendant quelques semaines, je devins plus circonspect, moins familier et moins affable avec lui; en quoi aussi j'eus assurément tort : l'honnête et agréable garçon n'avait pas une seule pensée qui ne découlât des meilleurs principes, tout à la fois comme un chrétien religieux et comme un ami reconnaissant, ainsi que plus tard je m'en convainquis, à ma grande satisfaction.

Tant que durèrent mes soupçons on peut bien être sûr que chaque jour je le sondai pour voir si je ne découvrirais pas quelques-unes des nouvelles idées que je lui supposais; mais je trouvai dans tout ce qu'il disait tant de candeur et d'honnêteté que je ne pus nourrir longtemps ma défiance; et que, mettant de côté toute inquiétude, je m'abandonnai de nouveau entièrement à lui. Il ne s'était seulement pas aperçu de mon trouble; c'est pourquoi je ne saurais le soupçonner de fourberie.

Un jour que je me promenais sur la même colline et que le temps était brumeux en mer, de sorte qu'on ne pouvait apercevoir le continent, j'appelai Vendredi et lui dis :

– Ne désirerais-tu pas retourner dans ton pays, chez ta propre nation ?

– Oui, dit-il, moi être beaucoup O joyeux d'être dans ma propre nation.

– Qu'y ferais-tu ? repris-je : voudrais-tu redevenir barbare, manger de la chair humaine et retomber dans l'état sauvage où tu étais auparavant ?

Il prit un air chagrin et, secouant la tête, il répondit :

– Non, non, Vendredi leur conter vivre bon, leur conter prier Dieu, leur conter manger pain de blé, chair de troupeau, lait; non plus manger hommes.

– Alors ils te tueront.

A ce mot il devint sérieux, et répliqua :

– Non, eux pas tuer moi, eux volontiers aimer apprendre.

Il entendait par là qu'ils étaient très portés à s'instruire. Puis il ajouta qu'ils avaient appris beaucoup de choses des hommes barbus qui étaient venus dans le bateau. Je lui demandai alors s'il voudrait s'en retourner ; il sourit à cette question, et me dit qu'il ne pourrait pas nager si loin. Je lui promis de lui faire un canot. Il me dit alors qu'il irait si j'allais avec lui.

– Moi partir avec toi ! m'écriai-je ; mais ils me mangeront si j'y vais.

– Non, non, moi faire eux non manger vous, moi faire eux beaucoup aimer vous.

Il entendit par là qu'il leur raconterait comment j'avais tué ses ennemis et sauvé sa vie, et qu'il me gagnerait ainsi leur affection. Alors il me narra de son mieux combien ils avaient été bons envers les dix-sept hommes blancs ou barbus, comme il les appelait, qui avaient abordé à leur rivage dans la détresse.

Dès ce moment, je l'avoue, je conçus l'envie de m'aventurer en mer, pour tenter s'il m'était possible de joindre ces hommes barbus, qui devaient être, selon moi, des Espagnols ou des Portugais, ne doutant pas, si je réussissais, qu'étant sur le continent et en nombreuse compagnie, je ne pusse trouver quelque moyen de m'échapper de là plutôt que d'une île éloignée de quarante milles de la côte, et où j'étais seul et sans secours. Quelques jours après je sondai de nouveau Vendredi, par manière de conversation, et je lui dis que je voulais lui donner un bateau pour retourner chez sa nation. Je le menai par conséquent vers ma petite frégate, amarrée de l'autre côté de l'île ; puis, l'ayant vidée – car je la tenais toujours enfoncée sous l'eau – je la mis à flot, je la lui fis voir, et nous y entrâmes tous les deux.

Je vis que c'était un compagnon fort adroit à la manœuvre : il la faisait courir aussi rapidement et plus habilement que je ne l'eusse pu faire. Tandis que nous voguions, je lui dis :

– Eh bien ! maintenant, Vendredi, irons-nous chez ta nation ?

A ces mots il resta tout stupéfait, sans doute parce que cette embarcation lui paraissait trop petite pour aller si loin. Je lui dis alors que j'en avais une plus grande. Le lendemain donc je le conduisis au lieu où gisait la première pirogue que j'avais faite, mais que je n'avais pu mettre à la mer. Il la trouva suffisamment grande ; mais, comme je n'en avais pris aucun soin, qu'elle était couchée là depuis vingt-deux ou vingt-trois ans, et que le soleil l'avait fendue et séchée, elle était pourrie en quelque sorte. Vendredi m'affirma qu'un bateau semblable ferait l'affaire, et transporterait « beaucoup assez vivres, boire, pain » – c'était là sa manière de parler.

En somme, je fus alors si affermi dans ma résolution de gagner avec lui le continent, que je lui dis qu'il fallait nous mettre à en faire une de cette grandeur-là pour qu'il pût s'en retourner chez lui. Il ne répliqua pas un mot, mais il devint sérieux et triste. Je lui demandai ce qu'il avait. Il me répondit ainsi :

– Pourquoi vous colère avec Vendredi ? Quoi moi fait ?

Je le priai de s'expliquer et lui protestai que je n'étais point du tout en colère.

– Pas colère ! pas colère ! reprit-il en répétant ces mots plusieurs fois ; pourquoi envoyer Vendredi loin chez ma nation ?

– Pourquoi !... Mais ne m'as-tu pas dit que tu souhaitais y retourner ?

— Oui, oui, s'écria-t-il, souhaiter être tous deux là : Vendredi là et pas maître là.

En un mot, il ne pouvait se faire à l'idée de partir sans moi.

— Moi aller avec toi, Vendredi ! m'écriai-je ; mais que ferais-je là ?

Il me répliqua très vivement là-dessus :

— Vous faire grande quantité beaucoup bien, vous apprendre sauvages hommes être hommes bons, hommes sages, hommes apprivoisés ; vous leur enseigner connaître Dieu, prier Dieu et vivre nouvelle vie.

— Hélas ! Vendredi, répondis-je, tu ne sais ce que tu dis, je ne suis moi-même qu'un ignorant.

— Oui, oui, reprit-il, vous enseigner moi bien, vous enseigner eux bien.

— Non, non, Vendredi, te dis-je, tu partiras sans moi ; laisse-moi vivre ici tout seul comme autrefois.

A ces paroles il retomba dans le trouble, et, courant à une des hachettes qu'il avait coutume de porter, il s'en saisit à la hâte et me la donna.

— Que faut-il que j'en fasse, lui dis-je ?

— Vous prendre, vous tuer Vendredi.

— Moi te tuer ! Et pourquoi ?

— Pourquoi, répliqua-t-il prestement, vous envoyer Vendredi loin ?... Prendre, tuer Vendredi, pas renvoyer Vendredi loin.

Il prononça ces paroles avec tant de componction, que je vis ses yeux se mouiller de larmes. En un mot, je découvris clairement en lui une si profonde affection pour moi et une si ferme résolution, que je lui dis alors, et souvent depuis, que je ne l'éloignerais jamais tant qu'il voudrait rester avec moi.

Somme toute, de même que par tous ses discours je découvris en lui une affection si solide pour moi que rien ne pourrait l'en séparer, de même je

découvris que tout son désir de retourner dans sa patrie avait sa source dans sa vive affection pour ses compatriotes, et dans son espérance que je les rendrais bons, chose que vu mon peu de science, je n'avais pas le moindre désir, la moindre intention ou envie d'entreprendre. Mais je me sentais toujours fortement entraîné à faire une tentative de délivrance, comme précédemment, fondée sur la supposition déduite du premier entretien, c'est-à-dire qu'il y avait là dix-sept hommes barbus; et c'est pourquoi, sans plus de délai, je me mis en campagne avec Vendredi pour chercher un gros arbre propre à être abattu et à faire une grande pirogue ou canot pour l'exécution de mon projet. Il y avait dans l'île assez d'arbres pour construire une flottille, non seulement de pirogues ou de canots, mais même de bons gros vaisseaux. La principale condition à laquelle je tenais, c'était qu'il fût dans le voisinage de la mer, afin que nous pussions lancer notre embarcation quand elle serait faite, et éviter la bévue que j'avais commise la première fois.

A la fin Vendredi en choisit un, car il connaissait mieux que moi quelle sorte de bois était la plus convenable pour notre dessein; je ne saurais même aujourd'hui comment nommer l'arbre que nous abattîmes, je sais seulement qu'il ressemblait beaucoup à celui qu'on appelle fustok, et qu'il était d'un genre intermédiaire entre celui-là et le bois de Nicaragua, duquel il tenait beaucoup pour la couleur et l'odeur. Vendredi se proposait de brûler l'intérieur de cet arbre pour en faire un bateau; mais je lui démontrai qu'il valait mieux le creuser avec des outils, ce qu'il fit très adroitement, après que je lui en eus enseigné la manière. Au bout d'un mois de rude travail, nous achevâmes notre pirogue, qui se trouva fort élégante, surtout lorsque avec nos haches, que je lui avais appris à manier, nous eûmes façonné et avivé son extérieur en forme d'esquif. Après ceci toutefois, elle nous coûta encore près d'une quinzaine de jours pour l'amener jusqu'à l'eau, en quelque sorte pouce à pouce, au moyen de grands rouleaux de bois. Elle aurait pu porter vingt hommes très aisément.

Lorsqu'elle fut mise à flot, je fus émerveillé de voir, malgré sa grandeur, avec quelle dextérité et quelle rapidité mon serviteur Vendredi savait la manier, la faire virer et avancer à la pagaie. Je lui demandai alors si elle pouvait aller, et si nous pouvions nous y aventurer.

– Oui, répondit-il, elle aventurer dedans très bien, quand même grand souffler vent.

Cependant j'avais encore un projet qu'il ne connaissait point, c'était de faire un mât et une voile, et de garnir ma pirogue d'une ancre et d'un câble. Pour le mât, ce fut chose assez aisée. Je choisis un jeune cèdre fort droit que je trouvai près de là, car il y en avait une grande quantité dans l'île, je chargeai Vendredi de l'abattre et lui montrai comment s'y prendre pour le façonner et l'ajuster. Quant à la voile, ce fut mon affaire particulière. Je savais que je possédais pas mal de vieilles voiles ou plutôt de morceaux de vieilles voiles ; mais, comme il y avait vingt-six ans que je les avais mises de côté, et que j'avais pris peu de soin pour leur conservation, n'imaginant pas que je pusse jamais avoir occasion de les employer à un semblable usage, je ne doutai pas qu'elles ne fussent toutes pourries, et en fait la plupart l'étaient. Pourtant, j'en trouvai deux morceaux qui me parurent assez bons ; je me mis à les travailler ; et, après beaucoup de peines, cousant gauchement et lentement, comme on peut le croire, car je n'avais point d'aiguilles, je parvins enfin à faire une vilaine chose triangulaire ressemblant à ce qu'on appelle en Angleterre une voile en *épaule de mouton,* qui se dressait avec un gui au bas et un petit pic au sommet. Les chaloupes de nos navires cinglent d'ordinaire avec une voile pareille, et c'était celle dont je connaissais le mieux la manœuvre, parce que la barque dans laquelle je m'étais échappé de Barbarie en avait une, comme je l'ai relaté dans la première partie de mon histoire.

Je fus près de deux mois à terminer ce dernier ouvrage, c'est-à-dire à gréer et ajuster mon mât et mes voiles. Pour compléter ce gréement, j'établis un petit étai sur lequel j'adaptai une trinquette pour m'aider à pincer le vent, et, qui plus est, je fixai à la poupe un gouvernail. Quoique je fusse un détestable constructeur, cependant comme je sentais l'utilité et même la nécessité d'une telle chose, bravant la peine, j'y travaillai avec tant d'application qu'enfin j'en vins à bout; mais, en considérant la quantité des tristes inventions auxquelles j'eus recours et qui échouèrent, je suis porté à croire que ce gouvernail me coûta autant de labeur que le bateau tout entier.

Après que tout ceci fut achevé, j'eus à enseigner à mon serviteur Vendredi tout ce qui avait rapport à la navigation de mon esquif; car, bien qu'il sût parfaitement pagayer, il n'entendait rien à la manœuvre de la voile et du gouvernail, et il fut on ne peut plus émerveillé quand il me vit diriger et faire virer ma pirogue au moyen de la barre, et quand il vit ma voile trélucher[1] et s'éventer, tantôt d'un côté, tantôt de l'autre, suivant que la direction de notre course changeait; alors, dis-je, il demeura là comme un étonné, comme un ébahi. Néanmoins en peu de temps je lui rendis toutes ces choses familières, et il devint un navigateur consommé, sauf l'usage de la boussole, que je ne pus lui faire comprendre que fort peu. Mais, comme dans ces climats il est rare d'avoir un temps couvert et que presque jamais il n'y a de brumes, la boussole n'y est pas de grande nécessité. Les étoiles sont toujours visibles pendant la nuit, et la terre pendant le jour, excepté dans les saisons pluvieuses; mais alors personne ne se soucie d'aller au loin ni sur terre, ni sur mer.

J'étais alors entré dans la vingt-septième année de ma captivité dans cette île, quoique les trois der-

1. Trélucher : Venir d'un bord sur l'autre.

nières années où j'avais eu avec moi mon serviteur Vendredi ne puissent guère faire partie de ce compte, ma vie d'alors étant totalement différente de ce qu'elle avait été durant tout le reste de mon séjour. Je célébrai l'anniversaire de mon arrivée en ce lieu toujours avec la même reconnaissance envers Dieu pour ses miséricordes; si jadis j'avais eu sujet d'être reconnaissant, j'avais encore beaucoup plus sujet de l'être, la Providence m'ayant donné tant de nouveaux témoignages de sollicitude, et envoyé l'espoir d'une prompte et sûre délivrance, car j'avais dans l'âme l'inébranlable persuasion que ma délivrance était proche et que je ne saurais être un an de plus dans l'île. Cependant je ne négligeai pas mes cultures; comme à l'ordinaire je bêchai, je semai, je fis des enclos; je recueillis et séchai mes raisins, et m'occupai de toutes choses nécessaires, de même qu'auparavant.

La saison des pluies, qui m'obligeait à garder la maison plus que de coutume, étant alors revenue, j'avais donc mis notre vaisseau aussi en sûreté que possible, en l'amenant dans la crique où , comme je l'ai dit au commencement, j'abordai avec mes radeaux. L'ayant halé sur le rivage pendant la marée haute, je fis creuser à mon serviteur Vendredi un petit bassin tout juste assez grand pour qu'il pût s'y tenir à flot; puis, à la marée basse, nous fîmes une forte écluse à l'extrémité pour empêcher l'eau d'y rentrer : ainsi notre vaisseau demeura à sec et à l'abri du retour de la marée. Pour le garantir de la pluie, nous le couvrîmes d'une couche de branches d'arbres si épaisse, qu'il était aussi bien qu'une maison sous son toit de chaume. Nous attendîmes ainsi les mois de novembre et de décembre, que j'avais désignés pour l'exécution de mon entreprise.

Quand la saison favorable s'approcha, comme la

pensée de mon dessein renaissait avec le beau temps, je m'occupai journellement à préparer tout pour le voyage. La première chose que je fis, ce fut d'amasser une certaine quantité de provisions qui devaient nous être nécessaires. Je me proposais, dans une semaine ou deux, d'ouvrir le bassin et de lancer notre bateau, quand un matin que j'étais occupé à quelqu'un de ces apprêts, j'appelai Vendredi et lui dis d'aller au bord de la mer pour voir s'il ne trouverait pas quelque chélone ou tortue, chose que nous faisions habituellement une fois par semaine ; nous étions aussi friands des œufs que de la chair de cet animal. Vendredi n'était parti que depuis peu de temps quand je le vis revenir en courant et franchir ma fortification extérieure comme si ses pieds ne touchaient pas la terre, et, avant que j'eusse eu le temps de lui parler, il me cria :

– O maître ! ô maître ! ô chagrin ! ô mauvais !

– Qu'y a-t-il, Vendredi ? lui dis-je.

– Oh ! là-bas un, deux, trois canots ! un, deux, trois !

Je conclus, d'après sa manière de s'exprimer, qu'il y en avait six ; mais, après que je m'en fus enquis, je n'en trouvai que trois.

– Eh bien ! Vendredi, lui dis-je, ne t'effraie pas.

Je le rassurai ainsi autant que je pus ; néanmoins je m'aperçus que le pauvre garçon était tout à fait hors de lui-même : il s'était fourré en tête que les sauvages étaient venus tout exprès pour le chercher, le mettre en pièces et le dévorer. Il tremblait si fort que je ne savais que faire. Je le réconfortai de mon mieux, et lui dis que j'étais dans un aussi grand danger, et qu'ils me mangeraient tout comme lui.

– Mais il faut, ajoutai-je, nous résoudre à les combattre ; peux-tu combattre, Vendredi ?

– Moi tirer, dit-il, mais là venir beaucoup grand nombre.

– Qu'importe ! répondis-je, nos fusils épouvanteront ceux qu'ils ne tueront pas.

Je lui demandai si, me déterminant à le défendre, il me défendrait aussi et voudrait se tenir auprès de moi et faire tout ce que je lui enjoindrais. Il répondit :

– Moi mourir quand vous commander mourir, maître.

Là-dessus j'allai chercher une bonne goutte de rhum et la lui donnai, car j'avais si bien ménagé mon rhum que j'en avais encore pas mal en réserve. Quand il eut bu, je lui fis prendre les deux fusils de chasse que nous portions toujours, et je les chargeai de chevrotines aussi grosses que des petites balles de pistolet ; je pris ensuite quatre mousquets, et je les chargeai chacun de deux lingots et de cinq balles, puis chacun de mes deux pistolets d'une paire de balles seulement. Je pendis, comme à l'ordinaire, mon grand sabre nu à mon côté, et je donnai à Vendredi sa hachette.

Quand je me fus ainsi préparé, je pris ma lunette d'approche, et je gravis sur le versant de la montagne, pour voir ce que je pourrais découvrir ; j'aperçus aussitôt par ma longue vue qu'il y avait là vingt et un sauvages, trois prisonniers et trois pirogues, et que leur unique affaire semblait être de faire un banquet triomphal de ces trois corps humains, fête barbare, il est vrai, mais, comme je l'ai observé, qui n'avait rien parmi eux que d'ordinaire.

Je remarquai aussi qu'ils étaient débarqués non dans le même endroit d'où Vendredi s'était échappé, mais plus près de ma crique, où le rivage était bas et où un bois épais s'étendait presque jusqu'à la mer. Cette observation et l'horreur que m'inspirait l'œuvre atroce que ces misérables venaient consommer me remplirent de tant d'indignation que je retournai vers Vendredi, et lui dis que j'étais résolu à fondre sur eux et à les tuer tous. Puis je lui demandai s'il voulait combattre à mes côtés. Sa frayeur étant dissipée et ses esprits étant un peu animés par le rhum que je lui avais donné, il me parut plein de courage, et répéta comme auparavant qu'il mourrait quand je lui ordonnerais de mourir.

Dans cet accès de fureur, je pris et répartis entre nous les armes que je venais de charger. Je donnai à Vendredi un pistolet pour mettre à sa ceinture et trois mousquets pour porter sur l'épaule, je pris moi-même un pistolet et les trois autres mousquets, et dans cet équipage nous nous mîmes en marche. J'avais en outre garni ma poche d'une petite bouteille de rhum, et chargé Vendredi d'un grand sac de poudre et de balles. Quant à la consigne, je lui enjoignis de se tenir sur mes pas, de ne point bouger, de ne point tirer, de ne faire aucune chose que je ne lui eusse commandée, et en même temps de ne pas souffler mot. Je fis alors à ma droite un circuit de près d'un mille, pour éviter la crique et gagner le bois, afin de pouvoir arriver à portée de fusil des sauvages avant qu'ils me découvrissent, ce que, par ma longue vue, j'avais reconnu chose facile à faire.

Pendant cette marche, mes premières idées se réveillèrent et commencèrent à ébranler ma résolution. Je ne veux pas dire que j'eusse aucune peur de leur nombre ; comme ils n'étaient que des misérables nus et sans armes, il est certain que je leur étais supérieur, et quand bien même j'aurais été seul. Mais quel motif, me disais-je, quelle circonstance, quelle nécessité m'oblige à tremper mes mains dans le sang, à attaquer des hommes qui ne m'ont jamais fait aucun tort et qui n'ont nulle intention de m'en faire, des hommes innocents à mon égard ? Leur coutume barbare est leur propre malheur ; c'est la preuve que Dieu les a abandonnés aussi bien que les autres nations de cette partie du monde à leur stupidité, à leur inhumanité, mais non pas qu'il m'appelle à être le juge de leurs actions, encore moins l'exécuteur de sa justice ! Quand il le trouvera bon il prendra leur cause dans ses mains, et par un châtiment national il les punira pour leur crime national ; mais cela n'est point mon affaire.

Vendredi, il est vrai, peut justifier de cette action : il est leur ennemi, il est en état de guerre avec ces mêmes hommes, c'est loyal à lui de les attaquer ; mais je n'en puis dire autant quant à moi.

Ces pensées firent une impression si forte sur mon esprit, que je résolus de me placer seulement près d'eux pour observer leur fête barbare, d'agir alors suivant que le Ciel m'inspirerait, mais de ne point m'entremettre, à moins que quelque chose ne se présentât qui fût pour moi une injonction formelle.

Plein de cette résolution, j'entrai dans le bois, et avec toute la précaution et le silence possibles – ayant Vendredi sur mes talons –, je marchai jusqu'à ce que j'eusse atteint la lisière du côté le plus proche des sauvages. Une pointe de bois restait seulement entre eux et moi. J'appelai doucement Vendredi et, lui montrant un grand arbre qui était juste à l'angle du bois, je lui commandai d'y aller et de m'apporter réponse si de là il pouvait voir parfaitement ce qu'ils faisaient. Il obéit et revint immédiatement me dire que de ce lieu on les voyait très bien ; qu'ils étaient tous autour d'un feu, mangeant la chair d'un de leurs prisonniers, et qu'à peu de distance de là il y en avait un autre gisant, garrotté sur le sable, qu'ils allaient tuer bientôt, affirmait-il, ce qui embrasa mon âme de colère. Il ajouta que ce n'était pas un prisonnier de leur nation, mais un des hommes barbus dont il m'avait parlé et qui étaient venus dans leur pays sur un bateau. Au seul mot d'un homme blanc et barbu, je fus rempli d'horreur; j'allai à l'arbre, et je distinguai parfaitement avec ma longue-vue un homme blanc couché sur la grève de la mer, pieds et mains liés avec des glaïeuls ou quelque chose de semblable à des joncs; je distinguai aussi qu'il était Européen et qu'il avait des vêtements.

Il y avait un autre arbre et au-delà un petit hallier plus près d'eux que la place où j'étais d'environ cinquante verges. Je vis qu'en faisant un petit détour je pourrais y parvenir sans être découvert, et qu'alors je n'en serais plus qu'à demi-portée de fusil. Je retins donc ma colère, quoique vraiment je fusse outré au plus haut degré, et, rebroussant d'environ vingt pas, je marchai derrière quelques buissons qui couvraient tout le chemin, jusqu'à ce que je fusse arrivé vers l'autre arbre. Là je gravis sur un petit tertre, d'où ma vue plongeait librement sur les sauvages à la distance de quatre-vingts verges environ.

Il n'y avait pas alors un moment à perdre; car dix-neuf de ces atroces misérables étaient assis à terre tous pêle-mêle, et venaient justement d'envoyer deux d'entre eux pour égorger le pauvre chrétien et peut-être l'apporter membre à membre à leur feu: déjà même ils étaient baissés pour lui délier les pieds. Je me tournai vers Vendredi:

— Maintenant, lui dis-je, fais ce que je te commanderai.

Il me le promit.

— Alors, Vendredi, repris-je, fais exactement ce que tu me verras faire sans y manquer en rien.

Je posai à terre un des mousquets et mon fusil de chasse, et Vendredi m'imita; puis avec mon autre mousquet je couchai en joue les sauvages, en lui ordonnant de faire de même.

— Es-tu prêt ? lui dis-je alors.

— Oui, répondit-il.

— Allons, feu sur tous ! Et au même instant je tirai aussi.

Vendredi avait tellement mieux visé que moi, qu'il en tua deux et en blessa trois, tandis que j'en tuai un et en blessai deux. Ce fut, soyez-en sûr, une terrible consternation : tous ceux qui n'étaient pas blessés se dressèrent subitement sur leurs pieds ; mais ils ne savaient de quel côté fuir, quel chemin prendre, car ils ignoraient d'où leur venait la mort. Vendredi avait toujours les yeux attachés sur moi, afin, comme je le lui avais enjoint, de pouvoir suivre tous mes mouvements. Aussitôt après la première décharge, je jetai mon arme et pris le fusil de chasse, et Vendredi fit de même. J'armai et couchai en joue, il arma et ajusta aussi.

— Es-tu prêt, Vendredi ? lui dis-je.

— Oui, répondit-il.

— Feu donc, au nom de Dieu !

Et au même instant nous tirâmes tous deux sur ces misérables épouvantés. Comme nos armes n'étaient chargées que de ce que j'ai appelé chevrotines ou petites balles de pistolet, il n'en tomba que deux ; mais il y en eut tant de frappés, que nous les vîmes courir çà et là tout couverts de sang, criant et hurlant comme des insensés et cruellement blessés pour la plupart. Bientôt après, trois autres encore tombèrent, mais non pas tout à fait morts.

– Maintenant, Vendredi, m'écriai-je en posant à terre les armes vides et en prenant le mousquet qui était encore chargé, suis-moi !

Ce qu'il fit avec beaucoup de courage. Là-dessus, je me précipitai hors du bois avec Vendredi sur mes talons, et je me découvris. Sitôt qu'ils m'eurent aperçu, je poussai un cri effroyable, j'enjoignis à Vendredi d'en faire autant ; et, courant aussi vite que je pouvais, ce qui n'était guère, chargé d'armes comme je l'étais, j'allai droit à la pauvre victime qui gisait, comme je l'ai dit, sur la grève, entre la place du festin et la mer. Les deux bouchers qui allaient se mettre en besogne sur lui l'avaient abandonné de surprise à notre premier feu, et s'étaient enfuis, saisis d'épouvante, vers le rivage, où ils s'étaient jetés dans un canot, ainsi que trois de leurs compagnons. Je me tournai vers Vendredi, et je lui ordonnai d'avancer et de tirer dessus. Il me comprit aussitôt, et, courant environ la longueur de quarante verges pour s'approcher d'eux, il fit feu. Je crus d'abord qu'il les avait tous tués, car ils tombèrent en tas dans le canot ; mais bientôt j'en vis deux se relever. Toutefois il en avait expédié deux et blessé un troisième, qui resta comme mort au fond du bateau.

Tandis que mon serviteur Vendredi tiraillait, je pris mon couteau et je coupai les tiges qui liaient le pauvre prisonnier. Ayant débarrassé ses pieds et ses mains, je le relevai et lui demandai en portugais qui il était. Il répondit en latin : « *Christianus.* » Mais il était si faible et si languissant qu'il pouvait à peine se tenir ou parler. Je tirai ma bouteille de ma poche, et la lui présentai en lui faisant signe de boire, ce qu'il fit ; puis je lui donnai un morceau de pain qu'il mangea. Alors je lui demandai de quel pays il était ; il me répondit : « *Español.* » Et, se remettant un peu, il me fit connaître par tous les gestes possibles combien il m'était redevable pour sa délivrance.

— Señor, lui dis-je avec tout l'espagnol que je pus rassembler, nous parlerons plus tard ; maintenant il nous faut combattre. S'il vous reste quelque force, prenez ce pistolet et ce sabre et vengez-vous.

Il les prit avec gratitude, et n'eut pas plus tôt ces armes dans les mains, que, comme si elles lui eussent communiqué une nouvelle énergie, il se rua sur ses meurtriers avec furie, et en tailla deux en pièces en un instant ; mais il est vrai que tout ceci était si étrange pour eux, que les pauvres misérables, effrayés du bruit de nos mousquets, tombaient de pur étonnement et de peur, et étaient aussi incapables de chercher à s'enfuir que leur chair de résister à nos balles. Et c'était là juste le cas des cinq sur lesquels Vendredi avait tiré dans la pirogue ; car si trois tombèrent des blessures qu'ils avaient reçues deux tombèrent seulement d'effroi.

Je tenais toujours mon fusil à la main sans tirer, voulant garder mon coup tout prêt, parce que j'avais donné à l'Espagnol mon pistolet et mon sabre. J'appelai Vendredi et lui ordonnai de courir à l'arbre d'où nous avions fait feu d'abord, pour rapporter les armes déchargées que nous avions laissées là ; ce qu'il fit avec une grande célérité. Alors je lui donnai mon mousquet, je m'assis pour recharger les autres armes, et recommandai à mes hommes de revenir vers moi quand ils en auraient besoin.

Tandis que j'étais à cette besogne, un rude combat s'engagea entre l'Espagnol et un des sauvages, qui lui portait des coups avec un de leurs grands sabres de bois, cette même arme qui devait servir à lui ôter la vie si je ne l'avais empêché. L'Espagnol était aussi hardi et aussi brave qu'on puisse l'imaginer : quoique faible, il combattait déjà cet Indien depuis longtemps et lui avait fait deux larges blessures à la tête ; mais le sauvage, qui était un vaillant et un robuste compagnon, l'ayant étreint dans ses bras, l'avait renversé et s'efforçait de lui arracher mon sabre des mains. Alors l'Espagnol le lui abandonna sagement, et, prenant son pistolet à sa ceinture, lui tira au travers du corps et l'étendit mort sur la place avant que moi, qui accourais au secours, j'eusse eu le temps de le joindre.

Vendredi, laissé à sa liberté, poursuivait les misérables fuyards sans autre arme au poing que sa hachette, avec laquelle il dépêcha premièrement ces trois qui, blessés d'abord, tombèrent ensuite, comme je l'ai dit plus haut, puis après tous ceux qu'il put attraper. L'Espagnol m'ayant demandé un mousquet, je lui donnai un des fusils de chasse, et il se mit à la poursuite de deux sauvages, qu'il blessa tous deux; mais, comme il ne pouvait courir, ils se réfugièrent dans le bois, où Vendredi les pourchassa, et en tua un : l'autre, trop agile pour lui, malgré ses blessures, plongea dans la mer et nagea de toutes ses forces vers ses camarades qui s'étaient sauvés dans le canot. Ces trois rembarqués, avec un autre, qui avait été blessé sans que nous pussions savoir s'il était mort ou vif, furent des vingt et un les seuls qui s'échappèrent de nos mains. Le compte des autres s'établit comme suit :

3 Tués à notre première décharge partie de l'arbre.
2 Tués à la décharge suivante.
2 Tués par Vendredi dans le bateau.
2 Tués par le même, de ceux qui avaient été blessés d'abord.
1 Tué par le même dans les bois.
3 Tués par l'Espagnol.
4 Tués, qui tombèrent çà et là de leurs blessures ou à qui Vendredi donna la chasse.
4 Sauvés dans le canot, parmi lesquels un blessé, sinon mort.
21 En tout.

Ceux qui étaient dans le canot manœuvrèrent rudement pour se mettre hors de la portée du fusil; et, quoique Vendredi leur tirât deux ou trois coups encore, je ne vis pas qu'il en eût blessé aucun. Il désirait vivement que je prisse une de leurs pirogues et que je les poursuivisse; et, en vérité, moi-même j'étais très inquiet de leur fuite; je redoutais qu'ils ne portassent de mes nouvelles dans leur pays, et ne revinssent peut-être avec deux ou trois cents pirogues pour nous accabler par leur nombre. Je consentis donc à leur donner la chasse en mer, et courant à un de leurs canots, je m'y jetai et commandai à Vendredi de me suivre; mais en y entrant quelle fut ma surprise de trouver un pauvre sauvage, étendu pieds et poings liés, destiné à la mort comme l'avait été l'Espagnol, et presque expirant de peur, ne sachant pas ce qui se passait, car il n'avait pu regarder par-dessus le bord du bateau. Il était lié si fortement de la tête aux pieds et avait été garrotté si longtemps qu'il ne lui restait plus qu'un souffle de vie.

Je coupai aussitôt les glaïeuls ou les joncs tortillés qui l'attachaient, et je voulus l'aider à se lever ; mais il ne pouvait ni se soutenir ni parler ; seulement il gémissait très pitoyablement, croyant sans doute qu'on ne l'avait délié que pour le faire mourir.

Lorsque Vendredi se fut approché, je le priai de lui parler et de l'assurer de sa délivrance ; puis, tirant ma bouteille, je fis donner une goutte de rhum à ce pauvre malheureux ; ce qui, avec la nouvelle de son salut, le ranima, et il s'assit dans le bateau. Mais quand Vendredi vint à l'entendre parler et à le regarder en face, ce fut un spectacle à attendrir jusqu'aux larmes, de le voir baiser, embrasser et étreindre ce sauvage ; de le voir pleurer, rire, crier, sauter à l'entour, danser, chanter, puis pleurer encore, se tordre les mains, se frapper la tête et la face, puis chanter et sauter encore à l'entour comme un insensé. Il se passa un long temps avant que je pusse lui arracher une parole et lui faire dire ce dont il s'agissait ; mais quand il fut un peu revenu à lui-même, il s'écria :

– C'est mon père !

Il m'est difficile d'exprimer combien je fus ému des transports de joie et d'amour filial qui agitèrent ce pauvre sauvage à la vue de son père délivré de la mort. Je ne puis vraiment décrire la moitié de ses extravagances de tendresse. Il se jeta dans la pirogue et en ressortit je ne sais combien de fois. Quand il y entrait il s'asseyait auprès de son père, il se découvrait la poitrine, et, pour le ranimer, il lui tenait la tête appuyée contre son sein des demi-heures entières ; puis il prenait ses bras, ses jambes, engourdis et roidis par les liens, les réchauffait et les frottait avec ses mains, et moi, ayant vu cela, je lui donnai du rhum de ma bouteille pour faire des frictions, qui eurent un excellent effet.

Cet événement nous empêcha de poursuivre le canot des sauvages, qui était déjà à peu près hors de vue; mais ce fut heureux pour nous : car au bout de deux heures avant qu'ils eussent pu faire le quart de leur chemin, il se leva un vent impétueux, qui continua de souffler si violemment toute la nuit et de souffler nord-ouest, ce qui leur était contraire, que je ne pus supposer que leur embarcation eût résisté et qu'ils eussent regagné leur côte.

Mais, pour revenir à Vendredi, il était tellement occupé de son père, que de quelque temps je n'eus pas le cœur de l'arracher de là. Cependant lorsque je pensai qu'il pouvait le quitter un instant, je l'appelai vers moi, et il vint sautant et riant, et dans une joie extrême. Je lui demandai s'il avait donné du pain à son père. Il secoua la tête, et répondit :

– Non : moi, vilain chien, manger tout moi-même.

Je lui donnai donc un gâteau de pain, que je tirai d'une petite poche que je portais à cet effet. Je lui donnai aussi une goutte de rhum pour lui-même; mais il ne voulut pas y goûter et l'offrit à son père. J'avais encore dans ma pochette deux ou trois grappes de mes raisins, je lui en donnai de même une poignée pour son père. A peine la lui eut-il portée que je le vis sortir de la pirogue et s'enfuir comme s'il eût été épouvanté. Il courait avec une telle vélocité – car c'était le garçon le plus agile de ses pieds que j'aie jamais vu; il courait avec une telle vélocité, dis-je, qu'en quelque sorte je le perdis de vue en un instant. J'eus beau l'appeler et crier après lui, ce fut inutile; il fila son chemin, et, un quart d'heure après, je le vis revenir, mais avec moins de vitesse qu'il ne s'en était allé. Quand il s'approcha, je m'aperçus qu'il avait ralenti son pas, parce qu'il portait quelque chose à la main.

Arrivé près de moi, je reconnus qu'il était allé jusqu'à la maison chercher un pot de terre pour apporter de l'eau fraîche, et qu'il était chargé en outre de deux gâteaux ou galettes de pain. Il me donna le pain, mais il porta l'eau à son père. Cependant, comme j'étais moi-même très altéré, j'en humai quelque peu. Cette eau ranima le sauvage beaucoup mieux que le rhum ou la liqueur forte que je lui avais donné, car il se mourait de soif.

Quand il eut bu, j'appelai Vendredi pour savoir s'il restait encore un peu d'eau ; il me répondit que oui. Je le priai donc de la donner au pauvre Espagnol, qui en avait tout autant besoin que son père. Je lui envoyai aussi un des gâteaux que Vendredi avait été chercher. Cet homme, qui était vraiment très affaibli, se reposait sur l'herbe à l'ombre d'un arbre ; ses membres étaient roides et très enflés par les liens dont ils avaient été brutalement garrottés. Quand, à l'approche de Vendredi lui apportant de l'eau, je le vis se dresser sur son séant, boire, prendre le pain et se mettre à le manger, j'allai à lui et lui donnai une poignée de raisins. Il me regarda avec toutes les marques de gratitude et de reconnaissance qui peuvent se manifester sur un visage ; mais, quoiqu'il se fût si bien montré dans le combat, il était si défaillant qu'il ne pouvait se tenir debout ; il l'essaya deux ou trois fois, mais réellement en vain, tant ses chevilles étaient enflées et douloureuses. Je l'engageai donc à ne pas bouger ; et priai Vendredi de les lui frotter et de les lui bassiner avec du rhum, comme il l'avait fait à son père.

J'observai que, durant le temps que le pauvre et affectionné Vendredi fut retenu là, toutes les deux minutes, plus souvent même, il retournait la tête pour voir si son père était à la même place et dans la même posture où il l'avait laissé. Enfin, ne l'apercevant plus, il se leva sans dire mot et courut vers lui avec tant de vitesse, qu'il semblait que ses pieds ne touchaient pas la terre; mais en arrivant il trouva seulement qu'il s'était couché pour reposer ses membres. Il revint donc aussitôt, et je priai alors l'Espagnol de permettre que Vendredi l'aidât à se lever et le conduisît jusqu'au bateau, pour le mener à notre demeure, où je prendrais soin de lui. Mais Vendredi, qui était un jeune et robuste compagnon, le chargea sur ses épaules, le porta au canot et l'assit doucement sur un des côtés, les pieds tournés dans l'intérieur; puis, le soulevant encore, le plaça tout auprès de son père. Alors il ressortit de la pirogue, la mit à la mer, et quoiqu'il fît un vent assez violent, il pagaya le long du rivage plus vite que je ne pouvais marcher. Ainsi il les amena tous deux en sûreté dans notre crique, et, les laissant dans la barque, il courut chercher l'autre canot. Au moment où il passait près de moi je lui parlai et lui demandai où il allait. Il me répondit :

— Vais chercher plus bateau.

Puis il repartit comme le vent; car assurément jamais homme ni cheval ne coururent comme lui, et il eut amené le second canot dans la crique presque aussitôt que j'y arrivai par terre. Alors il me fit passer sur l'autre rive et alla ensuite aider à nos nouveaux hôtes à sortir du bateau. Mais, une fois dehors, ils ne purent marcher ni l'un ni l'autre : le pauvre Vendredi ne savait que faire.

Pour remédier à cela je me pris à réfléchir, et je priai Vendredi de les inviter à s'asseoir sur le bord tandis qu'il viendrait avec moi. J'eus bientôt fabriqué une sorte de civière où nous les plaçâmes, et sur laquelle, Vendredi et moi, nous les portâmes tous deux. Mais quand nous les eûmes apportés au pied extérieur de notre muraille ou fortification, nous retombâmes dans un pire embarras qu'auparavant ; car il était impossible de les faire passer par-dessus, et j'étais résolu à ne point l'abattre. Je me remis donc à l'ouvrage, et Vendredi et moi nous eûmes fait en deux heures de temps environ une très jolie tente avec de vieilles voiles, recouverte de branches d'arbre, et dressée sur l'esplanade, entre notre retranchement extérieur et le bocage que j'avais planté. Là nous leur fîmes deux lits de ce que je me trouvais avoir, c'est-à-dire de bonne paille de riz, avec des couvertures jetées dessus, l'une pour se coucher et l'autre pour se couvrir.

Mon île était alors peuplée, je me croyais très riche en sujets ; et il me vint et je fis souvent l'agréable réflexion, que je ressemblais à un roi. Premièrement, tout le pays était ma propriété absolue, de sorte que j'avais un droit indubitable de domination ; secondement, mon peuple était complètement soumis. J'étais souverain seigneur et législateur ; tous me devaient la vie et tous étaient prêts à mourir pour moi si besoin était. Chose surtout remarquable ! je n'avais que trois sujets et ils étaient de trois religions différentes : mon serviteur Vendredi était protestant, son père était idolâtre et cannibale, et l'Espagnol était papiste. Toutefois, soit dit en passant, j'accordai la liberté de conscience dans toute l'étendue de mes États.

Sitôt que j'eus mis en lieu de sûreté mes deux pauvres prisonniers délivrés, que je leur eus donné un abri et une place pour se reposer, je songeai à faire quelques provisions pour eux. J'ordonnai d'abord à Vendredi de prendre dans mon troupeau particulier une bique ou un cabri d'un an pour le tuer. J'en coupai ensuite le quartier de derrière que je mis en petits morceaux. Je chargeai Vendredi de le faire bouillir et étuver, et il leur prépara, je vous assure, un fort bon service de viande et de consommé. J'avais mis aussi un peu d'orge et de riz dans le bouillon. Comme j'avais fait cuire cela dehors – car jamais je n'allumais de feu dans l'intérieur de mon retranchement – je portai le tout dans la nouvelle tente ; et là, ayant dressé une table pour mes hôtes, j'y pris place moi-même auprès d'eux et je partageai leur dîner. Je les encourageai et les réconfortai de mon mieux, Vendredi me servant d'interprète auprès de son père et même auprès de l'Espagnol, qui parlait assez bien la langue des sauvages.

Après que nous eûmes dîné ou plutôt soupé, j'ordonnai à Vendredi de prendre un des canots, et d'aller chercher nos mousquets et autres armes à feu que, faute de temps, nous avions laissés sur le champ de bataille. Le lendemain je lui donnai ordre d'aller ensevelir les cadavres des sauvages, qui, laissés au soleil auraient bientôt répandu l'infection. Je lui enjoignis aussi d'enterrer les horribles restes de leur atroce festin, que je savais être en assez grande quantité. Je ne pouvais supporter la pensée de le faire moi-même ; je n'aurais pu même en supporter la vue si je fusse allé par là. Il exécuta tous mes ordres ponctuellement et fit disparaître jusqu'à la moindre trace des sauvages ; si bien qu'en y retournant, j'eux peine à reconnaître le lieu autrement que par le coin du bois qui désignait l'endroit.

Je commençai dès lors à converser un peu avec mes deux nouveaux sujets. Je chargeai premièrement Vendredi de demander à son père ce qu'il pensait des sauvages échappés dans le canot, et si nous devions nous attendre à les voir revenir avec des forces supérieures pour que nous pussions y résister ; sa première opinion fut qu'ils n'avaient pu surmonter la tempête qui avait soufflé toute la nuit de leur fuite ; qu'ils avaient dû nécessairement être submergés ou entraînés au sud vers certains rivages, où il était sûr qu'ils avaient été dévorés, qu'il était sûr qu'ils avaient péri s'ils avaient fait naufrage. Mais quant à ce qu'ils feraient s'ils regagnaient sains et saufs leur rivage, il dit qu'il ne le savait pas; mais son opinion était qu'ils avaient été si effroyablement épouvantés de la manière dont nous les avions attaqués, du bruit et du feu de nos armes, qu'ils raconteraient à leur nation que leurs compagnons avaient tous été tués par le tonnerre et les éclairs, et non par la main des hommes, et que les deux êtres qui leur étaient apparus – c'est-à-dire Vendredi et moi – étaient deux esprits célestes ou deux furies descendues sur terre pour les détruire, mais non des hommes armés. Il était porté à croire cela, disait-il, parce qu'il les avait entendus se crier de l'un à l'autre, dans leur langage, qu'ils ne pouvaient pas concevoir qu'un homme pût darder feu, parler tonnerre et tuer à une grande distance sans lever seulement la main. Et ce vieux sauvage avait raison; car, depuis lors, comme je l'appris ensuite et d'autre part, les sauvages de cette nation ne tentèrent plus de descendre dans l'île. Ils avaient été si épouvantés par les récits de ces quatre hommes, qui, à ce qu'il paraît, étaient échappés à la mer, qu'ils s'étaient persuadés que quiconque aborderait à cette île ensorcelée serait détruit par le feu des dieux.

Toutefois, ignorant cela, je fus pendant assez longtemps dans de continuelles appréhensions, et me tins sans cesse sur mes gardes, moi et toute mon armée; comme alors nous étions quatre, je me serais, en rase campagne, bravement aventuré contre une centaine de ces barbares.

Cependant, un certain laps de temps s'étant écoulé sans qu'aucun canot ne reparût, ma crainte de leur venue se dissipa, et je commençai à me remettre en tête mes premières idées de voyage à la terre ferme, le père de Vendredi m'assurant que je pouvais compter sur les bons traitements qu'à sa considération je recevrais de sa nation, si j'y allais.

Mais je différai un peu mon projet quand j'eus eu une conversation sérieuse avec l'Espagnol, et que j'eus acquis la certitude qu'il y avait encore seize de ses camarades, tant espagnols que portugais, qui, ayant fait naufrage et s'étant sauvés sur cette côte, y vivaient, à la vérité, en paix avec les sauvages, mais en fort mauvaise passe quant à leur nécessaire, et en fait quant à leur existence. Je lui demandai toutes les particularités de leur voyage, et j'appris qu'ils avaient appartenu à un vaisseau espagnol venant de Rio de La Plata et allant à la Havane, où il devait débarquer sa cargaison, qui consistait principalement en pelleterie et en argent, et d'où il devait rapporter toutes les marchandises européennes qu'il y pourrait trouver; qu'il y avait à bord cinq matelots portugais recueillis d'un naufrage; que tout d'abord le navire s'étant perdu cinq des leurs s'étaient noyés; que les autres, à travers des dangers et des hasards infinis, avaient abordé mourants de faim à cette côte cannibale où à tout moment ils s'attendaient à être dévorés.

Il me dit qu'ils avaient quelques armes avec eux, mais qu'elles leurs étaient tout à fait inutiles, faute de munitions, l'eau de la mer ayant gâté toute leur poudre, sauf une petite quantité qu'ils avaient usée dès leur débarquement pour se procurer quelque nourriture.

Je lui demandai ce qu'il pensait qu'ils deviendraient ici, et s'ils n'avaient pas formé quelque dessein de fuite. Il me répondit qu'ils avaient eu plusieurs délibérations à ce sujet; mais que, n'ayant ni bâtiment ni outils pour en construire un, ni provisions d'aucune sorte, leurs consultations s'étaient toujours terminées par les larmes et le désespoir.

Je lui demandai s'il pouvait présumer comment ils recueilleraient, venant de moi, une proposition qui tendrait à leur délivrance, et si, étant tous dans mon île, elle ne pourrait pas s'effectuer. Je lui avouai franchement que je redouterais beaucoup leur perfidie et leur trahison si je déposais ma vie entre leurs mains ; car la reconnaissance n'est pas une vertu inhérente à la nature humaine : les hommes souvent mesurent moins leurs procédés aux bons offices qu'ils ont reçus qu'aux avantages qu'ils se promettent.

– Ce serait une chose bien dure pour moi, continuai-je, si j'étais l'instrument de leur délivrance, et qu'ils me fissent ensuite leur prisonnier dans la Nouvelle-Espagne, où un Anglais peut avoir l'assurance d'être sacrifié, quelle que soit la nécessité ou quel que soit l'accident qui l'y ait amené. J'aimerais mieux être livré aux sauvages et dévoré vivant que de tomber entre les griffes impitoyables des familiers[1], et d'être traîné devant l'Inquisition.

J'ajoutai qu'à part cette appréhension, j'étais persuadé, s'ils étaient tous dans mon île, que nous pourrions à l'aide de tant de bras construire une embarcation assez grande pour nous transporter soit au Brésil du côté du sud, soit aux îles ou à la côte espagnole vers le nord ; mais que si, en récompense, lorsque je leur aurais mis les armes à la main, ils me traduisaient de force dans leur patrie, je serais mal payé de mes bontés pour eux, et j'aurais fait mon sort pire qu'il n'était auparavant.

Il répondit, avec beaucoup de candeur et de sincérité, que leur condition était si misérable et qu'ils en étaient si pénétrés, qu'assurément ils auraient en horreur la pensée d'en user mal avec un homme qui aurait contribué à leur délivrance ; qu'après tout, si je voulais, il irait vers eux avec le vieux sauvage,

1. Familier : Officier de l'Inquisition.

s'entretiendrait de tout cela et reviendrait m'apporter leur réponse ; mais qu'il n'entrerait en traité avec eux que sous le serment solennel qu'ils reconnaîtraient entièrement mon autorité comme chef et capitaine ; et qu'il leur ferait jurer sur les Saints Sacrements et l'évangile d'être loyaux avec moi, d'aller en tel pays chrétien qu'il me conviendrait, et nulle autre part, et d'être soumis totalement et absolument à mes ordres jusqu'à ce qu'ils eussent débarqués sains et saufs dans n'importe quelle contrée je voudrais ; enfin, qu'à cet effet, il m'apporterait un contrat dressé par eux et signé de leur main.

Puis il me dit qu'il voulait d'abord jurer lui-même de ne jamais se séparer de moi tant qu'il vivrait, à moins que je ne lui en donnasse l'ordre, et de verser à mon côté jusqu'à la dernière goutte de son sang s'il arrivait que ses compatriotes violassent en rien leur foi.

Il m'assura qu'ils étaient tous des hommes très francs et très honnêtes, qu'ils étaient dans la plus grande détresse imaginable, dénués d'armes et d'habits, et n'ayant d'autre nourriture que celle qu'ils tenaient de la pitié et de la discrétion des sauvages ; qu'ils avaient perdu tout espoir de retourner jamais dans leur patrie, et qu'il était sûr, si j'entreprenais de les secourir, qu'ils voudraient vivre et mourir pour moi.

Sur ces assurances, je résolus de tenter l'aventure et d'envoyer le vieux sauvage et l'Espagnol pour traiter avec eux. Mais quand il eut tout préparé pour son départ, l'Espagnol lui-même fit une objection qui décelait tant de prudence d'un côté et tant de sincérité de l'autre, que je ne pus en être que très satisfait ; et, d'après son avis, je différai de six mois au moins la délivrance de ses camarades. Voici le fait :

Il y avait alors environ un mois qu'il était avec nous; et durant ce temps je lui avais montré de quelle manière j'avais pourvu à mes besoins, avec l'aide de la Providence. Il connaissait parfaitement ce que j'avais amassé de blé et de riz; c'était assez pour moi-même; mais ce n'était pas assez, du moins sans une grande économie, pour ma famille, composée alors de quatre personnes; et, si ses compatriotes, qui étaient, disait-il, seize encore vivants, fussent survenus, cette provision aurait été plus qu'insuffisante, bien loin de pouvoir avitailler notre vaisseau si nous en construisions un afin de passer à l'une des colonies chrétiennes de l'Amérique. Il me dit donc qu'il croyait plus convenable que je permisse à lui et aux deux autres de défricher et de cultiver de nouvelles terres, d'y semer tout le grain que je pourrais épargner, et que nous attendissions cette moisson, afin d'avoir un surcroît de blé quand viendraient ses compatriotes; car la disette pourrait être pour eux une occasion de quereller, ou de ne point se croire délivrés, mais tombés d'une misère dans une autre.

— Vous le savez, dit-il, quoique les enfants d'Israël se réjouirent d'abord de leur sortie de l'Égypte, cependant ils se révoltèrent contre Dieu lui-même, qui les avait délivrés, quand ils vinrent à manquer de pain dans le désert.

Sa prévoyance était si sage et son avis si bon, que je fus aussi charmé de sa proposition que satisfait de sa fidélité. Nous nous mîmes donc à labourer tous quatre du mieux que nous permettaient les outils de bois dont nous étions pourvus; et dans l'espace d'un mois environ, au bout duquel venait le temps des semailles, nous eûmes défriché et préparé assez de terre pour semer vingt-deux boisseaux d'orge et seize jarres de riz, ce qui était, en un mot, tout ce que nous pouvions distraire de notre grain;

en fait, à peine nous réservâmes-nous assez d'orge pour notre nourriture durant les six mois que nous avions à attendre notre récolte, j'entends six mois à partir du moment où nous eûmes mis à part notre grain destiné aux semailles; car on ne doit pas supposer qu'il demeure six mois en terre dans ce pays.

Étant alors en assez nombreuse société pour ne point redouter les sauvages, à moins qu'ils ne vinssent en foule, nous allions librement dans toute l'île, partout où nous en avions l'occasion; et, comme nous avions tous l'esprit préoccupé de notre fuite ou de notre délivrance, il était impossible, du moins à moi, de ne pas songer aux moyens de l'accomplir. Dans cette vue, je marquai plusieurs arbres qui me paraissaient propres à notre travail. Je chargeai Vendredi et son père de les abattre, et je préposai à la surveillance et à la direction de leur besogne l'Espagnol, à qui j'avais communiqué mes projets sur cette affaire. Je leur montrai avec quelles peines infatigables j'avais réduit un gros arbre en simples planches, et je les priai d'en faire de même jusqu'à ce qu'ils eussent fabriqué environ une douzaine de fortes planches de bon chêne, de près de deux pieds de large sur trente-cinq pieds de long et de deux à quatre pouces d'épaisseur. Je laisse à penser quel prodigieux travail cela exigeait.

En même temps, je projetai d'accroître autant que possible mon petit troupeau de chèvres apprivoisées, et à cet effet un jour j'envoyais à la chasse Vendredi et l'Espagnol, et le jour suivant j'y allais moi-même avec Vendredi, et ainsi tour à tour. De cette manière nous attrapâmes une vingtaine de jeunes chevreaux pour les élever avec les autres; car toutes les fois que nous tirions sur une mère, nous sauvions les cabris, et nous les joignions à notre troupeau. Mais la saison de sécher les raisins étant venue, j'en recueillis et suspendis au soleil une quantité tellement prodigieuse, que, si nous avions été à Alicante, où se préparent les passarilles, nous aurions pu, je crois, remplir soixante ou quatrevingts barils. Ces raisins faisaient avec notre pain une grande partie de notre nourriture, et un fort bon aliment, je vous assure, excessivement succulent.

C'était alors la moisson, et notre récolte était en bon état. Ce ne fut pas la plus abondante que j'aie vue dans l'île, mais cependant elle l'était assez pour répondre à nos fins. J'avais semé vingt-deux boisseaux d'orge, nous engrangeâmes et battîmes environ deux cent vingt boisseaux, et le riz s'accrut dans la même proportion; ce qui était bien assez pour notre subsistance jusqu'à la moisson prochaine, quand bien même tous les seize Espagnols eussent été à terre avec moi; et, si nous eussions été prêts pour notre voyage, cela aurait abondamment avitaillé notre navire, pour nous transporter dans toutes les parties du monde, c'est-à-dire de l'Amérique.

Quand nous eûmes engrangé et mis en sûreté notre provision de grain, nous nous mîmes à faire de la vannerie, j'entends de grandes corbeilles, dans lesquelles nous la conservâmes. L'Espagnol était très habile et très adroit à cela, et souvent il me blâmait de ce que je n'employais pas cette sorte d'ouvrage comme clôture; mais je n'en voyais pas la nécessité.

Ayant alors un grand surcroît de vivres pour tous les hôtes que j'attendais, je permis à l'Espagnol de passer en terre ferme afin de voir ce qu'il pourrait négocier avec les compagnons qu'il y avait laissés derrière lui. Je lui donnai un ordre formel de ne ramener avec lui aucun homme qui n'eût d'abord juré en sa présence et en celle du vieux sauvage que jamais il n'offenserait, combattrait ou attaquerait la personne qu'il trouverait dans l'île, personne assez bonne pour envoyer vers eux travailler à leur délivrance ; mais, bien loin de là ! qu'il la soutiendrait et la défendrait contre tout attentat semblable, et que partout où elle irait il se soumettrait sans réserve à son commandement. Ceci devait être écrit et signé de leur main. Comment, sur ce point, pourrions-nous être satisfaits, quand je n'ignorais pas qu'il n'avait ni plume ni encre ? Ce fut une question que nous ne nous adressâmes jamais.

Muni de ces instructions, l'Espagnol et le vieux sauvage – le père de Vendredi – partirent dans un des canots sur lesquels on pourrait dire qu'ils étaient venus, ou mieux, avaient été apportés quand ils arrivèrent comme prisonniers pour être dévorés par les sauvages.

Je leur donnai à chacun un mousquet à rouet et environ huit charges de poudre et de balles, en leur recommandant d'en être très ménagers et de n'en user que dans les occasions urgentes.

Tout ceci fut une agréable besogne, car c'étaient les premières mesures que je prenais en vue de ma délivrance depuis vingt-sept ans et quelques jours. Je leur donnai une provision de pain et de raisins secs suffisante pour eux-mêmes pendant plusieurs jours et pour leurs compatriotes pendant une huitaine environ, puis je les laissai partir, leur souhaitant un bon voyage et convenant avec eux qu'à leur retour ils déploieraient certain signal par lequel, quand ils reviendraient, je les reconnaîtrais de loin, avant qu'ils n'atteignissent au rivage.

Ils s'éloignèrent avec une brise favorable, le jour où la lune était dans son plein, et, selon mon calcul, dans le mois d'octobre. Quant au compte exact des jours, après que je l'eus perdu une fois, je ne pus jamais le retrouver ; je n'avais pas même gardé assez ponctuellement le chiffre des années pour être sûr qu'il était juste ; cependant, quand plus tard je vérifiai mon calcul, je reconnus que j'avais tenu un compte fidèle des années.

Il n'y avait pas moins de huit jours que je les attendais, quand survint une aventure étrange et inopinée dont la pareille est peut-être inouïe dans l'histoire. J'étais un matin profondément endormi dans ma *huche;* tout à coup mon serviteur Vendredi vint en courant vers moi et me cria :

— Maître, maître, ils sont venus ! ils sont venus !

Je sautai à bas du lit, et, ne prévoyant aucun danger, je m'élançai, aussitôt que j'eus enfilé mes vêtements, à travers mon petit bocage, qui, soit dit en passant, était alors devenu un bois très épais. Je dis ne prévoyant aucun danger, car je sortis sans armes, contre ma coutume ; mais je fus bien surpris quand, tournant mes yeux vers la mer, j'aperçus à environ une lieue et demie de distance, une embarcation qui portait le cap sur mon île, avec une voile en *épaule de mouton*, comme on l'appelle, et à la faveur d'un assez bon vent. Je remarquai aussi tout d'abord qu'elle ne venait point de ce côté où la terre était située, mais de la pointe la plus méridionale de l'île. Là-dessus j'appelai Vendredi et lui enjoignis de se tenir caché, car ces gens n'étaient pas ceux que nous attendions, et nous ne savions pas encore s'ils étaient amis ou ennemis.

Vite je courus chercher ma longue-vue, pour déterminer de quoi il s'agissait. Je dressai mon échelle et je grimpai sur le sommet du rocher, comme j'avais coutume de faire lorsque j'appréhendais quelque chose et que je voulais mieux voir sans me découvrir.

A peine avais-je mis le pied sur le rocher, que mon œil distingua parfaitement un navire à l'ancre, à environ deux lieues et demie de moi, au sud-sud-est, mais seulement à une lieue et demie du rivage.

Par mes observations je reconnus, à n'en pas douter, que le bâtiment devait être anglais, et l'embarcation une chaloupe anglaise.

Je ne saurais exprimer le trouble où je tombai, bien que la joie de voir un navire, et un navire que j'avais raison de croire monté par mes compatriotes, et par conséquent des amis, fût telle, que je ne puis la dépeindre. Cependant des doutes secrets, dont j'ignorais la source, m'enveloppaient et me commandaient de rester sur mes gardes. Je me pris d'abord à considérer quelle affaire un vaisseau anglais pouvait avoir dans cette partie du monde, puisque ce n'était, ni pour aller ni pour revenir, le chemin d'aucun des pays où l'Angleterre a quelque comptoir. Je savais qu'aucune tempête n'avait pu le faire dériver de ce côté en état de détresse. S'ils étaient réellement Anglais, il était donc plus que probable qu'ils ne venaient pas avec de bons desseins ; et il valait mieux pour moi demeurer comme j'étais que de tomber entre les mains de voleurs et de meurtriers.

Que l'homme ne méprise pas les pressentiments et les avertissements secrets du danger qui parfois lui sont donnés quand il ne peut entrevoir la possibilité de son existence réelle. Que de tels pressentiments et avertissements nous soient donnés, je crois que peu de gens ayant fait quelque observation de choses puissent le nier ; qu'ils soient les manifestations certaines d'un monde invisible, et du commerce des esprits, on ne saurait non plus le mettre en doute. Et s'ils semblent tendre à nous avertir du danger, pourquoi ne supposerions-nous pas qu'ils nous viennent de quelque agent propice – soit suprême ou inférieur et subordonné, ce n'est pas là que gît la question –, et qu'ils nous sont donnés pour notre bien ?

Le fait présent me confirme fortement dans la

justesse de ce raisonnement, car si je n'avais pas été fait circonspect par cette secrète admonition, d'où qu'elle vînt, j'aurais été inévitablement perdu, et dans une condition cent fois pire qu'auparavant, comme on le verra tout à l'heure.

Je ne me tins pas longtemps dans cette position sans voir l'embarcation approcher du rivage, comme si elle cherchait une crique pour y pénétrer et accoster la terre commodément. Toutefois, comme elle ne remonta pas tout à fait assez loin, l'équipage n'aperçut pas la petite anse où j'avais autrefois abordé avec mes radeaux, et tira la chaloupe sur la grève à environ un demi-mille de moi ; ce qui fut très heureux, car autrement il aurait pour ainsi dire débarqué juste à ma porte, m'aurait eu bientôt arraché de mon château, et peut-être m'aurait dépouillé de tout ce que j'avais.

Quand ils furent sur le rivage, je me convainquis pleinement qu'ils étaient Anglais, au moins pour la plupart. Un ou deux me semblèrent Hollandais, mais cela ne se vérifia pas. Il y avait en tout onze hommes, dont je trouvai que trois étaient sans armes et – autant que je pus voir – garrottés. Les premiers quatre ou cinq qui descendirent à terre firent sortir ces trois de la chaloupe, comme des prisonniers. Je pus distinguer que l'un de ces trois faisait les gestes les plus passionnés, des gestes d'imploration, de douleur et de désespoir, allant jusqu'à une sorte d'extravagance. Les deux autres, je le distinguai aussi, levaient quelquefois leurs mains au ciel, et à la vérité paraissaient affligés, mais pas aussi profondément que le premier.

A cette vue je fus jeté dans un grand trouble, et je ne savais quel serait le sens de tout cela. Vendredi tout à coup s'écria en anglais, et de son mieux possible :

– Ô maître ! vous voir hommes anglais manger prisonniers aussi bien qu'hommes sauvages !

– Quoi ! dis-je à Vendredi, tu penses qu'ils vont les manger ?

– Oui, répondit-il, eux vouloir les manger.

– Non, non, répliquai-je : je redoute, à la vérité, qu'ils ne veuillent les assassiner, mais sois sûr qu'ils ne les mangeront pas.

Durant tout ce temps je n'eus aucune idée de ce que réellement ce pouvait être ; mais je demeurais tremblant d'horreur à ce spectacle, m'attendant à tout instant que les trois prisonniers seraient massacrés. Je vis même une fois un de ces scélérats lever un grand coutelas ou poignard – comme l'appellent les marins – pour frapper un de ces malheureux hommes. Je crus que c'était fait de lui, tout mon sang se glaça dans mes veines.

Je regrettais alors du fond du cœur notre Espagnol et le vieux sauvage parti avec lui, et je souhaitais de trouver quelque moyen d'arriver inaperçu à portée de fusil de ces bandits pour délivrer les trois hommes ; car je ne leur voyais point d'armes à feu. Mais un autre expédient se présenta à mon esprit.

Après avoir remarqué l'outrageux traitement fait aux trois prisonniers par l'insolent matelot, je vis que ses compagnons se dispersèrent par toute l'île, comme s'ils voulaient reconnaître le pays. Je remarquai aussi que les trois autres avaient la liberté d'aller où il leur plaisait ; mais ils s'assirent tous trois à terre, très mornes et l'œil hagard, comme des hommes au désespoir.

Ceci me fit souvenir du premier moment où j'abordai dans l'île et commençai à considérer ma position. Je me remémorai combien je me croyais perdu, combien extravagamment je promenais mes regards autour de moi, quelles terribles appréhensions j'avais, et comment je me logeai dans un arbre toute la nuit, de peur d'être dévoré par les bêtes féroces.

De même que cette nuit-là je ne me doutais pas du secours que j'allais recevoir du providentiel entraînement du vaisseau vers le rivage, par la tempête et la marée, du vaisseau qui depuis me nourrit et m'entretint si longtemps; de même ces trois pauvres désolés ne soupçonnaient pas combien leur délivrance et leur consolation étaient assurées, combien elles étaient prochaines, et combien effectivement et réellement ils étaient en état de salut au moment même où ils se croyaient perdus et dans un cas désespéré.

Donc nous voyons peu devant nous ici-bas; combien nous avons de puissantes raisons pour nous reposer avec joie sur le grand Créateur du monde, qui ne laisse jamais ses créatures dans un entier dénuement. Elles ont toujours dans les pires circonstances quelque motif de lui rendre grâces, et sont quelquefois plus près de leur délivrance qu'elles ne l'imaginent; souvent même elles sont amenées à leur salut par les moyens qui leur semblaient devoir les conduire à leur ruine.

C'était justement au plus haut de la marée montante que ces gens étaient venus à terre; et, tantôt pourparlant avec leurs prisonniers, et tantôt rôdant pour voir dans quelle espèce de lieu ils avaient mis le pied, ils s'étaient amusés négligemment jusqu'à ce que la marée fût passée, et que l'eau se fût retirée considérablement, laissant leur chaloupe échouée.

Ils l'avaient confiée à deux hommes qui, comme je m'en aperçus plus tard, ayant bu un peu trop d'eau-de-vie, s'étaient endormis. Cependant l'un d'eux, se réveillant plus tôt que l'autre et trouvant la chaloupe trop ensablée pour la dégager tout seul, se mit à crier après ses camarades, qui erraient aux environs. Aussitôt ils accoururent; mais tous leurs efforts pour la mettre à flot furent inutiles : elle était trop pesante, et le rivage de ce côté était une grève molle et vaseuse, presque comme un sable mouvant.

Voyant cela, en vrais marins – ce sont peut-être les moins prévoyants de tous les hommes – ils passèrent outre, et se remirent à trôler çà et là dans le pays. Puis j'entendis l'un d'eux crier à un autre, – en l'engageant à s'éloigner de la chaloupe :

Hé ! Jack, peux-tu pas la laisser tranquille ? à la prochaine marée elle flottera.

Ces mots me confirmèrent pleinement dans ma forte présomption qu'ils étaient mes compatriotes.

Pendant tout ce temps je me tins à couvert, je n'osai pas une seule fois sortir de mon château pour aller plus loin qu'à mon lieu d'observation, sur le sommet de rocher, et très joyeux j'étais en songeant combien ma demeure était fortifiée. Je savais que la chaloupe ne pourrait être à flot avant dix heures, et qu'alors faisant sombre, je serais plus à même d'observer leurs mouvements et d'écouter leurs propos s'ils en tenaient.

Dans ces entrefaites je me préparai pour le combat comme autrefois, bien qu'avec plus de précautions, sachant que j'avais affaire avec une tout autre espèce d'ennemis que par le passé. J'ordonnai pareillement à Vendredi, dont j'avais fait un excellent tireur, de se munir d'armes. Je pris moi-même deux fusils de chasse et je lui donnai trois mousquets. Ma figure était vraiment farouche : j'avais ma formidable casaque de peau de chèvre, avec le grand bonnet que j'ai mentionné, un sabre nu, deux pistolets à ma ceinture et un fusil sur chaque épaule.

Mon dessein était, comme je le disais tout à l'heure, de ne faire aucune tentative avant qu'il fît nuit ; mais vers deux heures environ, au plus chaud du jour, je m'aperçus qu'en rôdant ils étaient tous allés dans les bois, sans doute pour s'y coucher et dormir. Les trois pauvres infortunés, trop inquiets sur leur sort pour goûter le sommeil, étaient cependant étendus à l'ombre d'un grand arbre, à environ un quart de mille de moi, et probablement hors de la vue des autres.

Sur ce, je résolus de me découvrir à eux et d'apprendre quelque chose de leur condition. Immédiatement je me mis en marche dans l'équipage que j'ai dit, mon serviteur Vendredi à une bonne distance derrière moi, aussi formidablement armé que moi, mais ne faisant pas tout à fait une figure de fantôme aussi effroyable que la mienne.

Je me glissai inaperçu aussi près qu'il me fut possible, et avant qu'aucun d'eux m'eût découvert, je leur criai en espagnol :

– Qui êtes-vous, messieurs ?

Ils se levèrent à ce bruit ; mais ils furent deux fois plus troublés quand ils me virent, moi et la figure rébarbative que je faisais. Ils restèrent muets et s'apprêtaient à s'enfuir, quand je leur adressai la parole en anglais :

– Messieurs, dis-je, ne soyez point surpris de ma venue ; peut-être avez-vous auprès de vous un ami, bien que vous ne vous y attendissiez pas.

– Il faut alors qu'il soit envoyé du Ciel, me répondit l'un d'eux très gravement, ôtant en même temps son chapeau, car notre condition passe tout secours humain.

– Tout secours vient du Ciel, monsieur, répliquai-je. Mais ne pourriez-vous pas mettre un étranger à même de vous secourir, car vous semblez plongé dans quelque grand malheur ? Je vous ai vu débarquer ; et, lorsque vous paraissiez faire une supplication à ces brutaux qui sont venus avec vous, j'ai vu l'un d'eux lever son sabre pour vous tuer.

Le pauvre homme, tremblant, la figure baignée de larmes, et dans l'ébahissement, s'écria :

— Parlé-je à un Dieu ou à un homme ? En vérité, êtes-vous un homme ou un ange ?

— Soyez sans crainte, monsieur, répondis-je; si Dieu avait envoyé un ange pour vous secourir, il serait venu mieux vêtu et armé de toute autre façon que je ne suis. Je vous en prie, mettez de côté vos craintes, je suis un homme, un Anglais prêt à vous secourir; vous le voyez, j'ai seulement un serviteur, mais nous avons des armes et des munitions; dites franchement, pouvons-nous vous servir ? Dites quelle est votre infortune ?

— Notre infortune, monsieur, serait trop longue à raconter tandis que nos assassins sont si proches. Mais bref, monsieur, je suis capitaine de ce vaisseau : mon équipage s'est mutiné contre moi, j'ai obtenu à grande peine qu'il ne me tuerait pas, et enfin d'être déposé au rivage, dans ce lieu désert, ainsi que ces deux hommes; l'un est mon second et l'autre un passager. Ici, nous nous attendions à périr, croyant la place inhabitée, et nous ne savons que penser de cela.

– Où sont, lui dis-je, ces cruels, vos ennemis ? savez-vous où ils sont allés ?

– Ils sont là, monsieur, répondit-il, montrant du doigt un fourré d'arbres ; mon cœur tremble de crainte qu'ils ne nous aient vus et qu'ils ne vous aient entendu parler : si cela était, à coup sûr ils nous massacreraient tous.

– Ont-ils des armes à feu ? lui demandai-je.

– Deux mousquets seulement et un qu'ils ont laissé dans la chaloupe, répondit-il.

– Fort bien, dis-je, je me charge du reste ; je vois qu'ils sont tous endormis, c'est chose facile que de les tuer tous. Mais ne vaudrait-il pas mieux les faire prisonniers ?

Il me dit alors que parmi eux il y avait deux désespérés coquins à qui il ne serait pas trop prudent de faire grâce ; mais que, si on s'en assurait, il pensait que tous les autres retourneraient à leur devoir. Je lui demandai lesquels c'étaient. Il me dit qu'à cette distance il ne pouvait les indiquer, mais qu'il obéirait à mes ordres dans tout ce que je voudrais commander.

– Eh bien, dis-je, retirons-nous hors de leur vue et de leur portée d'entendre, de peur qu'ils ne s'éveillent, et nous délibérerons plus à fond.

Puis volontiers ils s'éloignèrent avec moi jusqu'à ce que les bois nous eussent cachés.

– Écoutez, monsieur, lui dis-je, si j'entreprends votre délivrance, êtes-vous prêt à faire deux conditions avec moi ?

Il prévint mes propositions en me déclarant que lui et son vaisseau, s'il le recouvrait, seraient en toutes choses entièrement dirigés et commandés par moi ; et que, si le navire n'était point repris, il vivrait et mourrait avec moi dans quelque partie du monde que je voulusse le conduire; et les deux autres hommes protestèrent de même.

– Eh bien, dis-je, mes deux conditions les voici :

1. Tant que vous demeurerez dans cette île avec moi, vous ne prétendrez ici à aucune autorité. Si je vous confie des armes, vous en viderez vos mains quand bon me semblera. Vous ne ferez aucun préjudice ni à moi ni aux miens sur cette terre, et vous serez soumis à mes ordres.

2. Si le navire est ou peut être recouvré, vous me transporterez gratuitement, moi et mon serviteur, en Angleterre.

Il me donna toutes les assurances que l'imagination et la bonne foi humaines puissent inventer qu'il se soumettrait à ces demandes extrêmement raisonnables, et qu'en outre, comme il me devrait la vie, il le reconnaîtrait en toute occasion aussi longtemps qu'il vivrait.

– Eh bien, dis-je alors, voici trois mousquets pour vous, avec de la poudre et des balles; dites-moi maintenant ce que vous pensez convenable de faire.

Il me témoigna toute la gratitude dont il était capable, mais il me demanda à se laisser entièrement guider par moi. Je lui dis que je croyais l'affaire très chanceuse; que le meilleur parti, selon moi, était de faire feu sur eux tout d'un coup pendant qu'ils étaient couchés; que, si quelqu'un, échappant à notre première décharge, voulait se rendre, nous pourrions le sauver, et qu'ainsi nous laisserions à la providence de Dieu la direction de nos coups.

Il me répliqua, avec beaucoup de modération, qu'il lui fâchait de les tuer s'il pouvait faire autrement; mais que pour ces deux incorrigibles vauriens qui avaient été les auteurs de toute la mutinerie dans le bâtiment, s'ils échappaient, nous serions perdus ; car ils iraient à bord et ramèneraient tout l'équipage pour nous tuer.

— Cela étant, dis-je, la nécessité confirme mon avis : c'est le seul moyen de sauver notre vie.

Cependant, lui voyant toujours de l'aversion pour répandre le sang, je lui dis de s'avancer avec ses compagnons et d'agir comme ils le jugeraient convenable.

Au milieu de cet entretien nous en entendîmes quelques-uns se réveiller, et bientôt après nous en vîmes deux sur pieds. Je demandai au capitaine s'ils étaient les chefs de la mutinerie ; il me répondit que non.

— Eh bien ! laissez-les se retirer, la Providence semble les avoir éveillés à dessein de leur sauver la vie. Maintenant si les autres vous échappent, c'est votre faute.

Animé par ces paroles, il prit à la main le mousquet que je lui avais donné, un pistolet à sa ceinture, et s'avança avec ses deux compagnons, armés également chacun d'un fusil. Marchant devant, ces deux hommes firent quelque bruit : un des matelots, qui s'était éveillé, se retourna, et les voyant venir, il se mit à appeler les autres ; mais il était trop tard, car au moment où il cria ils firent feu — j'entends les deux hommes, le capitaine réservant prudemment son coup. Ils avaient si bien visé les meneurs, qu'ils connaissaient, que l'un d'eux fut tué sur la place, et l'autre grièvement blessé. N'étant point frappé à mort, il se dressa sur ses pieds, et appela vivement à son aide ; mais le capitaine le joignit et lui dit qu'il était trop tard pour crier au secours, qu'il ferait mieux de demander à Dieu le pardon de son infamie ; et à ces mots il lui assena un coup de crosse qui lui coupa la parole à jamais. De cette troupe il en restait encore trois, dont l'un était légèrement blessé. J'arrivai à ce moment ; et quand ils virent leur danger et qu'il serait inutile de faire de la résistance, ils implorèrent miséricorde. Le capitaine leur dit :

— Je vous accorderai la vie si vous voulez me donner quelque assurance que vous prendrez en horreur la trahison dont vous vous êtes rendus coupables, et jurez de m'aider fidèlement à recouvrer le navire et à le ramener à la Jamaïque, d'où il vient.

Ils lui firent toutes les protestations de sincérité qu'on pouvait désirer ; et, comme il inclinait à les croire et à leur laisser la vie sauve, je n'allai point à l'encontre ; je l'obligeai seulement à les garder pieds et mains liés tant qu'ils seraient dans l'île.

Sur ces entrefaites j'envoyai Vendredi et le second du capitaine vers la chaloupe, avec ordre de s'en assurer, et d'emporter les avirons et la voile ; ce qu'ils firent. Aussitôt trois matelots rôdant, qui fort heureusement pour eux s'étaient écartés des autres, revinrent au bruit des mousquets ; et, voyant leur capitaine, de leur prisonnier qu'il était, devenu leur vainqueur, ils consentirent à se laisser garrotter aussi ; et notre victoire fut complète.

Il ne restait plus alors au capitaine et à moi qu'à nous ouvrir réciproquement sur notre position. Je commençai le premier, et lui contai mon histoire entière, qu'il écouta avec une attention qui allait jusqu'à l'ébahissement, surtout la manière merveilleuse dont j'avais été fourni de vivres et de munitions. Et de fait, comme mon histoire est un tissu de prodiges, elle fit sur lui une profonde impression. Puis, quand il en vint à réfléchir sur lui-même, et que je semblais avoir été préservé en ce lieu à dessein de lui sauver la vie, des larmes coulèrent sur sa face, et il ne put proférer une parole.

Après que cette conversation fut terminée, je le conduisis lui et ses deux compagnons dans mon logis, où je les introduisis par mon issue, c'est-à-dire par le haut de la maison. Là, pour se rafraîchir, je leur offris les provisions que je me trouvais avoir, puis je leur montrais toutes les inventions dont je m'étais ingénié pendant mon long séjour, mon bien long séjour en ce lieu.

Tout ce que je leur faisais voir, tout ce que je leur disais excitait leur étonnement. Mais le capitaine admira surtout mes fortifications, et combien j'avais habilement masqué ma retraite par un fourré d'arbres. Il y avait alors près de vingt ans qu'il avait été planté; et, comme en ces régions la végétation est beaucoup plus prompte qu'en Angleterre, il était devenu une petite forêt si épaisse qu'elle était impénétrable de toutes parts, excepté d'un côté où je m'étais réservé un petit passage tortueux. Je lui dis que c'était là mon château et ma résidence, mais que j'avais aussi, comme la plupart des princes, une maison de plaisance à la campagne, où je pouvais me retirer dans l'occasion, et que je la lui montrerais une autre fois; mais que pour le présent notre affaire était de songer aux moyens de recouvrer le vaisseau. Il en convint avec moi, mais il m'avoua qu'il ne savait vraiment quelles mesures prendre.

— Il y a encore à bord, dit-il, vingt-six hommes qui, ayant trempé dans une abominable conspiration, compromettant leur vie vis-à-vis de la loi, s'y opiniâtreront par désespoir et voudront pousser les choses à bout; car ils n'ignorent pas que s'ils étaient réduits ils seraient pendus en arrivant en Angleterre ou dans quelqu'une de ses colonies. Nous sommes en trop petit nombre pour nous permettre de les attaquer.

Je réfléchis quelque temps sur cette objection, et j'en trouvai la conclusion très raisonnable. Il s'agissait donc d'imaginer promptement quelque stratagème, aussi bien pour les faire tomber par surprise dans quelque piège, que pour les empêcher de faire une descente sur nous et de nous exterminer. Il me vint incontinent à l'esprit qu'avant peu les gens du navire, voulant savoir ce qu'étaient devenus leurs camarades et la chaloupe, viendraient assurément à terre dans leur autre embarcation pour les chercher, et qu'ils se présenteraient peut-être armés et en force trop supérieure pour nous. Le capitaine trouva ceci très plausible. Là-dessus, je lui dis :

– La première chose que nous avons à faire est de nous assurer de la chaloupe qui gît sur la grève, de telle sorte qu'ils ne puissent la ramener; d'emporter tout ce qu'elle contient, et de la désemparer, si bien qu'elle soit hors d'état de voguer.

En conséquence nous allâmes à la barque; nous prîmes les armes qui étaient restées à bord, et aussi tout ce que nous y trouvâmes, c'est-à-dire une bouteille d'eau-de-vie et une autre de rhum, quelques biscuits, une corne à poudre et un grandissime morceau de sucre dans une pièce de canevas : il y en avait bien cinq ou six livres. Tout ceci fut le bienvenu pour moi, surtout l'eau-de-vie et le sucre, dont je n'avais pas goûté depuis tant d'années.

Quand nous eûmes porté toutes ces choses à terre – les rames, le mât, la voile et le gouvernail avaient été enlevés auparavant, comme je l'ai dit – nous fîmes un grand trou au fond de la chaloupe, afin que, s'ils venaient en assez grand nombre pour nous vaincre, ils ne pussent toutefois la remmener.

A dire vrai, je ne me figurais guère que nous fussions capables de recouvrer le navire; mais j'avais mon but. Dans le cas où ils repartiraient sans la chaloupe, je ne doutais pas que je ne pusse la mettre en état de nous transporter aux îles Sous-le-Vent et recueillir en chemin nos amis les Espagnols; car ils étaient toujours présents à ma pensée.

Ayant à l'aide de nos forces réunies tiré la chaloupe si avant sur la grève, que la marée haute ne pût l'entraîner, ayant fait en outre un trou dans le fond, trop grand pour être promptement rebouché, nous nous étions assis pour songer à ce que nous avions à faire ; et, tandis que nous concertions nos plans, nous entendîmes tirer un coup de canon, puis nous vîmes le navire faire avec son pavillon comme un signal pour rappeler la chaloupe à bord ; mais la chaloupe ne bougea pas, et il se remit de plus belle à tirer et à lui adresser des signaux.

A la fin, quand il s'aperçut que ses signaux et ses coups de canon n'aboutissaient à rien et que la chaloupe ne se montrait pas, nous le vîmes – à l'aide de ma longue-vue – mettre à la mer une autre embarcation qui nagea vers le rivage ; et tandis qu'elle s'approchait nous reconnûmes qu'elle n'était pas montée par moins de dix hommes, munis d'armes à feu.

Comme le navire mouillait à peu près à deux lieues du rivage, nous eûmes tout le loisir, durant le trajet, d'examiner l'embarcation, ses hommes d'équipage et même leurs figures ; parce que, la marée les ayant fait dériver un peu à l'est de l'autre chaloupe, ils longèrent le rivage pour venir à la même place où elle avait abordé et où elle était gisante.

De cette façon, dis-je, nous eûmes tout le loisir de les examiner. Le capitaine connaissait la physionomie et le caractère de tous les hommes qui se trouvaient dans l'embarcation ; il m'assura qu'il y avait parmi eux trois honnêtes garçons, qui, dominés et effrayés, avaient été assurément entraînés dans le complot par les autres.

Mais quant au maître d'équipage, qui semblait être le principal officier, et quant à tout le reste, ils étaient les plus dangereux du bâtiment, et devaient sans aucun doute agir en désespérés dans leur nouvelle entreprise. Enfin il redoutait véhémentement qu'ils ne fussent trop forts pour nous.

Je me pris à sourire, et lui dis que des gens dans notre position étaient au-dessus de la crainte; que, puisque à peu près toutes les conditions possibles étaient meilleures que celle où nous semblions être, nous devions accueillir toute conséquence résultante, soit vie ou mort, comme un affranchissement. Je lui demandai ce qu'il pensait des circonstances de ma vie, et si ma délivrance n'était pas chose digne d'être tentée.

— Et qu'est devenue, monsieur, continuai-je, votre créance que j'avais été conservé ici à dessein de vous sauver la vie, créance qui vous avait exalté il y a peu de temps? Pour ma part, je ne vois qu'une chose malencontreuse dans toute cette affaire.

— Et quelle est-elle? dit-il.

— C'est, répondis-je, qu'il y a parmi ces gens, comme vous l'avez dit, trois ou quatre honnêtes garçons qu'il faudrait épargner. S'ils avaient été tous le rebut de l'équipage, j'aurais cru que la providence de Dieu les avait séparés pour les livrer entre nos mains; car faites fond là-dessus: tout homme qui mettra le pied sur le rivage sera nôtre, et vivra ou mourra suivant qu'il agira envers nous.

Ces paroles, prononcées d'une voix ferme et d'un air enjoué, lui redonnèrent du courage, et nous nous mîmes vigoureusement à notre besogne. Dès la première apparence d'une embarcation venant du navire, nous avions songé à écarter nos prisonniers, et, au fait, nous nous en étions parfaitement assurés.

Il y en avait deux dont le capitaine était moins sûr que des autres: je les fis conduire par Vendredi et un des trois hommes délivrés à ma caverne, où ils étaient assez éloignés et hors de toute possibilité d'être entendus ou découverts, ou de trouver leur chemin pour sortir des bois s'ils parvenaient à se débarras.ir eux-mêmes. Là ils les laissèrent garrottés, mais ils leur donnèrent quelques provisions, et leur promirent, que, s'ils y demeuraient tranquillement, on leur rendrait leur liberté dans un jour ou deux ; mais que, s'ils tentaient de s'échapper, ils seraient mis à mort sans miséricorde. Ils protestèrent sincèrement qu'ils supporteraient leur emprisonnement avec patience, et parurent très reconnaissants de ce qu'on les traitait si bien, qu'ils avaient des provisions et de la lumière ; car Vendredi leur avait donné pour leur bien-être quelques-unes de ces chandelles que nous faisions nous-mêmes. Ils avaient la persuasion qu'il se tiendrait en sentinelle à l'entrée de la caverne.

Les autres prisonniers étaient mieux traités : deux d'entre eux, à la vérité, avaient les bras liés, parce que le capitaine n'osait pas trop s'y fier ; mais les deux autres avaient été pris à mon service, sur la recommandation du capitaine et sur leur promesse solennelle de vivre et de mourir avec nous. Ainsi, y compris ceux-ci et les trois braves garçons, nous étions sept hommes bien armés ; et je ne mettais pas en doute que nous ne pussions venir à bout des dix arrivants, considérant surtout ce que le capitaine avait dit, qu'il y avait trois ou quatre honnêtes hommes parmi eux.

Aussitôt qu'ils atteignirent à l'endroit où gisait leur autre embarcation, ils poussèrent la leur sur la grève et mirent pied à terre en la halant après eux ; ce qui me fit grand plaisir à voir : car j'avais craint qu'ils ne la laissassent à l'ancre, à quelque distance du rivage, avec du monde dedans pour la garder, et qu'ainsi il nous fût impossible de nous en emparer.

Une fois à terre, la première chose qu'ils firent, ce

fut de courir tous à l'autre embarcation; et il fut aisé de voir qu'ils tombèrent dans une grande surprise en la trouvant dépouillée – comme il a été dit – de tout ce qui s'y trouvait et avec un grand trou dans le fond.

Après avoir pendant quelque temps réfléchi sur cela, ils poussèrent de toutes leurs forces deux ou trois grands cris pour essayer s'ils ne pourraient point se faire entendre de leurs compagnons; mais c'était peine inutile. Alors ils se serrèrent tous en cercle et firent une salve de mousqueterie; nous l'entendîmes, il est vrai : les échos en firent retentir les bois, mais ce fut tout. Les prisonniers qui étaient dans la caverne, nous en étions sûrs, ne pouvaient entendre, et ceux en notre garde, quoiqu'ils entendissent très bien, n'avaient pas toutefois la hardiesse de répondre.

Ils furent si étonnés et si atterrés de ce silence, qu'ils résolurent, comme ils nous le dirent plus tard, de se rembarquer pour retourner vers le navire, et

de raconter que leurs camarades avaient été massacrés et leur chaloupe défoncée. En conséquence ils lancèrent immédiatement leur esquif et remontèrent tous à bord.

A cette vue le capitaine fut terriblement surpris et même stupéfié ; il pensait qu'ils allaient rejoindre le navire et mettre à la voile, regardant leurs compagnons comme perdus ; et qu'ainsi il lui fallait décidément perdre son navire, qu'il avait eu l'espérance de recouvrer. Mais il eut bientôt une tout autre raison de se déconcerter.

A peine s'étaient-ils éloignés que nous les vîmes revenir au rivage, mais avec de nouvelles mesures de conduite, sur lesquelles sans doute ils avaient délibéré, c'est-à-dire qu'ils laissèrent trois hommes dans l'embarcation, et que les autres descendirent à terre et s'enfoncèrent dans le pays pour chercher leurs compagnons.

Ce fut un grand désappointement pour nous, et nous en étions à ne savoir que faire ; car nous saisir des sept hommes qui se trouvaient à terre ne serait d'aucun avantage si nous laissions échapper le bateau ; parce qu'il regagnerait le navire, et qu'alors à coup sûr le reste de l'équipage lèverait l'ancre et mettrait à la voile, de sorte que nous perdrions le bâtiment sans retour. Cependant il n'y avait d'autre remède que d'attendre et de voir ce qu'offrirait l'issue des choses.

Après que les sept hommes furent descendus à terre, les trois hommes restés dans l'esquif remontèrent à une bonne distance du rivage, et mirent à l'ancre pour les attendre. Ainsi il nous était impossible de parvenir jusqu'à eux.

Ceux qui avaient mis pied à terre se tenaient serrés tous ensemble et marchaient vers le sommet de la petite éminence au-dessous de laquelle était située mon habitation, et nous les pouvions voir parfaitement sans en être aperçus. Nous aurions été enchantés qu'ils vinssent plus près de nous, afin de faire feu dessus, ou bien qu'ils s'éloignassent davantage pour que nous pussions nous-mêmes nous débusquer.

Quand ils furent parvenus sur le versant de la colline d'où ils pouvaient planer au loin sur les vallées et les bois qui s'étendaient au nord-est, dans la partie la plus basse de l'île, ils se mirent à appeler et à crier jusqu'à n'en pouvoir plus. Là, n'osant pas sans doute s'aventurer loin du rivage, ni s'éloigner l'un de l'autre, ils s'assirent tous ensemble sous un arbre pour délibérer. S'ils avaient trouvé bon de s'y endormir, comme avait fait la première bande, c'eût été notre affaire ; mais ils étaient trop remplis de l'appréhension du danger pour s'abandonner au sommeil, bien qu'assurément ils ne pussent se rendre compte de l'espèce de péril qu'ils avaient à craindre.

Le capitaine fit une ouverture fort sage au sujet de leur délibération :

— Ils vont peut-être, disait-il, faire une nouvelle salve générale pour tâcher de se faire entendre de leurs compagnons ; fondons tous sur eux juste au moment où leurs mousquets seront déchargés ; à coup sûr ils demanderont quartier, et nous nous en rendrons maîtres sans effusion de sang.

J'approuvai cette proposition, pourvu qu'elle fût exécutée lorsque nous serions assez près d'eux pour les assaillir avant qu'ils eussent pu recharger leurs armes.

Mais le cas prévu n'advint pas, et nous demeurâmes encore longtemps fort irrésolus sur le parti à prendre. Enfin je dis à mon monde que mon opinion était qu'il n'y avait rien à faire avant la nuit ; qu'alors, s'ils n'étaient pas retournés à leur embarcation, nous pourrions peut-être trouver moyen de

nous jeter entre eux et le rivage, et quelque stratagème pour attirer à terre ceux restés dans l'esquif.

Nous avions attendu fort longtemps, quoique très
impatients de les voir s'éloigner et fort mal à notre
aise, quand, après d'interminables consultations,
nous les vîmes tous se lever et descendre vers la
mer. Il paraît que de si terribles appréhensions du
danger de cette place pesaient sur eux, qu'ils
avaient résolu de regagner le navire, pour annoncer
à bord la perte de leurs compagnons, et poursuivre
leur voyage projeté.

Sitôt que je les aperçus se diriger vers le rivage,
j'imaginai – et cela était réellement – qu'ils renon-
çaient à leurs recherches et se décidaient à s'en
retourner. A cette seule appréhension le capitaine, à
qui j'avais communiqué cette pensée, fut près de
tomber en défaillance ; mais, sur-le-champ, pour les
faire revenir sur leurs pas, je m'avisai d'un stratagème qui répondit complètement à mon but.

J'ordonnai à Vendredi et au second du capitaine
d'aller de l'autre côté de la crique à l'ouest, vers
l'endroit où étaient parvenus les sauvages lorsque je
sauvai Vendredi ; sitôt qu'ils seraient arrivés à une
petite butte distante d'un demi-mille environ, je
leur recommandai de crier aussi fort qu'ils pourraient, et d'attendre jusqu'à ce que les matelots les
eussent entendus ; puis, dès que les matelots leur
auraient répondu, de rebrousser chemin, et alors, se
tenant hors de vue, répondant toujours quand les
autres appelleraient, de prendre un détour pour les
attirer au milieu des bois, aussi avant dans l'île que
possible, puis enfin de revenir vers moi par certaines routes que je leur indiquai.

Ils étaient justement sur le point d'entrer dans la
chaloupe, quand Vendredi et le second se mirent à
crier. Ils les entendirent aussitôt, et leur répon-
dirent tout en courant le long du rivage à l'ouest, du

côté de la voix qu'ils avaient entendue ; mais tout à coup ils furent arrêtés par la crique. Les eaux étaient hautes, ils ne pouvaient traverser, et firent venir la chaloupe pour les passer sur l'autre bord, comme je l'avais prévu.

Quand ils eurent traversé, je remarquai que, la chaloupe ayant été conduite assez avant dans la crique, et pour ainsi dire dans un port, ils prirent avec eux un des trois hommes qui la montaient, et n'en laissèrent seulement que deux, après l'avoir amarrée au tronc d'un petit arbre sur le rivage.

C'était là ce que je souhaitais. Laissant Vendredi et le second du capitaine à leur besogne, j'emmenai sur-le-champ les autres avec moi, et, me rendant en tapinois au-delà de la crique, nous surprîmes les deux matelots avant qu'ils fussent sur leurs gardes, l'un couché sur le rivage, l'autre dans la chaloupe. Celui qui se trouvait à terre flottait entre le sommeil et le réveil ; et, comme il allait se lever, le capitaine, qui était le plus avancé, courut sur lui, l'assomma, et cria à l'autre, qui était dans l'esquif :

– Rends-toi ou tu es mort.

Il ne fallait pas beaucoup d'arguments pour soumettre un seul homme, qui voyait cinq hommes contre lui et son camarade étendu mort. D'ailleurs c'était, à ce qui paraît, un des trois matelots qui avaient pris moins de part à la mutinerie que le reste de l'équipage. Aussi non seulement il se décida facilement à se rendre, mais dans la suite il se joignit sincèrement à nous.

Dans ces entrefaites, Vendredi et le second du capitaine gouvernèrent si bien leur affaire avec les autres mutins, qu'en criant et répondant, ils les entraînèrent d'une colline à une autre, et d'un bois à un autre, jusqu'à ce qu'ils les eussent horriblement fatigués, et ils ne les laissèrent que lorsqu'ils furent certains qu'ils ne pourraient regagner la chaloupe avant la nuit. Ils étaient eux-mêmes harassés quand ils revinrent auprès de nous.

Il ne nous restait alors rien autre à faire qu'à les épier dans l'obscurité, pour fondre sur eux et en avoir bon marché.

Ce ne fut que plusieurs heures après le retour de Vendredi qu'ils arrivèrent à leur chaloupe; mais longtemps auparavant nous pûmes entendre les plus avancés crier aux traîneurs de se hâter, et ceux-ci répondre et se plaindre qu'ils étaient las et éclopés et ne pouvaient marcher plus vite : fort heureuse nouvelle pour nous.

Enfin ils atteignirent la chaloupe. Il serait impossible de décrire quelle fut leur stupéfaction quand ils virent qu'elle était ensablée dans la crique, que la marée s'était retirée et que leurs deux compagnons avaient disparu. Nous les entendions s'appeler l'un l'autre de la façon la plus lamentable, et se dire entre eux qu'ils étaient dans une île ensorcelée; que, si elle était habitée par des hommes, ils seraient tous massacrés; que si elle l'était par des démons ou des esprits, ils seraient tous enlevés et dévorés.

Ils se mirent à crier de nouveau, et appelèrent un grand nombre de fois leurs deux camarades par leurs noms; mais point de réponse. Un moment après nous pouvions les voir, à la faveur du peu de jour qui restait, courir çà et là en se tordant les mains comme des hommes au désespoir. Tantôt ils allaient s'asseoir dans la chaloupe pour se reposer, tantôt ils en sortaient pour rôder de nouveau sur le rivage, et pendant assez longtemps dura ce manège.

Mes gens auraient bien désiré que je leur permisse de tomber brusquement sur eux dans l'obscurité; mais je ne voulais les assaillir qu'avec avantage, afin de les épargner et d'en tuer le moins que je pourrais. Je voulais surtout n'exposer aucun de mes hommes à la mort, car je savais l'ennemi bien armé. Je résolus donc d'attendre pour voir s'ils ne se sépareraient point ; et, à dessein de m'assurer d'eux, je fis avancer mon embuscade, et j'ordonnai à Vendredi et au capitaine de se glisser à quatre pattes, aussi à plat ventre qu'il leur serait possible, pour ne pas être découverts, et de s'approcher d'eux le plus qu'ils pourraient avant de faire feu.

Il n'y avait pas longtemps qu'ils étaient dans cette posture quand le maître d'équipage, qui avait été le principal meneur de la révolte, et qui se montrait alors le plus lâche et le plus abattu de tous, tourna ses pas de leur côté, avec deux autres de la bande. Le capitaine était tellement animé en sentant ce principal vaurien si bien en son pouvoir, qu'il avait à peine la patience de le laisser assez approcher pour le frapper à coup sûr ; car jusque-là il n'avait qu'entendu sa voix ; et, dès qu'ils furent à sa portée, se dressant subitement sur ses pieds, ainsi que Vendredi, ils firent feu dessus.

Le maître d'équipage fut tué sur le coup ; un autre fut atteint au corps et tomba près de lui, mais il n'expira qu'une ou deux heures après ; le troisième prit la fuite.

A cette détonation, je m'approchai immédiatement avec toute mon armée, qui était alors de huit hommes, savoir : moi, généralissime ; Vendredi, mon lieutenant-général ; le capitaine et ses deux compagnons, et les trois prisonniers de guerre auxquels il avait confié des armes.

Nous nous avançâmes sur eux dans l'obscurité, de sorte qu'on ne pouvait juger de notre nombre. J'ordonnai au matelot qu'ils avaient laissé dans la chaloupe, et qui était alors un des nôtres, de les appeler par leurs noms, afin d'essayer si je pourrais les amener à parlementer, et par là peut-être à des termes d'accommodement – ce qui nous réussit à souhait – car il était en effet naturel de croire que, dans l'état où ils étaient alors, ils capituleraient très volontiers. Ce matelot se mit donc à crier de toute sa force à l'un d'entre eux :

– Tom Smith ! Tom Smith !

Tom Smith répondit aussitôt :

– Est-ce toi, Robinson ? (Car il paraîtra qu'il avait reconnu sa voix.)

– Oui, oui, reprit l'autre. Au nom de Dieu, Tom Smith, mettez bas les armes et rendez-vous, sans quoi vous êtes tous morts à l'instant.

– A qui faut-il nous rendre ? répliqua Smith ; où sont-ils ?

– Ils sont ici, dit Robinson : c'est notre capitaine avec cinquante hommes qui vous pourchassent depuis deux heures. Le maître d'équipage est tué, Will Frye blessé, et moi je suis prisonnier. Si vous ne vous rendez pas, vous êtes tous perdus.

– Nous donnera-t-on quartier ? dit Tom Smith, si nous nous rendons ?

– Je vais le demander, si vous promettez de vous rendre, répondit Robinson.

Il s'adressa donc au capitaine, et le capitaine lui-même se mit alors à crier :

– Toi, Smith, tu connais ma voix ; si vous déposez immédiatement les armes et vous soumettez, vous aurez tous la vie sauve, hormis Will Atkins.

Sur ce, Will Atkins s'écria :

– Au nom de Dieu ! capitaine, donnez-moi quartier ! Qu'ai-je fait ? Ils sont tous aussi coupables que moi.

Ce qui, en fait, n'était pas vrai ; car il paraît que ce Will Atkins avait été le premier à se saisir du capitaine au commencement de la révolte, et qu'il l'avait cruellement maltraité en lui liant les mains et en l'accablant d'injures. Quoi qu'il en fût, le capitaine le somma de se rendre à discrétion et de se confier à la miséricorde du gouverneur : c'est moi dont il entendait parler, car ils m'appelaient tous gouverneur.

Bref, ils déposèrent tous les armes et demandèrent la vie ; et j'envoyai pour les garrotter l'homme qui avait parlementé avec deux de ses compagnons. Alors ma grande armée de cinquante hommes, laquelle, y compris les trois en détachement, se composait en tout de huit hommes, s'avança et fit main basse sur eux et leur chaloupe. Mais je me tins avec un des miens hors de leur vue, pour des raisons d'État.

Notre premier soin fut de réparer la chaloupe et de songer à recouvrer le vaisseau. Quant au capitaine, il eut alors le loisir de pourparler avec ses prisonniers. Il leur reprocha l'infamie de leurs procédés à son égard, et l'atrocité de leur projet, qui, assurément, devait les conduire enfin à la misère et à l'opprobre, et peut-être à là potence.

Ils parurent tous fort repentants, et implorèrent la vie. Il leur répondit là-dessus qu'ils n'étaient pas ses prisonniers, mais ceux du gouverneur de l'île ; qu'ils avaient cru le jeter sur le rivage d'une île stérile et déserte, mais qu'il avait plu à Dieu de les diriger vers une île habitée, dont le gouverneur était anglais, et pouvait les y faire pendre tous, si tel était son plaisir ; mais que, comme il leur avait donné quartier, il supposait qu'il les enverrait en Angleterre pour y être traités comme la justice le requérait, hormis Atkins, à qui le gouverneur lui avait enjoint de dire de se préparer à la mort, car il serait pendu le lendemain matin.

Quoique tout ceci ne fût qu'une fiction de sa part, elle produisit cependant tout l'effet désiré. Atkins se jeta à genoux et supplia le capitaine d'intercéder pour lui auprès du gouverneur, et tous les autres le conjurèrent au nom de Dieu, afin de n'être point envoyés en Angleterre.

Il me vint alors à l'esprit que le moment de notre délivrance était venu, et que ce serait une chose très facile que d'amener ces gens à s'employer de tout cœur à recouvrer le vaisseau. Je m'éloignai donc dans l'ombre pour qu'ils ne pussent voir quelle sorte de gouverneur ils avaient, et j'appelai à moi le capitaine. Quand j'appelai, comme si j'étais à une bonne distance, un de mes hommes reçut l'ordre de parler à son tour, et il dit au capitaine :

– Capitaine, le commandant vous appelle.

Le capitaine répondit aussitôt :

– Dites à Son Excellence que je viens à l'instant.

Ceci les trompa encore parfaitement, et ils crurent tous que le gouverneur était près de là avec ses cinquante hommes.

Quand le capitaine vint à moi, je lui communiquai mon projet pour la prise du vaisseau. Il le trouva parfait, et résolut de le mettre à exécution le lendemain.

Mais, pour l'exécuter avec plus d'artifice et en assumer le succès, je lui dis qu'il fallait que nous séparassions les prisonniers, et qu'il prît Atkins et deux autres d'entre les plus mauvais, pour les envoyer, bras liés, à la caverne où étaient déjà les autres. Ce soin fut remis à Vendredi et aux deux hommes qui avaient été débarqués avec le capitaine.

Ils les emmenèrent à la caverne comme à une prison, et c'était un horrible lieu, en vérité, surtout pour des hommes dans leur position.

Je fis conduire les autres à ma tonnelle, comme je l'appelais, et dont j'ai donné une description complète. Comme elle était enclose, et qu'ils avaient les bras liés, la place était assez sûre, attendu que de leur conduite dépendait leur sort.

A ceux-ci dans la matinée j'envoyai le capitaine pour entrer en pourparler avec eux ; en un mot, les éprouver et me dire s'il pensait qu'on pût ou non se fier à eux pour aller à bord et surprendre le navire. Il leur parla de l'outrage qu'ils lui avaient fait, de la condition dans laquelle ils étaient tombés, et leur dit que, bien que le gouverneur leur eût donné quartier actuellement, ils seraient à coup sûr mis au gibet si on les envoyait en Angleterre ; mais que s'ils voulaient s'associer à une entreprise aussi loyale que celle de recouvrer le vaisseau, il aurait du gouverneur la promesse de leur grâce.

On devine avec quelle hâte une semblable proposition fut acceptée par des hommes dans leur situation. Ils tombèrent aux genoux du capitaine, et promirent avec les plus énergiques imprécations qu'ils lui seraient fidèles jusqu'à la dernière goutte de leur sang ; que, lui devant la vie, ils le suivraient en tous lieux, et qu'ils le regardaient comme leur père tant qu'ils vivraient.

— Bien, reprit le capitaine ; je m'en vais reporter au gouverneur ce que vous m'avez dit, et voir ce que je puis faire pour l'amener à donner son consentement.

Il vint donc me rendre compte de l'état d'esprit dans lequel il les avait trouvés, et m'affirma qu'il croyait vraiment qu'ils seraient fidèles.

Néanmoins, pour plus de sûreté, je le priai de retourner vers eux, d'en choisir cinq, et de leur dire, pour leur donner à penser qu'on n'avait pas besoin d'hommes, qu'il n'en prenait que cinq pour l'aider, et que les deux autres et les trois qui avaient été envoyés prisonniers au château – ma caverne – le gouverneur voulait les garder comme otages, pour répondre de la fidélité de ces cinq ; et que, s'ils se montraient perfides dans l'exécution, les cinq otages seraient tout vifs accrochés à un gibet sur le rivage.

Ceci parut sévère, et les convainquit que c'était

chose sérieuse que le gouverneur. Toutefois ils ne pouvaient qu'accepter, et ce fut alors autant l'affaire des prisonniers que celle du capitaine d'engager les cinq autres à faire leur devoir.

Voici quel était l'état de nos forces pour l'expédition : 1. le capitaine, son second et le passager ; 2. les deux prisonniers de la première escouade, auxquels, sur les renseignements du capitaine, j'avais donné la liberté et confié des armes ; 3. les deux autres, que j'avais tenus jusqu'alors garrottés dans ma tonnelle, et que je venais de relâcher, à la sollicitation du capitaine ; 4. les cinq élargis en dernier : ils étaient donc douze en tout, outre les cinq que nous tenions prisonniers dans la caverne comme otages.

Je demandai au capitaine s'il voulait avec ce monde risquer l'abordage du navire. Quant à moi et mon serviteur Vendredi, je ne pensai pas qu'il fût convenable que nous nous éloignassions, ayant derrière nous sept hommes captifs. C'était bien assez de besogne pour nous que de les garder à l'écart, et de les fournir de vivres.

Quant aux cinq de la caverne, je résolus de les tenir séquestrés ; mais Vendredi allait deux fois par jour leur donner le nécessaire. J'employais les deux autres à porter les provisions à une certaine distance, où Vendredi devait les prendre.

Lorsque je me montrai aux deux premiers otages, ce fut avec le capitaine, qui leur dit que j'étais la personne que le gouverneur avait désignée pour veiller sur eux, que le bon plaisir du gouverneur était qu'ils n'allassent nulle part sans mon autorisation ; et que, s'ils le faisaient, ils seraient transférés au château et mis aux fers. Ne leur ayant jamais permis de me voir comme gouverneur je jouais donc pour lors un autre personnage, et leur parlais du gouverneur, de la garnison, du château et autres choses semblables, en toute occasion.

Le capitaine n'avait plus d'autre difficulté devant lui que de gréer les deux chaloupes, de reboucher celle défoncée, et de les équiper. Il fit son passager capitaine de l'une avec quatre hommes, et lui-même, son second et cinq matelots montèrent dans l'autre. Ils concertèrent très bien leurs plans, car ils arrivèrent au navire vers le milieu de la nuit.

Aussitôt qu'ils en furent à portée de la voix, le capitaine ordonna à Robinson de héler et de leur dire qu'ils ramenaient les hommes et la chaloupe, mais qu'ils avaient été bien longtemps avant de les trouver, et autres choses semblables. Il jasa avec eux jusqu'à ce qu'ils eussent accosté le vaisseau. Alors le capitaine et son second, avec leurs armes, se jetant les premiers à bord, assommèrent sur-le-champ à coups de crosse de mousquet le bosseman et le charpentier; et, fidèlement secondés par leur monde, ils s'assuraient de tous ceux qui étaient sur le pont et le gaillard d'arrière, et commençaient à fermer les écoutilles pour empêcher de monter ceux qui étaient en bas, quand les gens de l'autre embarcation, abordant par les porte-haubans de misaine, s'emparèrent du gaillard d'avant et de l'écoutillon qui descendait à la cuisine, où trois hommes qui s'y trouvaient furent faits prisonniers.

Ceci fait, tout étant en sûreté sur le pont, le capitaine ordonna à son second de forcer avec trois hommes la chambre du Conseil, où était posté le nouveau capitaine rebelle, qui, ayant eu quelque alerte, était monté et avait pris les armes avec deux matelots et un mousse. Quand le second eut effondré la porte avec une pince, le nouveau capitaine et ses hommes firent hardiment feu sur eux. Une balle de mousquet atteignit le second et lui cassa le bras; deux autres matelots furent aussi blessés, mais personne ne fut tué.

Le second, appelant à son aide, se précipita

cependant, tout blessé qu'il était, dans la chambre du Conseil, et déchargea son pistolet à travers la tête du nouveau capitaine. La balle entra par la bouche, ressortit derrière l'oreille et le fit taire à jamais. Là-dessus le reste se rendit, et le navire fut réellement repris sans qu'aucun autre perdît la vie.

Aussitôt que le bâtiment fut ainsi recouvré, le capitaine ordonna de tirer sept coups de canon, signal dont il était convenu avec moi pour me donner avis de son succès. Je vous laisse à penser si je fus aise de les entendre, ayant veillé tout exprès sur le rivage jusqu'à près de deux heures du matin.

Après avoir parfaitement entendu le signal, je me couchai; et, comme cette journée avait été pour moi très fatigante, je dormis profondément jusqu'à ce que je fus réveillé en sursaut par un coup de canon. Je me levai sur-le-champ, et j'entendis quelqu'un m'appeler :

– Gouverneur, gouverneur !

Je reconnus tout de suite la voix du capitaine, et

je grimpai sur le haut du rocher où il était monté. Il me reçut dans ses bras, et, me montrant du doigt le bâtiment :

– Mon cher ami et libérateur, me dit-il, voilà votre navire ; car il est tout à vous, ainsi que nous et tout ce qui lui appartient.

Je jetai les yeux sur le vaisseau. Il était mouillé à un peu plus d'un demi-mille du rivage ; car ils avaient appareillé dès qu'ils en avaient été maîtres ; et, comme il faisait beau, ils étaient venus jeter l'ancre à l'embouchure de la petite crique ; puis, à la faveur de la marée haute, le capitaine amenant la pinasse près de l'endroit où j'avais autrefois abordé avec mes radeaux il avait débarqué juste à ma porte.

Je fus d'abord sur le point de m'évanouir de surprise ; car je voyais positivement ma délivrance dans mes mains, toutes choses faciles, et un grand bâtiment prêt à me transporter où il me plairait d'aller. Pendant quelque temps je fus incapable de répondre un seul mot ; mais, comme le capitaine m'avait pris dans ses bras, je m'appuyai fortement sur lui, sans quoi je serais tombé par terre.

Il s'aperçut de ma défaillance, et, tirant vite une bouteille de sa poche, me fit boire un trait d'une liqueur cordiale qu'il avait apportée exprès pour moi. Après avoir bu, je m'assis à terre ; et, quoique cela m'eût rappelé à moi-même, je fus encore longtemps sans pouvoir lui dire un mot.

Cependant le pauvre homme était dans un aussi grand ravissement que moi, seulement il n'était pas comme moi sous le coup de la surprise. Il me disait mille bonnes et tendres choses pour me calmer et rappeler mes sens. Mais il y avait un tel gonflement de joie dans ma poitrine, que mes esprits étaient plongés dans la confusion ; enfin il débonda par des larmes, et peu après je recouvrai la parole.

Alors je l'étreignis à mon tour, je l'embrassai comme mon libérateur, et nous nous abandonnâmes à la joie. Je lui dis que je le regardais comme un homme envoyé par le Ciel pour me délivrer ; que toute cette affaire me semblait un enchaînement de prodiges ; que de telles choses étaient pour nous un témoignage que la main cachée d'une Providence gouverne l'univers, et une preuve évidente que l'œil d'une puissance infinie sait pénétrer dans les coins les plus reculés du monde et envoyer aide aux malheureux toutes fois et quantes qu'il lui plaît.

Je n'oubliai pas d'élever au Ciel mon cœur reconnaissant. Et quel cœur aurait pu se défendre de le bénir. Celui qui non seulement avait d'une façon miraculeuse pourvu aux besoins d'un homme dans un semblable désert et dans un pareil abandon, mais de qui, il faut incessamment le reconnaître, toute délivrance procède !

Quand nous eûmes jasé quelque temps, le capitaine me dit qu'il m'avait apporté tels petits rafraîchissements que pouvait fournir le bâtiment, et que les misérables qui en avaient été si longtemps maîtres n'avaient pas gaspillés. Sur ce il appela les gens de la pinasse et leur ordonna d'apporter à terre les choses destinées au gouverneur. C'était réellement un présent comme pour quelqu'un qui n'eût pas dû s'en aller avec eux, comme si j'eusse dû toujours demeurer dans l'île, et comme s'ils eussent dû partir sans moi.

Premièrement il m'avait apporté un coffret à flacons plein d'excellentes eaux cordiales, six grandes bouteilles de vin de Madère, de la contenance de deux quartes, deux livres de très bon tabac, douze grosses pièces de brut salé et six pièces de porc, avec un sac de pois et environ cent livres de biscuits.

Il m'apporta aussi une caisse de sucre, une caisse de fleur de farine, un sac plein de citrons, deux bouteilles de jus de limon et une foule d'autres choses. Outre cela, et ce qui m'était mille fois plus utile, il ajouta six chemises toutes neuves, six cravates fort bonnes, deux paires de gants, une paire de souliers, un chapeau, une paire de bas, et un très bon habillement complet qu'il n'avait que très peu porté. En un mot, il m'équipa des pieds à la tête.

Comme on l'imagine, c'était un bien doux et bien agréable présent pour quelqu'un dans ma situation. Mais jamais costume au monde ne fut aussi déplaisant, aussi étrange, aussi incommode que le furent pour moi ces habits les premières fois que je m'en affublai.

Après ces cérémonies, et quand toutes ces bonnes choses furent transportées dans mon petit logement, nous commençâmes à nous consulter sur ce que nous avions à faire de nos prisonniers; car il était important de considérer si nous pouvions ou non risquer de les prendre avec nous, surtout les deux d'entre eux que nous savions être incorrigibles et intraitables au dernier degré. Le capitaine me dit qu'il les connaissait pour des vauriens tels qu'il n'y avait pas à les dompter, et que s'il les emmenait, ce ne pourrait être que dans les fers, comme des malfaiteurs, afin de les livrer aux mains de la justice à la première colonie anglaise qu'il atteindrait. Je m'aperçus que le capitaine lui-même en était fort chagrin.

Aussi lui dis-je que, s'il le souhaitait, j'entreprendrais d'amener les deux hommes en question à demander eux-mêmes d'être laissés dans l'île.

— J'en serais aise, répondit-il, de tout mon cœur.

— Bien, je vais les envoyer chercher, et leur parler de votre part.

Je commandai donc à Vendredi et aux deux otages, qui pour lors étaient libérés, leurs camarades ayant accompli leur promesse, je leur ordonnai donc, dis-je, d'aller à la caverne, d'emmener les cinq prisonniers, garrottés comme ils étaient, à ma tonnelle, et de les y garder jusqu'à ce que je vinsse.

Quelque temps après, je m'y rendis vêtu de mon nouveau costume, et je fus alors derechef appelé gouverneur. Tous étant réunis, et le capitaine m'accompagnant, je fis amener les prisonniers devant moi, et je leur dis que j'étais parfaitement instruit de leur infâme conduite envers le capitaine, et de leur projet de faire la course avec le navire et d'exercer le brigandage; mais que la Providence les avait enlacés dans leurs propres pièges, et qu'ils étaient tombés dans la fosse qu'ils avaient creusée pour d'autres.

Je leur annonçai que, par mes instructions, le navire avait été recouvré, qu'il était pour lors dans la rade, et que tout à l'heure ils verraient que leur nouveau capitaine avait reçu le prix de sa trahison, car ils le verraient pendu au bout d'une vergue.

Je les priai de me dire, quant à eux, ce qu'ils avaient à alléguer pour que je ne les fisse pas exécuter comme des pirates pris sur le fait, ainsi qu'ils ne pouvaient douter que ma commission m'y autorisât.

Un d'eux me répondit au nom de tous qu'ils n'avaient rien à dire, sinon que lorsqu'ils s'étaient rendus le capitaine leur avait promis la vie, et qu'ils imploraient humblement ma miséricorde.

– Je ne sais quelle grâce vous faire, leur repartis-je : moi, j'ai résolu de quitter l'île avec mes hommes, je m'embarque avec le capitaine pour retourner en Angleterre; et lui, le capitaine, ne peut vous emmener que prisonniers, dans les fers, pour être jugés comme révoltés et comme forbans, ce qui, vous ne l'ignorez pas, vous conduirait droit à la potence. Je n'entrevois rien de meilleur pour vous, à moins que vous n'ayez envie d'achever votre destin en ce lieu. Si cela vous convient, comme il m'est loisible de le quitter, je ne m'y oppose pas; je me sens même quelque penchant à vous accorder la vie si vous pensez pouvoir vous accommoder de cette île.

Ils parurent très reconnaissants, et me déclarèrent qu'ils préféreraient se risquer à demeurer en ce séjour plutôt que d'être transférés en Angleterre pour être pendus : je tins cela pour dit.

Néanmoins le capitaine parut faire quelques difficultés, comme s'il redoutait de les laisser. Alors je fis semblant de me fâcher contre lui, et je lui dis qu'ils étaient mes prisonniers et non les siens ; que, puisque je leur avais offert une si grande faveur, je voulais être aussi bon que ma parole ; que s'il ne jugeait point à propos d'y consentir, je les remettrais en liberté, comme je les avais trouvés ; permis à lui de les reprendre, s'il pouvait les attraper.

Là-dessus ils me témoignèrent beaucoup de gratitude, et moi, conséquemment, je les fis mettre en liberté ; puis je leur dis de se retirer dans les bois, au lieu même d'où ils venaient, et que je leur laisserais des armes à feu, des munitions et quelques instructions nécessaires pour qu'ils vécussent très bien si bon leur semblait.

Alors je me disposai à me rendre au navire. Je dis néanmoins au capitaine que je resterais encore cette nuit pour faire mes préparatifs, et que je désirais qu'il retournât cependant à son bord pour y maintenir le bon ordre, et qu'il m'envoyât la chaloupe à terre le lendemain. Je lui recommandai en même temps de faire pendre au taquet d'une vergue le nouveau capitaine, qui avait été tué, afin que nos bannis pussent le voir.

Quand le capitaine fut parti, je fis venir ces hommes à mon logement, et j'entamai avec eux un grave entretien sur leur position. Je leur dis que, selon moi, ils avaient fait un bon choix ; que si le capitaine les emmenait, ils seraient assurément pendus. Je leur montrai leur capitaine flottant au bout d'une vergue, et je leur déclarai qu'ils n'auraient rien de moins que cela à attendre.

Quand ils eurent tous manifesté leur bonne disposition à rester, je leur dis que je voulais les initier à l'histoire de mon existence en cette île, et les mettre à même de rendre la leur agréable. Conséquemment je leur fis tout l'historique du lieu et de ma venue en ce lieu. Je leur montrai mes fortifications ; je leur indiquai la manière dont je faisais mon pain, plantais mon blé et préparais mes raisins ; en un mot je leur enseignai tout ce qui était nécessaire pour leur bien-être. Je leur contai l'histoire des seize Espagnols qu'ils avaient à attendre, pour lesquels je laissais une lettre, et je leur fis promettre de fraterniser avec eux.

Je leur laissai mes armes à feu, nommément cinq mousquets et trois fusils de chasse, de plus trois épées, et environ un baril de poudre que j'avais de reste ; car après la première et la deuxième année j'en usais peu et n'en gaspillais point.

Je leur donnai une description de ma manière de gouverner mes chèvres, et des instructions pour les traire et les engraisser, et pour faire du beurre et du fromage.

En un mot, je leur mis à jour chaque partie de ma propre histoire, et leur donnai l'assurance que j'obtiendrais du capitaine qu'il leur laissât deux barils de poudre à canon en plus, et quelques semences de légumes, que moi-même, leur dis-je, je me serais estimé fort heureux d'avoir. Je leur abandonnai aussi le sac de pois que le capitaine m'avait apporté pour ma consommation, et je leur recommandai de le semer, qu'immanquablement ils multiplieraient.

Ceci fait, je pris congé d'eux le jour suivant, et m'en allai à bord du navire. Nous nous disposâmes immédiatement à mettre à la voile, mais nous n'appareillâmes que de nuit. Le lendemain matin, de très bonne heure, deux des cinq exilés rejoignirent le bâtiment à la nage, et, se plaignant très lamentablement des trois autres bannis, demandèrent au nom de Dieu à être pris à bord, car ils seraient assassinés. Ils supplièrent le capitaine de les accueillir, dussent-ils être pendus sur-le-champ.

A cela le capitaine prétendit ne pouvoir rien sans

moi ; mais après quelques difficultés, mais après de leur part une solennelle promesse d'amendement, nous les reçûmes à bord. Quelque temps après, ils furent fouettés et châtiés d'importance ; dès lors ils se montrèrent de fort tranquilles et de fort honnêtes compagnons.

Ensuite, à marée haute, j'allai au rivage avec la chaloupe chargée des choses promises aux exilés, et auxquelles, à mon intercession, le capitaine avait donné l'ordre qu'on ajoutât leurs coffres et leurs vêtements, qu'ils reçurent avec beaucoup de reconnaissance. Pour les encourager je leur dis que, s'il ne m'était point impossible de leur envoyer un vaisseau pour les prendre, je ne les oublierais pas.

Quand je pris congé de l'île j'emportai à bord, comme reliques, le grand bonnet de peau de chèvre que je m'étais fabriqué, mon parasol et mon perroquet. Je n'oubliai pas de prendre l'argent dont autrefois je fis mention, lequel était resté si longtemps inutile qu'il s'était terni et noirci ; à peine aurait-il pu passer pour de l'argent avant d'avoir été quelque peu frotté et manié. Je n'oubliai pas non plus celui que j'avais trouvé dans les débris du vaisseau espagnol.

C'est ainsi que j'abandonnai mon île le 19 décembre 1686, selon le calcul du navire, après y être demeuré vingt-huit ans deux mois et dix-neuf jours. De cette seconde captivité je fus délivré le même jour du mois que je m'étais enfui jadis dans le Barco-Longo, de chez les Maures de Sallé.

Sur ce navire, au bout du long voyage, j'arrivai en Angleterre le 11 juin de l'an 1687, après une absence de trente-cinq années.

FOLIO JUNIOR ÉDITION SPÉCIALE

Daniel Defoe

Robinson Crusoé

Supplément réalisé par
Christian Grenier
et Pierre de Laubier

Illustrations de Gismonde Curiace

SAVEZ-VOUS SUPPORTER LA SOLITUDE ?

Sans doute n'aurez-vous jamais l'occasion de rester plusieurs dizaines d'années seul sur une île! Mais supporter la solitude peut être bien utile à certains moments de l'existence. En êtes-vous capable? Pour le savoir, choisissez une réponse à chacune de ces questions et vérifiez votre «degré de résistance à l'isolement» à la page des solutions.

1. *Vous ne comprenez rien à un problème de mathématiques :*
A. Ce n'est pas grave, vos parents vous donneront un coup de main ○
B. Vous faites appel à un camarade ❑
C. Vous relisez la leçon sur le cahier et sur le livre △

2. *Vous seriez très content :*
A. D'être enfant unique △
B. D'avoir un frère ou une sœur ❑
C. D'avoir six ou sept frères et sœurs ○

3. *Dans une foule, vous perdez vos parents de vue :*
A. Vous rentrez les attendre à la maison ❑
B. Vous faites passer une annonce à l'accueil ○
C. Vous en profitez pour flâner un peu △

4. *Le mercredi après-midi, quand le temps est au beau fixe, vous allez :*
A. Faire de la bicyclette ❑
B. Marcher à pied △
C. Jouer au football ○

5. *Bloqué entre deux étages dans un ascenseur :*
A. Vous criez jusqu'à ce qu'on vous entende ❑
B. Vous appuyez sur «alarme» et vous attendez patiemment △
C. Vous ne pouvez retenir vos larmes ○

6. *Ce soir, vos parents sont sortis; seul à la maison :*
A. Vous regardez un bon film à la télévision ❑
B. Vous finissez de lire votre livre △
C. Vous invitez deux amis à écouter de la musique ○

7. *Plus tard, vous habiterez sûrement :*
A. Un pavillon de banlieue ❑
B. Un manoir △
C. Un cinq-pièces au dix-huitième étage ○

8. *Vous décidez d'apprendre à jouer d'un instrument de musique; ce sera :*
A. La guitare ❑
B. Le piano △
C. La batterie ○

9. *Ce soir, vos parents vous demandent de vous occuper du repas :*
A. Aucun problème : ce n'est pas la première fois △
B. Pas question : c'est à votre mère de le faire ○
C. Vous acceptez… aux risques et périls de vos parents ▢

10. *Aux sports d'hiver, vous préférez :*
A. La descente ▢
B. Le hors-piste △
C. Les soirées qu'on passe au chalet ○

11. *Selon vous, le meilleur compagnon de Robinson était :*
A. Son chien △
B. Son perroquet Poll ▢
C. Vendredi ○

12. *Et vous, vous voudriez être accompagné :*
A. Par les cadets de Gascogne, comme Cyrano de Bergerac ○
B. Par le docteur Watson, comme Sherlock Holmes ▢
C. Par Excalibur, comme le roi Arthur △

13. *En cherchant des champignons dans les bois, vous vous égarez ; la nuit tombe ; qui vous attendez-vous à voir surgir ?*
A. Le garde-chasse ou un braconnier ▢
B. Les lutins et les fées de la forêt △
C. Des loups ou des ours affamés ○

14. *Où préférez-vous passer vos vacances ?*
A. A la mer ○
B. A la montagne △
C. A la campagne ▢

15. *Dans quelles conditions dormez-vous le mieux ?*
A. Dans le silence et l'obscurité △
B. En entendant des voix dans la pièce voisine ○
C. Après que vos parents vous ont embrassé ▢

16. *Le plus beau métier du monde, c'est :*
A. Médecin ou infirmier ○
B. Pompier ou sportif ▢
C. Écrivain ou peintre △

17. *Vous auriez aimé être le premier à poser le pied :*
A. En Amérique ○
B. Sur la Lune △
C. Au sommet de l'Everest ▢

18. *Quel animal avez-vous ou rêvez-vous d'avoir ?*
A. Un chat △
B. Un chien ○
C. Une tortue ▢

19. *Ce qui est agréable au bord de la mer, c'est :*
A. L'eau ▢
B. Le sable ○
C. Le soleil △

20. *Vous rêvez d'être :*
A. Beau comme Roméo (ou belle comme Juliette) ▢
B. Drôle comme Louis de Funès ○
C. Génial comme Vinci △

Solutions page 426

1
AU FIL DU TEXTE

PREMIÈRE PARTIE (p. 22-157)

Quinze questions pour commencer

Avant d'arriver sur son île, bien des aventures surviennent à Robinson. Saurez-vous en retrouver les principales péripéties et reconstituer dans le temps et dans l'espace l'itinéraire de ce navigateur jusqu'au moment où il prend conscience de son isolement ?

1. *Le héros affirme être né :*
A. A New York
B. A York
C. A Hull

2. *A l'âge de dix-huit ans, son seul désir est :*
A. D'aller sur la mer
B. De faire du commerce
C. De devenir avocat

3. *Qu'arrive-t-il à Robinson au cours de son premier voyage ?*
A. Son navire est attaqué par des corsaires
B. Son navire essuie une tempête et coule
C. Son navire échoue à Yarmouth

4. *Au cours de son voyage vers la côte d'Afrique, Robinson :*
A. Est dévalisé par des pirates
B. Est blessé lors d'un abordage
C. Est capturé et réduit en esclavage

5. *Quand il voyage avec Xury, son souci constant est de trouver :*
A. De la nourriture
B. De l'eau douce
C. Des armes

6. *L'animal qu'il tue pour le donner aux Noirs est :*
A. Un léopard
B. Un lion
C. Un tigre

7. *Robinson et Xury sont recueillis par un navire :*
A. Anglais
B. Portugais
C. Espagnol

8. *Au Brésil, Robinson se fait :*
A. Planteur
B. Trafiquant d'esclaves
C. Navigateur

9. *Le navire à bord duquel il fera naufrage fait route :*
A. Vers l'Angleterre
B. Vers le Portugal
C. Vers l'Afrique

10. *Ce navire fait naufrage après :*
A. Avoir éperonné un vaisseau
B. S'être échoué sur un banc de sable
C. S'être fracassé contre des récifs

11. *Le bien le plus précieux qu'il récupère dans le vaisseau, ce sont :*
A. Les graines
B. Les armes
C. Les outils

12. *Robinson a aussi rapporté du vaisseau :*
A. Un perroquet
B. Deux chiens
C. Un chien et deux chats

13. *Comment Robinson baptise-t-il son île ?*
A. L'île du désespoir
B. L'île de l'espérance
C. L'île des tourments

14. *La voûte de son abri s'écroule parce que :*
A. Un tremblement de terre se produit
B. Un orage éclate
C. La poudre explose

15. *Après sa maladie, il attribue sa guérison :*
A. Au tabac, à Dieu et au rhum
B. Aux œufs, à l'eau et au sommeil
C. A la chaleur, au repos et à la diète

Solutions page 426

Les conseils d'un père

1. Pourquoi le roman s'ouvre-t-il sur le long discours moralisateur du père de Robinson ? Pendant combien de temps son fils suivra-t-il ses conseils ? Qu'est-ce qui le décidera à partir ?
a) Relevez quelques paroles prophétiques. (p. 19-22)

b) Quelle morale Robinson tire-t-il plusieurs fois de son hésitation à revenir repentant au logis ? (p. 24-29)

2. Beaucoup de choses se transmettent «de père en fils». Le trône de France par exemple… Mais d'Henri III à Louis XVIII, seuls deux rois ont succédé directement à leur père. Lesquels ? Quel lien de parenté unissait les autres à leur prédécesseur ?

Henri III (1574-1589) - Henri IV (1589-1610) - Louis XIII (1610-1643) - Louis XIV (1643-1715) - Louis XV (1715-1774) - Louis XVI (1774-1791) - Louis XVIII (1814-1824)

Solutions page 427

Répétition générale

1. Naufragé, puis réduit en esclavage, Robinson apprend beaucoup durant ses premières expéditions en mer. Faites la liste de tous les enseignements qu'il accumule, volontairement ou sous la contrainte. Lesquels risquent de lui être utiles pour faire face aux périls qui l'attendont ?

2. Dressez la liste de toutes les provisions que Robinson emporte en vue de sa prochaine évasion. (p. 45-46) Qu'emporteriez-vous, aujourd'hui, dans des circonstances analogues ?

3. Prudemment, Robinson choisit de garder avec lui Xury et d'éliminer le Maure : «Je le lançai brusquement hors du bord dans la mer. Il se redressa aussitôt, car il nageait comme un liège, et, m'appelant, il me supplia de le reprendre à bord, et me jura qu'il irait d'un bout à l'autre du monde avec moi.» (p. 46)
Pourquoi Robinson refuse-t-il ? Imaginez qu'il accepte. Quelles suites vous paraissent alors possibles ?

La peur des Maures

«La peur que j'avais des Maures était si grande, et les appréhensions que j'avais de tomber entre leurs mains étaient si terribles...», avoue Robinson. (p. 49)
Pourquoi la chrétienté a-t-elle, très tôt dans l'histoire, redouté les Maures ?

1. Sauriez-vous retrouver le nom :
a) D'un preux chevalier qui, en 778, mourut dans les Pyrénées en les combattant ?
b) D'un héros espagnol qui les vainquit, et dont Corneille s'inspira pour l'une de ses pièces ?
c) D'un général maure au service de Venise, mari de Desdémone, dont Shakespeare et Verdi s'inspirèrent ?

2. Connaissez-vous une autre orthographe et des synonymes du mot «maure» couramment utilisés aux XVIIe et XVIIIe siècles ? Les mots dérivés de «maure» ?

Solutions page 427

L'évasion de Robinson

Voici une carte des côtes d'Afrique telles qu'elles étaient connues vers 1650. La flore, la faune, la géographie et les populations de l'Afrique étaient mal connues. Voilà qui explique le peu de précision de la description que fait l'auteur des mystérieux animaux qui approchent Robinson et Xury.

1. En vous servant des indications que fournit l'auteur, (p. 47-55) tracez l'itinéraire de Robinson et de Xury.

2. Parmi les animaux dessinés sur la carte ci-dessus, lesquels ne vivent pas en Afrique ?
- Émettez quelques hypothèses sur les animaux de la page 49
- Identifiez celui de la page 50. Précisez quelles peuvent être les « autres farouches créatures » évoquées page 53.

Solutions page 427

Robinson planteur

1. Au Brésil, Robinson est recommandé par le capitaine qui l'a recueilli à «un très honnête homme, comme lui-même, qui avait ce qu'on appelle un *engenho*, c'est à dire une plantation et une sucrerie.» (p. 63)
Dans quels pays trouverait-on une *hacienda*? un *kolkhoze*? un *ranch*? un *latifundium*?

2. «Je pris connaissance de la manière de planter et de faire le sucre», dit Robinson. Quelles autres techniques apprend-il?
Le sort de Robinson ne ressemble-t-il pas déjà à celui qui sera le sien plus tard? Quelle réflexion prémonitoire le prouve? (p. 63) Robinson planteur souffre déjà de la solitude. De quelle façon le comprenons-nous?

3. Devenu planteur et s'étant enrichi, Robinson pourrait vivre heureux. Mais il avoue: «Je devais être derechef l'agent obstiné de mes propres misères.» (p. 67-68) Relevez une phrase au sens identique page 71. A quelles occasions cette réflexion lui est-elle venue lors de ses aventures précédentes? Qu'est-ce qui va pousser Robinson à reprendre la mer?

Solutions page 427

Tempêtes, naufrage, terre inconnue

1. Quelle est la destination initiale du vaisseau? Relevez les lieux qu'aborde, traverse ou évoque Robinson (p. 72-74) puis, à l'aide d'une carte, esquissez le périple du vaisseau. Combien de temps dure-t-il?

2. Le modèle de Robinson est réel: il s'agit d'Alexandre Selkirk, qui fut débarqué en 1704 dans l'archipel Juan Fernandez, au large du Chili. Quant aux navires sinistrés que voici, sont-ils réels ou imaginaires?

A. Le *Pourquoi-Pas?*   E. La *Bounty*
B. Le *Titanic*   F. L'*Hispaniola*
C. La *Méduse*   G. L'*Astrolabe*
D. Le *Chancellor*   H. Le *Hollandais volant*

Solutions page 428

Inventaires

1. Que possède sur lui Robinson au moment du naufrage ? (p. 81) Et vous, en ce moment-même, si vous vidiez vos poches, quelle liste pourriez-vous établir ? A quoi vous serviraient ces objets sur une île ?

2. Qu'utilise Robinson pour confectionner son radeau ? (p. 85) Ces matériaux sont-ils encore en usage ?
Dressez la liste de ce que Robinson récupère dans le vaisseau lors de son premier voyage. (p. 85) Qu'est-ce qui lui sera le plus utile ?

3. «Je me mis après les câbles», dit Robinson qui, plus loin, récupère «une aussière». Rien de plus précieux, en effet, que des cordes pour un marin… surtout naufragé ! Les vrais marins ne disent jamais «ficelle» mais «bout». Donnez son nom à chacun des nœuds que voici, élégamment dessinés par Marc P. G. Berthier.

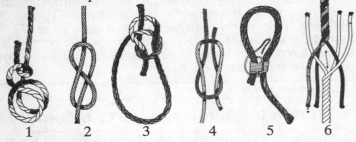

1   2   3   4   5   6

A. Nœud de huit - B. nœud plat - C. nœud de chaise - D. épissure - E. brelage - F. nœud de cabestan

4. Que découvre Robinson dans la chambre du capitaine ? Lequel de ces objets était le plus précieux aux yeux du capitaine ? Et aux yeux de Robinson ? Pourquoi ?

5. Après que Robinson s'est aménagé un abri, quel est son état d'esprit ? (p. 106) Ne nuance-t-il pas son opinion par une sorte de maxime fataliste ? Laquelle ?
Pour l'illustrer, prenez une feuille de papier, que vous séparerez en deux verticalement. Dans la colonne de gauche, relevez les éléments négatifs aux yeux de Robinson, et les éléments positifs dans celle de droite.

Solutions page 428

Un cahier de maximes

«Dans le monde, il n'est point de condition si misérable où il n'y ait quelque chose de positif ou de négatif dont on doive être reconnaissant», dit Robinson (p. 112) qui, presque aussitôt, ajoute : «Il est toujours en notre pouvoir de trouver quelques consolations qui peuvent être placées dans notre bilan des biens et des maux au crédit de ce compte.»

Au XVIIe et au XVIIIe siècle, nombreux étaient les auteurs (et les lecteurs, bien entendu) à apprécier les maximes. Daniel Defoe n'échappe pas à cette mode. En relisant ou en feuilletant *Robinson Crusoé*, relevez dans un carnet quelques-unes des maximes que vous jugez les plus pertinentes.

Au fil de vos nouvelles lectures, scolaires ou personnelles, relevez d'autres maximes, sans oublier d'en mentionner l'auteur et l'œuvre dans laquelle elle se trouve. Puis essayez, à votre tour, d'inventer quelques maximes qui traduiront votre vision personnelle de l'existence. Pour commencer, rendez à chaque maxime ci-dessous son auteur.

1. «Rien ne sert de courir, il faut partir à point.»
2. «L'honnêteté est le meilleur des calculs.»
3. «L'honneur, c'est la pudeur virile.»
4. «Il faut manger pour vivre et non pas vivre pour manger.»
5. «À vaincre sans péril, on triomphe sans gloire.»
6. «Qu'importe le flacon pourvu qu'on ait l'ivresse!»
7. «Ce que l'on conçoit bien s'énonce clairement.»
8. «L'argent est un bon serviteur et un mauvais maître.»
9. «Qui cherche dans la liberté autre chose qu'elle-même est fait pour servir.»
10. «La vertu même a besoin de limites.»

.... (Vos propres maximes)

A. Napoléon Ier. B. Alfred de Vigny. C. Molière. D. Pierre Corneille. E. Nicolas Boileau. F. Alfred de Musset. G. Jean de la Fontaine. H. Alexandre Dumas. I. Charles de Montesquieu. J. Alexis de Tocqueville.

Solutions page 428

Le journal de Robinson

Après avoir décrit avec force détails son naufrage et son arrivée sur l'île, Robinson juge utile d'en faire une sorte de condensé au moyen d'un journal.

1. *Le journal du naufragé*
Résumez chaque mois de la vie de Robinson en une phrase. (p. 116-125)

Septembre : Robinson, naufragé, aborde l'île.

Octobre : Il récupère la cargaison et...

Novembre :...

Faites de même pour chaque trimestre de l'année 1660. (p. 125-160)

1er trimestre : Robinson fortifie son camp...

2e trimestre :...

2. *Le carnet de croquis du naufragé*
Dessinez les habitations de Robinson aux étapes successives de son installation, les animaux qu'il rencontre, ceux qu'il capture, les projets d'appareils qu'il met au point...

Questions métaphysiques

1. Relevez (p. 128-130) toutes les questions que se pose Robinson, en séparant celles qui sont d'ordre général et celles qui sont d'ordre personnel.
Quelles réponses Robinson y apporte-t-il ? Quelle formule trouve-t-il, qui lui paraît le mieux satisfaire ses interrogations ?
Feriez-vous les mêmes réponses ? La science a-t-elle aujourd'hui quelques réponses concernant certaines questions d'ordre général ?

2. Quel événement, survenu les jours précédents, est peut-être à l'origine de toutes les interrogations «métaphysiques» de Robinson ?

DEUXIÈME PARTIE (p. 134-266)

Quinze questions pour continuer

Lorsque Robinson se devine condamné à rester sur l'île, il s'organise. Vous souvenez-vous de son état d'esprit, de ses premières préoccupations, des activités qu'il entreprend, de ses premiers succès – mais de ses échecs aussi?

1. *Robinson décide d'explorer complètement l'île au bout:*
A. D'un mois
B. De six mois
C. De dix mois

2. *Que fait-il pour marquer le premier anniversaire de son arrivée?*
A. Il s'offre un festin
B. Il prie et jeûne
C. Il veille et écrit

3. *Explorant l'île à fond, il capture et apprivoise:*
A. Un bouc et une dinde
B. Une chèvre et trois chats
C. Un perroquet et un cabri

4. *Le premier mot que le perroquet apprend à prononcer est:*
A. Crusoé
B. Poll
C. Jackot

5. *Que fait Robinson dans le but de repartir sur l'océan?*
A. Il remet en état la chaloupe
B. Il assemble un radeau
C. Il se fabrique une pirogue

6. *Quatre ans après son arrivée, il manque:*
A. D'encre et de biscuits
B. De plomb et de balles
C. De rhum et d'eau douce

7. *Voulant faire le tour de l'île, Robinson:*
A. Y parvient en cinq jours
B. Est rejeté à terre
C. Fait naufrage

8. *Sa plus grande fierté est de s'être fabriqué:*
A. Une roue
B. Un parasol
C. Une pipe

9. *Il élève des chèvres et en possède jusqu'à:*
A. Douze
B. Quarante-trois
C. Cent dix-sept

10. *Il découvre l'empreinte après avoir vécu dans l'île:*
A. Cinq ans
B. Quinze ans
C. Vingt-cinq ans

11. *Explorant une grotte, il y découvre:*
A. Un bouc agonisant
B. Un ours endormi
C. Un crâne humain

12. *Son chien meurt :*
A. De maladie
B. D'accident
C. De vieillesse

13. *Quel est l'état d'esprit de Robinson quand il observe le naufrage d'un navire ?*
A. Il redoute qu'il y ait des survivants
B. Il espère qu'il y a des survivants
C. Il souhaite qu'un homme ait survécu

14. *Quand il aperçoit les sauvages la première fois, ceux-ci :*
A. Se combattent et s'entre-tuent
B. Mangent et dansent
C. Sont assis autour d'un feu

15. *Comment Robinson appelle-t-il l'endroit où il vit ?*
A. Le repaire
B. Le château
C. Le campement

Solutions page 428

Robinson agriculteur

1. « Il y avait là diverses autres plantes que je ne connaissais point, et qui peut-être avaient des vertus que je ne pouvais imaginer. Je me mis à chercher le manioc, dont la racine ou cassave sert à faire du pain aux Indiens de tout ce climat. » (p. 158) Habituellement, quelle céréale utilise-t-on pour faire du pain ?
Savez-vous de quelle plante Robinson aurait besoin s'il voulait confectionner les produits suivants ?

A. Du sucre
B. Du chocolat
C. Du tapioca
D. Du pop-corn

E. Du pastis
F. Du vin
G. Du cidre
H. De la bière

2. « J'y vis une grande quantité de cacaoyers, d'orangers, de limoniers et de citronniers, tous sauvages. » (p. 133) Quels fruits portent ces arbres ?
Quels autres fruits Robinson pourrait-il récolter sur les arbres suivants ?

A. Un cognassier
B. Un cassissier
C. Un merisier
D. Un arbousier
E. Un noyer

Solutions page 429

L'île aux chats

«De ces trois chats, il sortit une si grande postérité de chats, que je fus forcé de les tuer comme des vers ou des bêtes farouches.» (p. 163) Imaginez que Robinson ne tue aucun des trois chats qui peuplent l'île fin 1659.

a) Sachant qu'une chatte a en moyenne deux portées de quatre petits par an, combien y aurait-il eu de chats dans l'île fin 1660 (il y a une chatte et deux chats)? Y aura-t-il plus de chats ou plus de chattes?

b) En admettant que la vie d'un chat est de quinze ans, qu'une chatte peut mettre bas dès l'âge d'un an, et qu'il naisse autant de chattes que de chats, combien l'île de Robinson abriterait-elle de chats, en théorie, au bout de deux ans? de trois ans? Et lorsque Robinson quitterait son île, soit vingt-sept ans? Ce chiffre vous paraît-il vraisemblable? Pourquoi?

Solutions page 429

Semer, planter, récolter

Pourquoi Robinson ne se risque-t-il à semer que les deux tiers des grains? Pourquoi sa récolte est-elle ratée? Examinez son emploi du temps. (p. 167) Ces quatre périodes correspondent-elles à des saisons?

Feu de tout bois

Robinson comprend qu'il est possible de fabriquer des corbeilles avec les rameaux d'un arbre qui «pourraient bien être aussi flexibles que le saule, le marsault et l'osier.» (p. 168-169) En effet, avec l'osier, on confectionne la vannerie. Mais savez-vous quel bois on emploie pour les usages suivants?

1. Les touches noires de piano	A. L'acajou
2. Les modèles réduits d'avion	B. Le balsa
3. La menuiserie de luxe	C. L'ébène
4. Les jouets et les manches d'outils	D. Le peuplier
5. Les caisses et emballages	E. Le santal
6. Les coffrets précieux, la parfumerie	F. Le tilleul

Solutions page 429

Une vie nouvelle

1. Désormais, la seule compagnie de Robinson, ce sont les animaux.
a) Dressez la liste de tous ceux qu'il rencontre de la page 145 à la page 154. Lesquels peuvent être domestiqués ?

b) Lequel vous semble peu vraisemblable sous cette latitude ?

2. Cherchez (p. 149) le passage qui montre que Robinson non seulement se fait à sa nouvelle vie, mais qu'il l'apprécie davantage que son existence passée. Son jugement vous paraît-il vraisemblable ? Pourquoi ?

3. Établissez précisément l'emploi du temps de Robinson tel qu'il le décrit. (p. 151-152) Faites, en parallèle, l'emploi du temps d'une de vos journées. Quelle vie vous séduit le plus, celle de Robinson ou la vôtre ?

4. Quelles sont les trois grandes activités auxquelles se livre successivement Robinson ? (p. 154-175)
a) Essayez de trouver le nom précis des activités artisanales que Robinson se voit contraint d'exercer.
Rassemblez, pour l'une d'elles, le vocabulaire spécifique de cette activité.

b) Quatre des outils que voici correspondent à l'une des six activités que vous avez trouvées. Lesquels ?

1　　2　　3　　4　　5　　6

5. Comment s'appelle le mode de vie que Robinson décrit page 170 et qui lui permet de subsister avec sa propre production ?

Solutions page 430

Sujets de réflexion

1. Essayez de relater, par oral ou par écrit, une petite expérience personnelle susceptible d'illustrer ces quelques sentences de Robinson.

a) «Toutes les bonnes choses de l'univers ne sont bonnes pour nous que suivant l'usage que nous en faisons. (...) On n'en jouit qu'autant qu'on s'en sert ou qu'on les amasse pour les donner aux autres, et pas plus.» (p. 170)

b) «Tous nos tourments sur ce qui nous manque me semblent procéder du défaut de gratitude pour ce que nous avons.» (p. 171)

c) «Nous n'apprécions nos jouissances qu'après que nous les avons perdues.» (p. 183)

2. Pour quelles raisons Robinson se juge-t-il au bout du compte heureux de son sort? (p. 174)

3. «Si d'un côté ma vie était une vie d'affliction, de l'autre c'était une vie de miséricorde», dit Robinson. (p. 174-175) Relevez les coïncidences qui, un peu plus loin, semblent illustrer une sorte d'«épreuve divine».

Attention, pièges!

Robinson cherche «à inventer quelque stratagème pour traquer et empiéger des chèvres». (p. 190)

1. «A cet effet je fis des traquenards.» Connaissez-vous d'autres synonymes de piège et de traquenard?

2. Robinson résolut «d'essayer à les prendre au moyen d'une trappe» et creusa «dans la terre plusieurs grandes fosses». Comment s'appellent précisément les pièges destinés à capturer les animaux suivants?

A. Les souris
B. Les rats
C. Les guêpes
D. Les taupes

E. Les alouettes
F. Les poissons
G. Les lapins
H. Les oiseaux

Solutions page 430

Robinson
n'est plus seul

1. Retrouvez (p. 200) la phrase précise qui montre que la vie de Robinson va être bouleversée. Pourtant, ne souhaitait-il pas que sa solitude fût rompue? Comment alors expliquez-vous la terreur qui le saisit?

2. Quelles questions Robinson se pose-t-il? (p. 202) Imaginez les questions que se poserait quelqu'un qui, posant le pied sur l'île, découvrirait les traces de pas de Robinson.

3. Quel doute s'empare de Robinson? (p. 205) Vous paraît-il admissible? Pourquoi? Comment Robinson parvient-il à l'écarter?

4. Relevez, pages 203, 204 et 207, quelques réflexions qui montrent le caractère subjectif de la peur.

5. Faites la liste des nouvelles précautions que prend Robinson désormais, d'une part afin d'améliorer la protection de son campement, (p. 200-229) d'autre part en ce qui concerne son propre comportement quotidien. (p. 227)
Toutes ces précautions vous paraissent-elles nécessaires? suffisantes? ou exagérées? En fin de compte, dans quelle mesure ces précautions se révéleront-elles utiles?

6. Quelles sont les premières réactions de Robinson lorsqu'il a les preuves du cannibalisme des indigènes? Quel vocabulaire emploie-t-il pour exprimer son écœurement? (p. 214) Emploie-t-il les mêmes mots pages 220 à 222? Comment son jugement s'est-il soudain ainsi nuancé?

7. «Je remplirais un volume plus gros que ne le sera celui-ci tout entier, si je consignais tous les stratagèmes que je combinai, ou plutôt que je couvai en mon esprit pour détruire ces créatures ou au moins les effrayer et les dégoûter à jamais de revenir dans l'île.»
Imaginez quelques-uns de ces stratagèmes.

Aux armes!

1. *Le théâtre des opérations*
Retrouvez le lieu (grâce au plan que vous avez établi de l'île) de la venue des «neuf sauvages».

2. *L'arsenal*
De quelles armes Robinson dispose-t-il? (p. 234-235)
Il se sert d'un mousquet, arme en usage aux XVIe et XVIIe siècles. A quelles armes et à quelles époques correspondent les systèmes de mise à feu représentés ci-dessous?

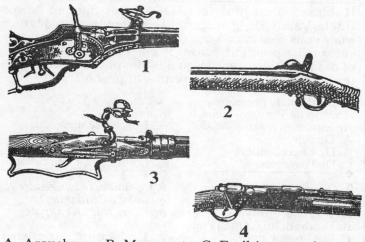

A. Arquebuse - B. Mousquet - C. Fusil à percussion - D. Fusil à culasse mobile

3. *Un navire inconnu*
Comment Robinson est-il averti de l'approche du navire? Que fait-il? Pourquoi?

a) Mettez-vous à la place du vaisseau qui aperçoit un feu en pleine nuit. Retrouvez le passage où Robinson se pose des questions quant à sa responsabilité éventuelle dans le naufrage.

b) Des indices que trouve Robinson, (p. 244-246) déduisez la nationalité, l'origine, la destination du navire.

Solutions page 430

Un rêve prémonitoire

Comparez le déroulement précis du rêve de Robinson (p. 254) avec le futur sauvetage de Vendredi (p. 257-261). Quelles sont les différences ? Et les similitudes ? Quel effet ce rêve peut-il avoir sur le comportement de Robinson lors de la scène du sauvetage ?

TROISIÈME PARTIE (p. 256-355)

Douze questions pour conclure

Robinson n'est plus seul ! Désormais flanqué de son fidèle Vendredi, il dispose d'un compagnon dévoué. Mais vous souvenez-vous des circonstances de son sauvetage, des premiers échanges entre les deux hommes – et des conditions dans lesquelles ils vont parvenir à quitter le domaine qui était devenu leur prison ?

1. *Quelle est la première réaction de Vendredi quand Robinson lui a sauvé la vie ?*
A. De fuir
B. De s'agenouiller
C. De l'agresser

2. *Qu'arrive-t-il au dernier poursuivant de Vendredi ?*
A. Il détale, effrayé
B. Vendredi lui coupe la tête
C. Robinson l'abat

3. *Robinson le nomme Vendredi :*
A. Parce que c'est le jour où il l'a sauvé
B. Parce que c'est le premier mot qu'il prononce
C. Parce qu'il a été délivré le vendredi saint

4. *Les premiers mots que Vendredi apprend sont :*
A. S'il vous plaît et merci
B. Maître, oui et non
C. Robinson Crusoé

5. *Pour loger Vendredi, Robinson :*
A. Lui creuse une pièce dans sa grotte
B. Lui dresse une tente
C. Lui construit une cabane

6. *Comment réagit Vendredi quand il entend pour la première fois un coup de fusil ?*
A. Il est apeuré et consterné
B. Il est transporté d'enthousiasme
C. Il s'évanouit

7. *Leur île est située près de l'embouchure :*
A. De l'Amazone
B. De l'Orénoque
C. Du Missouri

8. *Comment Vendredi appelle-t-il son dieu ?*
A. Le Grand Esprit
B. L'Être Suprême
C. Benamuckée

9. *Vendredi révèle à Robinson que des Blancs:*
A. Ont lié amitié avec les siens
B. Ont massacré les siens
C. Ont réduit les siens en esclavage

10. *Après avoir combattu les cannibales, Vendredi retrouve:*
A. Son frère
B. Son père
C. Son cousin

11. *Les hommes que Robinson délivre ont été faits prisonniers à la suite:*
A. D'un abordage
B. De la guerre franco-espagnole
C. D'une mutinerie

12. *Combien de temps Robinson est-il resté absent d'Angleterre?*
A. Vingt-neuf ans
B. Trente-cinq ans
C. Cinquante-deux ans

Solutions page 430

Robinson à la rescousse

1. Est-ce Robinson qui prend l'initiative du sauvetage? Quel est son état d'esprit lorsque Vendredi s'approche? Qu'est-ce qui le décide à lui venir en aide? (p. 257-258)

2. De quelle façon Robinson élimine-t-il les poursuivants de Vendredi? Comment Vendredi supprime-t-il son dernier adversaire? Comment expliquez-vous l'usage si différent que font les deux hommes de leurs armes? (p. 261)

Ami ou ennemi?

«L'heure était venue de m'acquérir un serviteur, peut-être un camarade ou un ami», dit Robinson. (p. 258)
Ces trois mots sont-ils synonymes? Pourquoi se présentent-ils dans cet ordre à l'esprit de Robinson? Quel mot convient le mieux à ce que deviendra Vendredi: serviteur, camarade ou ami? Pourquoi?

1. Le terme de «serviteur» est vague. Savez-vous comment s'appelle un serviteur:

A. Aide de camp dans l'armée
B. En livrée dans un hôtel
C. Au XVIIe siècle, lorsqu'il suit partout son maître
D. Au XVIIe siècle, lorsqu'il porte la livrée de son maître

2. Quel terme plus précis s'emploie pour «camarade» lorsqu'il s'agit de quelqu'un:

A. Qui pratique la même activité artisanale
B. Qui pratique le même métier
C. Qui fait les mêmes études
D. Qui fait partie du même ordre religieux
E. Qui pratique le même sport

3. Vendredi «courut à son ennemi et d'un seul coup lui trancha la tête». (p. 260) Un «ennemi» est un adversaire en temps de guerre, c'est un terme du vocabulaire militaire. Mais comment appelle-t-on un adversaire dans le vocabulaire:

A. Sportif
B. Politique
C. Amoureux
D. Juridique
E. Économique

Solutions page 431

Un bon sauvage

1. Relisez la description que Robinson fait de Vendredi. (p. 262) Quels termes, expressions ou jugements trahissent quelque peu de condescendance chez le sauveur de Vendredi?

2. «En peu de temps, je commençai à lui parler et à lui apprendre à me parler…» (p. 263) En vous servant des indications du texte, rédigez sous forme de dialogue les premières ébauches de conversations entre Vendredi et son maître.

3. Après avoir brossé le portrait physique de Vendredi, Robinson nous fait son portrait moral. (p. 266, 268) Faites la liste précise des «qualités» de Vendredi. Certaines de ces qualités ne sont-elles pas en vérité des travers? Pourquoi Robinson les apprécie-t-il?

4. Quel philosophe français du XVIIIe siècle reprendra ce mythe du «bon sauvage» tel qu'il est développé (p. 266-267) par Robinson? Que pensez-vous de l'affirmation de Robinson selon laquelle «nous sommes tous comme l'argile entre les mains du potier, à qui nul vase n'a droit de dire : Pourquoi m'as-tu fait ainsi ?»

5. Faites la liste de tout ce que Robinson apprend à Vendredi. Qu'est-ce qui, dans cette liste, vous paraît prioritaire ? superflu ? inutile ?

6. «J'adressai à Vendredi mille questions touchant la contrée, les habitants, la mer, les côtes et les peuples qui en étaient voisins, et il me dit tout ce qu'il savait...» (p. 274) Rédigez ce dialogue en imaginant, à votre gré, les questions et les réponses.

Vendredi catéchumène

1. Pourquoi Robinson a-t-il mille difficultés à enseigner la religion à Vendredi ? Il avoue (p. 278) ne pas avoir «les qualités requises d'un casuiste». Qu'est-ce qu'un casuiste ? Connaissez-vous des œuvres littéraires du XVIIe et du XVIIIe siècle qui témoignent de la manière dont étaient traitées, à cette époque, les questions religieuses ?

2. Quel courant religieux, très controversé en son temps, semble naïvement résumé par Vendredi lorsqu'il déclare : «Ainsi, vous, moi, diable, tous méchants, tous préserver, tous repentir, Dieu pardonner tous » ?

3. Relisez (p. 280) la «dissertation» religieuse que Robinson assène à Vendredi. Pensez-vous Vendredi capable de la comprendre ? A qui est-elle destinée en réalité ?

Solutions page 431

Un sort commun

«Dès ce moment, je l'avoue, je conçus l'envie de m'aventurer en mer.» (p. 287)

1. Pourquoi Robinson veut-il entreprendre un nouveau voyage ? Que nous apprend le long dialogue entre Vendredi et Robinson (p. 288-289) sur les sentiments qui unissent désormais les deux hommes ? Qu'est-ce qui ensuite (p. 294-295) confirme la cohésion entre eux ?

2. Quelle affirmation vous semble le mieux résumer les doutes et les certitudes de Robinson ? (p. 297)
– Il faut tuer les sauvages et les impies.
– Je n'ai pas le droit de me substituer à Dieu.
– Je ne puis attaquer des hommes sans armes.
Essayez de retrouver, dans le texte, une phrase synonyme de celle que vous avez choisie.

3. Quel fait nouveau (p. 298) décide aussitôt Robinson à attaquer ?
Au cours de l'attaque, il pose à terre un mousquet et un fusil, met en joue, tire, blesse, tue plusieurs sauvages, jette son arme, prend le fusil, arme et met en joue, tire, saisit le mousquet chargé, se précipite hors du bois... Que fait Vendredi pendant ce temps ? Avec quel décalage ? Pourquoi doivent-ils employer tant d'armes ?

4. Pour le second assaut, (p. 301-303) faites trois autres «résumés de l'action» en prenant pour sujet successivement :
- Robinson
- Vendredi
- L'Espagnol

Œcuménisme

1. L'œcuménisme est «un mouvement favorable à la réunion de toutes les églises en une seule.» Quel passage du texte illustre, chez Robinson, sa tolérance religieuse ? (p. 308)

2. «Mon serviteur Vendredi était protestant.» L'a-t-il toujours été ?
a) Comment s'appelle l'action qui consiste à changer de religion ?
b) Quels sont les deux réformateurs principaux du protestantisme ?
c) Quels autres noms furent donnés aux protestants ?
d) Quelle est la religion d'un «papiste» ?

Solutions page 431

Hôtes et visiteurs

1. Dressez la liste de toutes les activités de Robinson et de ses compagnons, destinées à accueillir les nouveaux arrivants.

2. Quelle est la nationalité du navire inconnu qui approche l'île? (p. 319) En quoi sa présence annonce-t-elle un nouveau coup de théâtre?

3. Que pensez-vous de la manière dont Robinson et le capitaine anglais dialoguent? (p. 324-327) Comment l'expliquez-vous? Essayez de simplifier ce dialogue, pour en faire apparaître les points essentiels.

4. Que pensez-vous des précautions et des conditions imposées par Robinson? (p. 327)

5. «Je commençai le premier et lui contai (au capitaine) mon histoire entière.» Essayez de le faire en quelques phrases.

Adieux à l'île...

Après une escale dans l'île du véritable Robinson, Alexandre Selkirk, un voyageur s'écriait, en 1896: «Ile bénie de Juan Fernandez, pourquoi Selkirk vous a-t-il quittée? Cela dépasse mon entendement!»
Imaginez les sentiments de Robinson Crusoé à la veille de quitter l'île dans laquelle il a passé vingt-sept ans de sa vie, et toutes ses ingénieuses installations. Ces sentiments ne doivent-ils pas être quelque peu partagés dans le cœur de Robinson?

2
JEUX ET APPLICATIONS
L'île et le château

1. Voici un plan de l'île de Robinson telle qu'elle est décrite en particulier pages 68 à 73. Est-ce ainsi que vous l'imaginez?

Et vous, si vous deviez vivre sur une île, quelle forme aurait-elle? Dessinez-la précisément avec ses contours, ses anses, ses reliefs, ses plages, ses forêts… et, pourquoi pas, ses habitants!

2. Placez sur le plan de l'île de Robinson :
a) Le rocher sur lequel le navire s'est échoué
b) L'arbre dans lequel Robinson a passé sa première nuit
c) Son château
d) Son enclos
e) Son pont
f) Sa maison dans un arbre
g) Sa pêcherie
h) La baie des tortues

3. Faites le plan du campement que Robinson établit en vous servant des indications du texte pages 80 à 82.

Solutions page 432

Le 30 septembre 1659

«J'abordai ici le 30 septembre 1659», grave Robinson sur un poteau en forme de croix peu après son arrivée. Robinson ne sera recueilli sur son île que… vingt-sept ans plus tard! Que d'événements se sont produits, entre 1659 et 1686, dont Robinson n'a pu avoir connaissance! Pour chaque personnage cité, une affirmation concerne l'année 1659, l'autre 1686; et une seule est vraie! Laquelle?

	A. En 1659	**B. En 1686**
1.	Louis XIII règne sur la France	Louis XIV règne sur a France
2.	Mazarin est premier ministre	Richelieu est premier ministre
3.	En Angleterre, la dictature de Cromwell prend fin	Élisabeth Iʳᵉ règne sur l'Angleterre
4.	Corneille a déjà écrit *Le Cid*	Corneille est en vie
5.	Descartes est en vie	Descartes est mort
6.	Cyrano de Bergerac est mort	Cyrano de Bergerac n'est pas encore né
7.	La Fontaine n'a pas encore écrit de fables	La Fontaine est mort
8.	Turenne n'est pas encore né	Turenne est mort
9.	Vauban est déjà né	Vauban est premier ministre
10.	Colbert est mort	Colbert est mort
11.	Pascal écrit *Les Pensées*	Pascal est évêque de Meaux
12.	Condé n'a pas remporté la victoire de Rocroi	Condé meurt cette année-là
13.	La guerre de Trente ans est finie	La guerre de Trente ans n'a pas encore éclaté
14.	Molière joue *Les Précieuses ridicules*	Molière joue *Ruys Blas*
15.	Shakespeare est mort	Shakespeare n'a pas existé

Solutions page 432

Calendriers

« Sur les côtés de ce poteau carré, je faisais tous les jours une hoche, chaque septième hoche avait le double de la longueur des autres, et tous les premiers du mois j'en marquais une plus longue encore : par ce moyen, j'entretins mon calendrier, ou le calcul de mon temps, divisé par semaines, mois et années. » (p. 87)

Le calcul du temps fut l'objet, depuis l'antiquité, de nombreuses modifications.

1. Selon quel calendrier est donnée la date du 18 brumaire an VIII ?

2. Selon quel calendrier 1991 est-elle l'année 1412 ?

3. Selon quel calendrier Noël se célèbre-t-il le 7 janvier ?

4. En quel pays l'ère Showa a-t-elle pris fin en 1990 ?

5. A quel événement font référence les expressions « avant notre ère » et « de notre ère » ?

6. En quel pays les années prennent-elles le nom d'un animal (par exemple, en 1991, le cheval) ?

7. Quel événement revient chaque année bissextile ?

Solutions page 432

Le mal et le bien

Robinson dit (p. 89-90) : « Je dressai, par écrit, un état de mes affaires… j'essayai à me consoler moi-même du mieux que je pouvais, en balançant mes biens et mes maux. »

Retrouvez cet « état de ses affaires » et essayez, vous aussi, de rassembler dans deux colonnes, face à face, « le mal et le bien » :

a) De l'école
b) Des parents
c) De la ville
d) De la voiture

Navires et nefs

Étrange bateau que celui qu'a confectionné Robinson!
(p. 180) Essayez de le dessiner sans omettre aucun
détail.
Robinson, au cours de ses nombreux voyages, emprunte
les moyens de navigation les plus divers. Seriez-vous
capable d'identifier ces types d'embarcations?

A. Chaloupe   B. Chaland   C. Chalutier
D. Galion   E. Galiote   F. Galère
G. Caravelle   H. Cargo   I. Caraque

Solutions page 432

Signaux et pavillons

1. Dérivant le long des côtes d'Afrique, Robinson aperçoit un navire et affirme : «Je reconnus qu'il était portugais». (p. 33) De quelle façon a-t-il pu l'identifier?
Plus loin, il ajoute : «Je forçai la voile au plus près, résolu de lui parler s'il était possible.» Quel langage Robinson souhaite-t-il employer? Relevez tous les termes et toutes les techniques que Robinson utilise par la suite pour appeler le navire portugais au secours.

2. Les marins emploient de nombreux moyens de communiquer à distance. Vous trouverez facilement, dans un dictionnaire ou un livre documentaire, l'alphabet qui est employé pour le sémaphore; cela vous permettra de décrypter le message ci-dessous, et, pourquoi pas, d'en envoyer à vos voisins.

Solutions page 432

Un chien vieux de quinze ans

Le chien de Robinson, âgé de quinze ans «mourut de vieillesse». Certains chiens peuvent vivre jusqu'à vingt ans. Mais savez-vous combien d'années peut vivre :

1. Une baleine   A. 90 ans
2. Une carpe   B. 8 ans
3. Un corbeau   C. 70 ans
4. Un éléphant   D. 50 ans
5. Une poule   E. 60 ans
6. Une tortue géante   F. 150 ans

Solutions page 432

3
LES SAUVAGES
DANS LA LITTÉRATURE

Relations de voyage
de Christophe Colomb

Le premier à avoir découvert puis décrit les sauvages au sens où l'entend Daniel Defoe, c'est bien entendu Christophe Colomb, en 1492. Dans ses Relations de voyage *de 1493, il nous fait part de ses premières impressions au moment de son débarquement sur l'île d'Hispaniola (Haïti).*

«Les gens de cette île et de toutes les autres que j'ai découvertes ou dont j'ai eu connaissance vont tout nus, hommes et femmes, comme leurs mères les enfantent, quoique quelques femmes se couvrent un seul endroit du corps avec une feuille d'herbe ou un fichu de coton qu'à cet effet elles font. Ils n'ont ni fer, ni acier, ni armes, et ils ne sont point faits pour cela; non qu'ils ne soient bien gaillards et de belle stature, mais parce qu'ils sont prodigieusement craintifs. Ils n'ont d'autres armes que les roseaux lorsqu'ils montent en graine, et au bout desquels ils fixent un bâtonnet aigu. Encore n'osent-ils pas en faire usage, car maintes fois il m'est arrivé d'envoyer à terre deux ou trois hommes vers quelque ville pour prendre langue, ces gens sortaient, innombrables mais, dès qu'ils voyaient s'approcher mes hommes, ils fuyaient au point que le père n'attende pas le fils. Et tout cela non qu'on eût fait mal à aucun, au contraire, en tout lieu où je suis allé et où j'ai pu prendre langue, je leur ai donné de tout ce que j'avais, soit du drap, soit beaucoup d'autres choses, sans recevoir quoi que ce soit en échange, mais parce qu'ils sont craintifs sans remède.

Il est vrai que, lorsqu'ils sont rassurés et ont surmonté cette peur, ils sont à un tel point dépourvus d'artifice et si généreux de ce qu'ils possèdent que nul ne le croirait à moins de l'avoir vu. Quoi qu'on leur demande de leurs biens, jamais ils ne disent non; bien plutôt invitent-ils la personne et lui témoignent-ils tant d'amour qu'ils lui donneraient leur cœur. Que ce soit une chose de valeur ou une chose de peu de prix, quel que soit l'objet qu'on leur donne alors en échange et quoi qu'il vaille, ils sont contents. »

Christophe Colomb,
La Découverte de l'Amérique, II,
Relations de voyage 1493-1504,
traduction de S. Estorach et M. Lequenne,
© La Découverte

Atala

Dans son roman Atala, *publié en 1805, Chateaubriand évoque les premiers rapports entre les Français et les Indiens Natchez. L'un d'eux, Chactas, a eu une existence mouvementée.*

« Après la découverte du Meschacebé par le P. Marquette et l'infortuné La Salle, les premiers Français qui s'établirent au Biloxi et à la Nouvelle-Orléans, firent alliance avec les Natchez, nation indienne, dont la puissance était redoutable dans ces contrées. Des querelles et des jalousies ensanglantèrent dans la suite la terre de l'hospitalité. Il y avait parmi ces sauvages un vieillard nommé Chactas, qui, par son âge, sa sagesse, et sa science des choses de la vie, était le patriarche et l'amour des déserts. Comme tous les hommes, il avait acheté la vertu par l'infortune. Non seulement les forêts du Nouveau Monde furent remplies de ses malheurs, mais il les porta jusque sur les rivages de la France. Retenu aux galères à Marseille par une cruelle injustice, rendu à la liberté, présenté à Louis XIV, il avait conversé avec les grands hommes de ce siècle et assisté aux fêtes de Versailles, aux tragédies de Racine, aux oraisons funèbres de Bossuet : en un mot, le sauvage avait contemplé la société à son plus haut point de splendeur. »

François de Chateaubriand,
Atala

Le Dernier des Mohicans

Les sauvages ne restent pas longtemps sauvages lorsqu'ils sont confrontés à la civilisation. Pourtant, certains résistent... même s'ils se font les provisoires alliés des hommes blancs.

«L'homme qu'il avait devant lui – c'était le coureur indien qui avait apporté des nouvelles alarmantes la veille au soir – avait la taille droite et raide. Tranquille, apathique, et presque indifférent à la scène qui l'entourait, il arborait pourtant un air de fierté sombre, qui ne pouvait échapper à un observateur clairvoyant. L'Indien portait le tomahawk et le couteau de sa tribu. Pourtant, son extérieur n'était pas tout à fait celui d'un guerrier : une sorte de détachement, comme en provoque parfois un excès de fatigue, se lisait sur ses traits. Les couleurs de son tatouage de guerre avaient fondu et s'étaient mélangées. Son œil seul, brillant et noir, reflétait un éclat sauvage, comme celui d'un étalon au milieu d'un ciel d'orage. Ses regards, pénétrants mais prudents, croisèrent un instant ceux de l'Européen, mais s'en détournèrent aussitôt, soit par astuce, soit par dédain.»

James Fenimore Cooper,
Le Dernier des Mohicans,
traduction de Georges Berton,
© Gallimard

Vendredi ou la Vie sauvage

Si le Robinson de Daniel Defoe échoue sur une île des Caraïbes, c'est en plein Pacifique que se situe toute l'action du roman de Michel Tournier. Un beau jour, le naufragé reçoit de la visite...

«Trois longues pirogues à flotteurs et balanciers étaient tirées sur le sable sec. Une quarantaine d'hommes faisaient cercle debout autour d'un feu d'où montait un torrent de fumée lourde, épaisse et blanche. Robinson reconnut à la longue-vue des Araucans du type *costinos*, redoutables Indiens de la côte du Chili. Ce peuple avait tenu en échec les envahisseurs incas, puis il avait infligé de sanglantes défaites aux conquistadores espagnols. Petits, trapus, ils étaient vêtus d'un grossier tablier de cuir. Leur visage large aux yeux extraordinairement écartés était rendu plus bizarre encore par l'habitude qu'ils avaient de s'épiler complètement les sourcils. Ils avaient tous une chevelure noire, très longue, qu'ils secouaient fièrement à toute occasion. Robinson les connaissait par les fréquents voyages qu'il avait faits à Temuco, leur capitale. Il savait que si un nouveau conflit avec les Espagnols avait éclaté, aucun homme blanc ne trouverait grâce à leurs yeux.»

> Michel Tournier,
> *Vendredi ou la Vie sauvage*,
> © Gallimard

L'Ile

Dans son roman L'Ile, *dont l'argument s'inspire du drame de la* Bounty, *Robert Merle imagine la fuite sur une île d'un équipage mutiné. Nous sommes en Océanie, à la fin du XVIIIᵉ siècle. Les marins abordent l'île de Tahiti.*

«Debout sur le seuil de sa hutte, Otou regardait au loin, caressant sa poitrine de sa large main élégante. Ses pectoraux étaient puissants, mais affaissés par l'âge, son ventre non pas obèse, mais ample, et Otou n'avait pas envie de courir avec les jeunes à la rencontre des *Peritani*. Il eut le sentiment qu'il vieillissait, mais cette idée n'étant pas plaisante, il pensa que c'était par dignité qu'il ne se précipitait pas au-devant des étrangers. La grande pirogue des *Peritani* était posée sur le lagon, ses grandes voiles repliées, et les hommes blancs descendaient leurs petites pirogues à l'eau pour débarquer. Partie de la plage, une nuée d'embarcations les atteignait déjà. En premier, les enfants. En second, les *vahinés*, à peine un peu moins promptes.

– *Aoué!* les *vahinés!* dit Otou en souriant.

Couronnés de feuilles – le soleil était déjà haut – les hommes agitaient les bras avec amitié, mais ils étaient restés sur la plage. Otou approuva cette réserve.»

> Robert Merle,
> *L'Ile*,
> © Gallimard

4
SOLUTIONS DES JEUX

Savez-vous supporter la solitude?
(p. 393)

Si vous avez une majorité de △ : aucun doute, vous auriez pu être le héros de Daniel Defoe! Dans la vie, vous comptez peu sur les autres et vous avez l'habitude de vous débrouiller seul. Attention que cette qualité ne devienne pas un travers : à force de vous isoler, vous pourriez bien devenir une sorte de misanthrope!

Si vous avez une majorité de ▢ : la solitude ne vous effraie pas, mais vous appréciez la compagnie de vos semblables. En fait, vous n'aimeriez pas vivre seul – mais si vous y étiez contraint, vous sauriez vous faire une raison… du moins pendant quelque temps.

Si vous avez une majorité de ○ : surtout, évitez les voyages en solitaire… et les naufrages! Vous avez sûrement dévoré l'histoire de Robinson Crusoé – mais vous donneriez cher pour ne pas avoir à la vivre. Seul sur une île, vous ne résisteriez pas très longtemps!

Quinze questions pour commencer
(p. 395)

1 : B (p. 8) - 2 : A (p. 8) - 3 : B (p. 16-21) - 4 : C (p. 28) - 5 : B (p. 35-45) - 6 : A (p. 44) - 7 : B (p. 46) - 8 : A (p. 49) - 9 : C (p. 55-57) - 10 : B (p. 60) - 11 : C (p. 69) - 12 : C (p. 88) - 13 : A (p. 94) - 14 : A (p. 108) - 15 : A (p. 126-127)

Si vous obtenez plus de 12 bonnes réponses: vous êtes paré à survivre à n'importe quel naufrage! Robinson aurait eu de la chance d'avoir un compagnon tel que vous.

Si vous obtenez de 8 à 12 bonnes réponses: après tous ces voyages, vous semblez essoufflé. Reprenez-vous, car de passionnantes aventures vous attendent encore.

Si vous obtenez moins de 8 bonnes réponses : vous êtes-vous perdu ? Avez-vous coulé corps et biens ? N'abandonnez pas Robinson à son sort ! Ses aventures sont loin d'ête terminées, et par conséquent les vôtres aussi…

Les conseils d'un père
(p. 396)

Henri IV était cousin et beau-frère d'Henri III. Louis XIII était fils d'Henri IV et père de Louis XIV. Louis XV était arrière-petit-fils de Louis XIV et grand-père de Louis XVI. Louis XVIII était frère de Louis XVI.

La peur des Maures
(p. 397)

1. a) Roland à Roncevaux, héros de la *Chanson de Roland* - b) Le Cid, qui insira la pièce de Corneille du même nom - c) Othello, qui était si cruellement jaloux de Desdémone qu'il la tua ; il devint le héros d'une pièce de Shakespeare, puis d'un opéra de Verdi.

2. Mores ; Arabes, Sarrasins, Turcs, infidèles.
Mauresque (de style maure), maurienne (en géographie), Mauritanie (pays), un matamore (un fanfaron), un moricaud (qui a le teint basané)

L'évasion de Robinson
(p. 398)

2. Le tigre ne vit qu'en Asie, le tapir qu'en Amérique. Page 50, il pourrait s'agir d'un hippopotame…?

Robinson planteur
(p. 399)

1. *Hacienda* en Espagne, *kolkhoze* en Russie, *ranch* en Amérique, *latifundium* en Italie.

2. « Je vivais tout à fait comme un naufragé jeté sur quelque île déserte et entièrement livré à lui-même. » (p. 50)
« Je sentis plus que jamais combien j'avais eu tort de me séparer de mon garçon Xury. » (p. 49)

3. « J'étais né pour être mon propre destructeur. » (p. 56)

Tempêtes, naufrage, terre inconnue
(p. 400)

1. Le vaisseau allait en Afrique; le périple dure douze jours.

2. A. Sombra au large de l'Islande (1936) – B. Heurta un iceberg (1912) – C. Coula au large du Sénégal (1816) – D. Dans *Le Chancellor*, roman de Jules Verne – E. Victime d'une mutinerie; son histoire inspira divers auteurs, dont Jules Verne et Robert Merle – F. Dans *L'Ile au trésor*, roman de Robert Louis Stevenson – G. A son bord périt La Pérouse (1788) – H. Navire fantôme qui inspira *Le Vaisseau fantôme*, opéra de Wagner.

Inventaires
(p. 400)

1. Un couteau, une pipe, du tabac.

2. Vergues, mâts de hune, espars doubles.

3. 1 : F - 2 : A - 3 : C - 4 : B - 5 : E - 6 : D

4. Des rasoirs, une paire de ciseaux, 12 couteaux et fourchettes, 36 livres sterling – cet argent lui est vraiment inutile! (p. 78)

5. «Il faut toujours considérer dans les maux le bon qui peut faire compensation, et ce qu'ils auraient pu amener de pire.» (p. 86)

Un cahier de maximes
(p. 401)

1 : G (*Le Lièvre et la Tortue*) - 2 : A - 3 : B (*Servitude et Grandeur militaires*) - 4 : C (*L'Avare*) - 5 : D (*Le Cid*) - 6 : F (*Premières Poésies*) - 7 : E (*L'Art poétique*) - 8 : H - 9 : J (*La Démocratie en Amérique*) - 10 : I (*De l'Esprit des lois*)

Quinze questions pour continuer
(p. 403)

1 : C (p. 130) - 2 : B (p. 137) - 3 : C (p. 145, 147) - 4 : B (p. 158) - 5 : C (p. 168) - 6 : A (p. 176) - 7 : B (p. 185) - 8 : C (p. 188-189) - 9 : B (p. 193) - 10 : B (p. 208) - 11 : A

(p. 229) - 12 : C (p. 232) - 13 : B (p. 234) - 14 : C (p. 241)
- 15 : B (p. 250)

Si vous obtenez plus de 12 bonnes réponses: c'est sûr, vous vous plaisez sur cette île. Si vous continuez ainsi vous ne voudrez plus en partir!

Si vous obtenez de 8 à 12 bonnes réponses: il vous reste encore des recoins de l'île à explorer. Que rien ne vous échappe, sinon vous n'allez pas tarder à vous perdre.

Si vous obtenez moins de 8 bonnes réponses: vous ne vous êtes pas remis du naufrage; reprenez-vous, ou bien vous ne tiendrez pas longtemps le coup…

Robinson agriculteur
(p. 404)

1. Du blé.
A. Canne à sucre, betterave - B. cacao - C. manioc - D. maïs - E. anis - F. raisin - G. pommes - H. malt, houblon
2. Cacao, orange, sorte de citron, citron
A. Coings - B. cassis - C. merises - D. arbouses - E. noix

L'île aux chats
(p. 405)

2e année: 2 chats, 1 chatte + 8 petits = 11; 3e année: 6 chats, 5 chattes + (5 x 8) petits = 51. 4e année: 26 chats, 25 chattes + (25 x 8) petits = 251.
Si la 1re année on a y chattes, la 2e le nombre total de chats est de: $5y + 4y + (y + 1)$: 4 chattes qui naissent et leur mère + 4 chats qui naissent + les chats de l'an dernier (toujours 1 de plus à cause des 2 matous du début).
2e année: $(5 \times 1) + (4 \times 1) + (1 + 1) = 11$
3e année: $(5 \times 5) + (4 \times 5) + (5 + 1) = 51$
4e année: $(5 \times 25) + (4 \times 25) + (25 + 1) = 251$
Autant dire qu'au bout de vingt-sept ans il y aurait un nombre incalculable de chats! Bien plus que l'île na pourrait en nourrir s'ils n'en mourrait pas…

Feu de tout bois
(p. 405)

1 : C - 2 : B - 3 : A - 4 : D - 5 : F - 6 : E

Une vie nouvelle
(p. 406)

1. a) Perroquet (p. 145) - pingouin (p. 146) - chevreau et cabri, qui peuvent être domestiqués (p. 147) - lièvres (p. 153) - oiseaux (p. 153)
b) Le pingouin

2. « La vie que je menais, même avec toutes ses circonstances pénibles, était plus heureuse que la maudite et détestable vie que j'avais faite durant toute la portion écoulée de mes jours. » (p. 149)

4. La chasse, l'agriculture, l'artisanat
a) et b) Potier : 2 (p. 158) - tailleur de pierres : 1 (p. 161) - meunier : 6 (p. 161) - boulanger : 3 (p. 162) - charpentier : 4 (p. 167) - tailleur : 5 (p. 177)

5. L'autarcie

Attention, pièges!
(p. 407)

1. Appât, machination, artifice, embûche, embuscade, leurre, feinte, ruse, stratagème, guet-apens, attrape-nigaud, chausse-trappe

2. A : Souricière - B : ratière - C : guêpier - D : taupière - E : miroir aux alouettes - F : nasse - G : collet - H : rets

Aux armes!
(p. 409)

2. 1 : B (xve siècle) - 2 : C (xvie-xixe siècle) - 3 : A (milieu du xixe siècle) - 4 : D (findu xixe siècle-xxe siècle)

3. Le navire est espagnol

Douze questions pour conclure
(p. 410)

1 : B (p. 260) - 2 : B (p. 260) - 3 : A (p. 263) - 4 : B (p. 263) - 5 : C (p. 265) - 6 : A (p. 268) - 7 : B (p. 274) - 8 : C (p. 275) - 9 : A (p. 285) - 10 : B (p. 304) - 11 : C (p. 325) - 12 : B (p. 255)

Si vous obtenez plus de 10 bonnes réponses: gageons que vous aurez une certaine nostalgie en quittant l'île en même temps que Robinson.

Si vous obtenez de 7 à 9 bonnes réponses: si agréable que soit l'île, vous aviez le mal du pays... Mais elle vous laissera, certainement, des souvenirs inoubliables.

Si vous obtenez moins de 7 bonnes réponses: ouf! avez-vous sûrement dit en quittant l'île de Robinson. A moins que ce soit seulement votre mémoire qui ait flanché?

Ami ou ennemi?
(p. 411)

1. A : Ordonnance, B : groom - C : valet (de pied)- D : laquais

2. A : Compagnon - B : collègue - C : condisciple D : frère

3. A : Challenger - B : opposant - C : rival - D : partie adverse - E : concurrent

Vendredi catéchumène
(p. 413)

1. Casuiste: théologien qui s'attache à résoudre les cas de conscience.

2. Le jansénisme (qu'a défendu Blaise Pascal dans *Les Provinciales*).

3. Elle est bien entendu destinée au lecteur.

Œcuménisme
(p. 414)

1. «Mon serviteur Vendredi était protestant, son père était idolâtre et cannibale, et l'Espagnol était papiste. Toutefois, soit dit en passant, j'accordai la liberté de conscience dans toute l'étendue de mes États.»

2. a) Se convertir - b) Martin Luther et Jean Calvin - c) les huguenots - d) le catholicisme

L'île et le château
(p. 416)

a) 7 - b) 8 - c) 5 - d) 3 - e) 6 - f) 1 - g) 4 - h) 2

Le 30 septembre 1659
(p. 418)

1 : B (1643-1715; Louis XIII : 1610 à 1643) - 2 : A (Richelieu fut premier ministre de Louis XIII, Mazarin lui succéda de 1642 à sa mort en 1661) 3 : A (il meurt en 1658, et Charles II est restauré; Élisabeth Iʳᵉ : 1558-1603) - 4 : A (en 1636; Corneille est mort en 1684)- 5 : B (1596-1650) - 6 : A (1619-1655; Cyrano est un auteur satirique et dramaturge dont Molière s'inspira) - 7 : A (il écrivit ses premières fables en 1668, et mourut en 1695) - 8 : B (1611-1675) - 9 : A (1633-1707, maréchal de France, il fortifia les places fortes et les villes frontalières) - 10 · B (1619-1683) 11 · (c'est Bossuet qui a été évêque de Meaux)- 12 A B (1 bataille de Rocroi a été remportée par Condé 164. J - 13 : A (1618-1648) - 14 : A (*Ruy Blas* est de Victor Hugo)- 15 : (Shakespeare est mort en 1616)

Calendriers
(p. 419)

1 : Révolutionnaire - 2 : de l'Hégire (arabe musulman) - 3 : orthodoxe russe - 4 : au Japon - 5 : à la naissance du Christ - 6 : en Chine 7 : les jeux Olympiques

Navires et nefs
(p. 420

A : 2 - B : 7 - C : 5 - D : 1 - E : 6   F : 3 - G : 4 - H : 8 - I : 9

Signaux et pavillons
(p. 421)

Le message dit : Daniel Defoe.

Un chien vieux de quinze ans
(p. 421)

1 : A - 2 : D - 3 : E - 4 : C - 5 : B - 6 : F